李海平

福建惠安人，湖北美术学院副教授。1993—1996仙游师范学校(中专普师)；2001—2008中国美术学院(本科、硕士)；2021至今中国美术学院(博士)。

主攻汉字研究，出版专著《汉字字形学新论》(2019)《汉字字体设计原理》(2016)。主持国家社科基金艺术学一般项目"古汉字基础造型设计研究"(2023)、教育部人文社科规划基金项目"基于历代形体关系认识变迁的汉字字体研究"(2022)。发表论文16篇(C刊2篇，北大核心5篇、中央报2篇)；论文曾入选第十二届全国美展·当代美术创作论坛(30篇论文之一)；论文也曾被多个省市选为高考模拟题(2篇)及被全国人大公众号、学习强国、今日头条、人民网、光明网等媒体转载(1篇)。完成武汉地铁3、4、6号线多个艺术墙、艺术风亭设计；设计作品曾获波兰华沙国际海报双年展JOZEF MROSZCZAK荣誉奖(2014)、北京国际商标标志双年展银奖(2011)、香港国际海报三年展铜奖(2007)、波兰社会政治国际海报双年展一等奖(2006)、波兰旺达国际图形双年展荣誉奖(2006)、台湾国际海报设计奖评委特别奖(2006)等。

汉字的风格

**基于历代形体关系认识变迁的
汉字字体研究**

李海平 著

长江出版传媒｜崇文书局

图书在版编目(CIP)数据

汉字的风格: 基于历代形体关系认识变迁的汉字字体研究 / 李海平著. -- 武汉: 崇文书局，2024.12. -- ISBN 978-7-5403-7728-1

I.H123

中国国家版本馆 CIP 数据核字第 2024F0M140 号

汉字的风格: 基于历代形体关系认识变迁的汉字字体研究

HANZI DE FENGGE: JIYU LIDAI XINGTI GUANXI RENSHI BIANQIAN DE HANZI ZITI YANJIU

装帧设计: 李海平　杨　艳　陈　娟

责任编辑: 肖　月　杨　艳

责任校对: 董　颖

责任印制: 冯立慧

出版发行: 长江出版传媒 | 崇 文 书 局

地　　址: 武汉市雄楚大街 268 号 C 座 11 层

电　　话: (027) 87677133　邮政编码: 430070

印　　刷: 武汉市卓源印务有限公司

开　　本: 787 mm × 1092 mm　1/16

印　　张: 19.5

字　　数: 260 千字

版　　次: 2024 年 12 月第 1 版

印　　次: 2024 年 12 月第 1 次印刷

定　　价: 128.00 元

教育部人文社会科学研究规划基金项目

"基于历代形体关系认识变迁的汉字字体研究"成果

（项目批准号：22YJA760037）

湖北美术学院学术著作出版资助项目成果

（项目序号：2024XJCB24）

目　录

第三章　基于历代形体关系认识变迁的

字体应用

第四章　基于历代形体关系认识变迁的

字体演变过程描写

结　论

附　录

序

读《汉字的风格》

曹锦炎

文字是记录语言的符号,汉字就是记录汉语的书写符号。汉字作为载体,就其功能而言,是扩大汉语在时间和空间上的实际功能的辅助工具,传承和发展着优秀的中华文明。因此,汉字被称之为中国文化的基因,是最恰当的比喻。

就文字学上的"形音义"三要素而言,每一个汉字的形体,就是记录这个特定词的音与义的字形的具体呈现。汉字经过三千多年的发展和演变,形体上发生了很大的变化,不同时代,会有不同的具体特征。从大框架来说,粗略则可以分作"古文字阶段的汉字"和"隶楷阶段的汉字"两个阶段。就汉字的形体而言,前者可再分"商代甲骨文"、"西周金文"、"春秋战国文字";后者可再分"秦篆"、"秦隶"、"汉篆(小篆)"、"汉隶"、"楷书"。我这里描述的,既可指汉字的字体,也包括广义的书体。

传统的中国文字学,是以研究汉字形体的发生、发展、演化为主导,但其侧重点则是汉字的构形。例如中国第一部字典—东汉许慎的《说文解字》,就是以形为主,通过字形结构的分析,揭示出形音义之间的内在关系和造字原则。《说文解字·叙》所指出的"六书"理论,即"指事"、"象形"、"形声"、"会意"、"转注"、"假借",说的就是汉字构形的造字原则和用字方法。而《说文》书中所收字体,则以"小篆(即汉篆)"为正,兼收"古文"、"籀文"、"奇字"、"或体"、"俗体"等。从今日的知识知道,所谓"古文"、"奇字"就是指战国时期流行于东方六国的文字而言,"籀文"指战国时期仍保留宗周文字的秦文字而言。至于"或体"、"俗体",则是指异体字,还有不少是汉体出现的新字形。值得注意的是,另一方面,许慎在《说文解字·叙》中又指出:"自尔秦书有八体:一曰大篆,二曰小篆,三曰刻符,四曰虫书,五曰摹印,六曰署书,七曰殳书,八曰隶书。"从这些明确标出的名称来看,许慎已经注意到"字体"与"书体"之间的关系。

对汉字字体的研究,一直是备受关注的话题。由于字形和字体关系密切,长期以来汉字字形与字体之间的概念区分,常被纠缠在一起。从词的角度,以广义而言,"形"、"体"同义。《易·系辞上》:"在天成象,在地成形,变化见矣";"故神无方而易无体","形""体"二字皆指"形体"。从训诂来说,《国语·越语下》:"天有还形",韦昭注:"形,体也。"《吕氏春秋·適威》:"有其形不可谓有之",高诱注:"形,体也。"《礼记·仲尼燕居》:"万物服体",孔颖达疏:"体,谓形体。"《周礼·天官·序官》:"体国经野",陆德明释文引干宝云:"体,形体。"皆其例。因此古书中也常见"形体"连言,如《庄子·达生》:"齐七日,辄然忘吾有四枝形体也。"《周礼·地官·遂人》:"以土地之图经田野,造县鄙形体之法。"但从狭义来说,"形"与"体"则有区别,不能同日而语。如上海博物馆藏战国竹书楚辞《凡物流形》谓:"凡物流形,奚得而成?流形成体,奚得而不死?"马王堆帛书《衷》云:"阴阳流形,刚柔成体。"便是很好的例证。正因为如此,加之学者间对字体定义的视角不同,出发点不一致,汉字字形和字体的关系,学术界至今一直存在混淆的现象,从而使字体特征分析、字体应用、字体演变过程包括演变规律和演变模式归纳都缺乏真正的独立思维和区分意识。有鉴于此,海平以从事设计专业学者的眼光,跳出文字学、书法学圈,以创新手法撰写《汉字的风格》一书,颇值得赞赏。

字体和字形的关系研究,近代开始明确化。特别是以1964年启功先生的《古代字体论稿》出版为代表,正式宣告字体学的确立。启功先生在书中又明确提出,字体"包含两个方面,其一是指文字的组织构造和以及它所属的大类型、总风格……。其二是指某一书家、某一流派的的艺术风格。"虽然启功先生是从书法家的立场出发进行字体的分类和定性,但开风气为先,确实为进一步开展汉字字体研究指明了前进的方向。至于汉语言文字学领域和设计领域的字体定义,在本书附录二"字体定义选录"中,已分为"文字学语言学领域的字体定义"、"书法学领域的字体定义"、"设计学领域的字体定义—(基于汉字)"、"设计学领域的字体定义—(基于西文)",作了详尽表格式摘录,此处不再赘引,感兴趣的读者可以自行参阅。

阅读全书,可以看出,作者立足于汉字的历代形体基本关系,认识和梳理变迁的汉字字体,釐清字形和字体的关系,从而开展深入研究,探讨汉字字体的相关问题。首先是在已有成果的基础上,辨明字体定义的指称,强化字体研究的独立性,明确字体特征分析与字形特征分析的共性和个性,总结出汉字字体的定义为:"字体指文字相对固定的字形特点和体态风格的基本类别,它是一个阶段同一视觉特征字群的总称。"此说颇为中允,我认为可以成立。其次,作者引入一个新的视角——基于历代形体关系认识变迁的汉字字体,指出商至西周是"形、体关系不分,形为主阶段";春秋战国是"形、体关系不分,形、体尝试并进阶段";秦至南北朝是"形、体关系开始明晰,形、体配合性并进阶段";唐至今是"形、体关系明确化,形、体独立发展又配合式应用阶段",读后有令人以耳目一新之感觉。当然,这样划分后的四阶段中,或启下,或承上启下,或承上,每个阶段都不可避免地存着过渡期,作者似可以再加着些笔墨叙述。但这样的划分和描述,切中肯綮,确实能较好的反映汉字形体的历史变迁及演变脉络。

本书的重点内容,体现在第二章、第三章、第四章,皆是基于历代汉字形体关系去认识变迁的汉字,分别从"视觉特征""字体应用""演变过程"三个方面展开。每一章节虚实结合,既有详细分析,也有深入讨论,更有大量实例图和表格辅衬,可以说有声有色,图文并茂。综观全书,其不仅仅停留在高深的学术层面,也注重知识层面的普及,深入浅出地分析、探讨,同时也不乏提出自己的真知灼见。无论是从汉字字体学还是汉字设计学,都可以说是颇受欢迎的一本佳作。

应该指出,当代设计学界对汉字形体的关注,大都停留在应用的层面,更加重视以汉字作为媒介去创新设计产品。而真正关注汉字本体的研究者,却为数不多。海平即属于这少数的凤毛麟审者之一,早些年其已有数本研究汉字形体方面的专著出版。近年来,中国美术学院分别设立"汉字文化研究所"和"汉字创新设计研究所",开展汉字文化和汉字创新设计的研究。为加强汉字设计学科建设,由我协助韩绪教授招收和指导汉字设计方向的博士,海平就是我们共同指导的其中一位攻读博士的优秀学生。海平新书《汉字的风格:基于历代形体关系认识变迁的汉字字体研究》即将出版,他希望我能写个序。作为本书的首位读者,读其书不仅是一种乐趣,其实也是一种学习过程,由此更能体会古人所云之"教学相长"的深远意义。兹以读后感的形式写出介绍小文,乐意向读者作推荐。是以为序。

二0二四年初秋时节于杭州西郊梦泉轩。

曹锦炎,师从著名的古文字学家于省吾教授。曾任浙江省博物馆副馆长、浙江省文物考古研究所所长、浙江大学求是特聘岗教授、博士生导师、文化遗产研究院院长;现任中国美术学院汉字文化研究所所长、博士生导师。

毫厘纤末之间：汉字形体之辩

韩 绪

汉字演进史历经几千年，浑厚雄强且绵延不绝，虽然考古考证工作往往落后(如甲骨文的晚出)于汉字真实的发生，但这一独一无二的文明载体，却始终如强磁般吸引研究者专注于之并终乐于之。

对汉字的已有研究不可谓不多，语言学、文字学我们暂不去奢谈，即便在汉字的艺术创作和汉字现代设计这一较小领域，我们该如何审视和辨析前人成果，如书之法、书之论、书之道，再如造字之法、用字之法、再创之法等等，同时如何开辟当下以及未来汉字研究的新天地，研究的方法，即如何研究？用什么角度切入？如何把握和验证这一研究？就成了摆在我们面前的问题，并成为最为首要的问题。既需要在总体脉络上把握汉字艺术发展规律，宏观上没有方向错误，又更需要在关键节点上，做毫厘纤末的细微功课，使得所有的研究和讨论在真实的实地上得以生长和生发。

我个人认为，今天在宏大上做的研究功课已经远多于毫厘纤末的研究，尤其对初起跬步的计较没有得到足够的重视，要知道，最基底的探讨永远值得我们深究，并随着研究长路的展开值得随时回头做再一次的研判，这正是我们走远和走正的前提。

李海平近年的思考和研究，恰恰是这个看似毫厘纤末的后者。

凡事必先正名，是孔子的古训，对于原发于汉字的艺术设计研究而言，海平所辨析的"字体"与"字形"这一对概念，是长期被误读和误用的，古今各代书家、论家并未能有一致的所指，而今汉字艺术创作和汉字设计领域，对汉字的"形"与"体"，更是处于缺乏辨析、使用混同、表述随意的总体状态。作为汉字研究最基础的名称与指涉，没有被严格的正名，这使得后续所有讨论、所有研究缺乏必要的基础，犹如在跷跷板上做物理实验，这是极其可笑和危险的。

中国的语言文字独具特色，但长时间的发展和使用，导致其在定义自身的时候，具有"中国特色"的语焉不详，这是让后来者颇为头疼的。

我所指的语焉不详，具体表现为：从语言上看，有言、话、语的不同表述，从文字角度看，有书、文、体、字的多种表述，由于深究者的缺位，导致以上诸多表述在定义上的含糊。当我们把范围缩小在汉字字体研究领域，又包含了礼用、事(阁)用、逸用、教用、利用等等多种的应用场景，并出现了与场景相对应的圣字、官字、士字、经字、俗字等多个具体形态。

由此可见，不把汉字的形、体二者辨析清楚，会使得我们始终在语焉不详中打转。

李海平在本书中所做的形、体辨析，是目的性非常强的，他希望能通过文字学、语言学、书法学、设计学不同领域的定义异同比对，再通过梳理定义的历代来源，能逐渐浮现汉字形、体的内外、表里、脉肤、基因与人种，而不是言形义体，言体义形混淆。

这样的研究是很艰苦和孤独的，但如我在前面所言，李海平的研究将夯实汉字艺术设计后续研究的基地，是利众及远的功课。

是为序。

韩绪，中国美术学院副校长、教授、艺术学博士、博士生导师，中国美术家协会平面设计艺术委员会主任，中国高等教育学会设计教育专委会副理事长，中国美术家协会理事，全国设计学名词审定分委员会副主任委员，中国文字字体设计与研究中心专家委员，《中国大百科全书》视觉传达设计分支副主编。

自 序

撰写《汉字字体设计原理》的几年中，常羞愧于自己汉字基础知识的严重缺乏，萌发了以写促学，边学习边归纳，完成一本字体理论方面书的想法，寻思提升自己的同时，或许也能帮到情况类似的人。

可惜，高估了自己的知识储备。撰写中因知识不足而出现的各种疑问堆积而来，工作进展非常缓慢，常有放弃的念头。庆幸地是，此时明确了要弄清字体的诸多问题，首先必须有字形方面的底子，掌握一定程度古文字学知识不可或缺，也需要涉及书法学、语言学、考古学等领域的内容。想着这缺总得补一补，于是痛下决心，开始着力恶补文字学方面的知识。磕磕碰碰四年之后，总算有了一本学习笔记式的成果——《汉字字形学新论》。

其实四年左右的学习，只是补充了些基础知识。相信很多人都有那种"越学习发现不懂越多"的惊慌。事实上道听途说吉林大学文字学本科学生即完成了高明先生《古文字类编》全本字典的背诵识记后，[1] 这种感觉更强烈。想着自己学界已识的几千个甲金文都认不全，知识底子弱，智商一般，年龄也不小了，要不……。最后之所以还是把书出版了，是想起了鲁迅所说的一句话——"文章是改出来的。"人，不也是不断改改改，"改"出来的吗！起点低，就不断"改"呗，说不定能成！顿时有了勇气。

趁着勇气没有消散，[2] 回头继续字体方面的书了，此时思路出现了一些变化。几年恶补知识中，发现字形和字体混淆不清的现象非常严重。名称混用，特征分析纠缠不清，甚至演变模式、演变规律、应用方式、及演变过程也都不例外。常兴冲冲买了一本冠名字体的书，结果发现更多是一种体和形的混谈，甚至只是字形的讨论。澄清形和体的关系，辨析它们视觉特征分析、应用方式、演变过程等几个关联因素的共性和个性关系，成为很长一段时间里的"牵挂"。有一天忽然悟了——得！这不就是常说的问题意识吗！不就是在写的书里要解决的基本问题吗：

体和形到底存在什么关系？为什么有这样的关系？古人是否意识到这种关系？这种关系下，体本身的视觉特征分析项目、应用方式、演变路线、演变规律、演变模式、演变过程几个主要因素怎么样？又何以这样？

1. 后来到曹锦炎老师的汉字所，发现所里几个文字学出身的同门，个个都是活字典，把我们几个设计出身的都惊吓到了。

2. 这里有必要提及一下期间 2 篇论文带来的信心。2019 年，一篇选自《汉字字形学新论》附录，调整题目后发表于《中国青年报》的论文《从上至下从右往左，数千年来汉字为什么这样读》，被全国人大公众号、今日头条、人民网、凤凰网、中国政协网、中国新闻网、新浪网、网易、中国日报网等媒体主动转载，给予了写作极大的信心。此后该文章与 2023 发表于《中国社会科学报》的另一篇论文《汉字何以"独存"形声造字法》，被一些省市作为高中阅读题更是进一步增加了写作的信心（前者成为高中阅读训练题的题库素材，如 2021 河南省洛阳市、周口市高三上学期语文期中考试阅读题；2021 甘肃省张掖市高二期中语文试题；2020 合肥省庐江县高一上学期期末语文考试阅读题等；后者被四川省九个市选为 2024 届高考第二次诊断性考试语文阅读试题）。

其中，也穿插着几个一直不太明白的疑问，比如隶变后字体为何不"一步到位"，而是要先经过隶才至楷？字体演变的终结，除了毛笔三种基本运动开发完毕等观点，还有没有其他角度的解释？等等。

五年过去了，借助各种已有的成果，结合自身的理解，这些问题总算有了一些初步的回答。当然，这些回答都相对浅薄，也不可避免存在诸多臆想，甚至低级知识结构错误的情况，希望各方家不吝指正。

一燕不能成春，除了上天眷顾，拥有写书的机会，也非常幸运地一路上得到很多人的鼓励和帮助。感谢这么多年家人的默默支持；感谢曹锦炎、韩绪、毛德宝、高亚加等恩师的鼓励；感谢吴萍、罗远红、袁秀娟、朱志平、周赞、黄哲、贺诚、谢荪、邢志强、李志明等领导、同事、朋友的支持鼓励；感谢段凯、李朝胜、郭理远、王文超、王璟澜、赵熙淳、张腾、刘黄舒晨等同门的帮助，尤其是段凯师兄总是不厌其烦地回答我各类关于古文字的问题，并提供大量的相关资料；感谢崇文书局张弛主任、肖月编辑的认可，杨艳、陈娟设计师的设计参与和几位校对老师的用心纠错；感谢研究生黄佳怡资料和琐碎事务的帮忙；也感谢教育部人文社科评审专家的认可，获批规划项目；感谢工作单位湖北美术学院的支持，得到学术著作出版资助。

最后，此书送给我的曼曼和小西北。

绪

论

绪　论

一　写作缘起

字体研究一直备受关注,其相关的定义,字体名实,字体类别,字体视觉特征分析,字体应用、演变路线、演变过程描写,等等,各个方面都有丰硕的成果。

可惜"字体"常带有某种"通用词"的特点,除了篆、隶、楷等原有字体"成员"之外,中英文品牌标志、字库字体作品、正文字体往往也被称为字体。字体名称指称存在混同现象。同时,"字体"与"字形"也常混同、通用,字形和字体特征分析、演变规律杂糅不分,字体研究不但独立性不强,自身研究也常以几个代表性字体的演变研究为主,惯性思维很明显。厘清形体关系,阐明字体定义,形成字体独立研究思路,建构字体研究框架,是非常有必要的。

二　汉字字体研究现状

近代开始,才有了字体的明确定义。大部分学者同意字体侧重于体态风格,不过在具体描述上不尽相同,没有达成共识,各家都提出了自身的认识。详见附录二"字体定义选录"。

与字体定义直接关联的是字体名实研究,这方面的成果最为显著。古代文字学、书法学、印学著作通常会对篆、隶、八分等字体进行名和实的梳理。有直接以体命名研究的,如晋成公绥《隶书体》、清翁方纲《隶八分考》等;有散布在章节中的,如元郑杓著、刘有定注疏《衍极》,明赵宧光《寒山帚谈》;等等。近现代,陈梦家先生《中国文字学》(1943)、裘锡圭先生《文字学概要》(1984)、丛文俊先生等《中国书法史》(七卷本)(2009)等文字学、书法学领域

1. 关于历代的"几体书"详见附录三的辑录。

2. 郭绍虞《从书法中窥测字体的演变》,《学术月刊》1961年第9期。

3. 王凤阳《汉字学》,吉林文史出版社,1989年,第180页。

4. 王宁《汉字构形学导论》,商务印书馆,2015年,第3页。

5. 作于1916年,1917年刊于《学术丛编》第十册,收入《观堂集林》卷七。

6. 唐兰《古文字学导论》(增订本),齐鲁书社,1981年,第33页。

7. 李学勤《战国题铭概述(上)》上,《文物》1959年第7期。

8. 钱君匋《新时代图案文字集付印题记》,载其《图案文字集》,新时代书局,1932年。

9. 宋石《美术字讲话》,重庆出版社,1950年。

10. 丁文隽《书法精论》,人民美术出版社,2007年,第42页。

11. 王凤阳《汉字学》,吉林文史出版社,1989年,第177页。

12. 张洁宇《学术界倡议"建立汉字字体学"》,《中华读书报》2000年11月23日。

13. 王宁《汉字字体研究的新突破——重读启功先生的〈古代字体论稿〉》,《三峡大学学报》(人文社会科学版)2001年第3期。

14. 邱振中《笔法与章法》,江西美术出版社,2012年,第5页。

15. 王平、郭瑞《中国文字发展史·魏

的著作都有大篇幅的字体名实论述。不过其中最详细,且专门侧重这方面研究的是启功先生的《古代字体论稿》(1964)。

字体类别方面,古代常以"几体书"的形式归类为主[1],如八体、六体(汉许慎《说文解字叙》),也涉及应用层面的归类,如俗、通、正(唐颜元孙《干禄字书》)等。近现代则主要侧重应用层面的归类。有正体、草体(郭绍虞《从书法中窥测字体的演变》,1961[2]),标准体、应用体(王凤阳《汉字学》,1989[3]),正规字体,变异字体(王宁《汉字构形学导论》,2015[4]),等等。

当然,值得注意的是,近现代出现了一些新的类别性字体名称,如:秦国文字、六国文字(王国维《战国时秦用籀文六国用古文说》,1916[5]),商代文字、西周春秋文字、六国文字、秦系文字(唐兰《古文字学导论》,1935[6]),齐国题铭、燕国题铭、三晋题铭、两周题铭、楚国题铭、秦国题铭(李学勤《战国题铭概述》,1959[7])。设计学领域也出现了字体新命名,如图案文字(钱君匋《新时代图案文字集付印题记》,1932[8])、美术字(宋石《美术字讲话》,1950[9])。

字体和字形关系研究,近代开始明确化。代表性的有丁文隽《书法精论》(1930)[10],提出形侧重音义,体侧重美恶;王凤阳《汉字学》(1989)[11],提出的体是外形、容姿。字体研究的学科独立意识逐渐显现。至2000年,文字学领域以启功《古代字体论稿》(1964)为开山之作和纲领,宣告字体学成立[12],字体研究才专门独立出来。

字体特征分析研究,古代常融合于技法讨论中,集中在笔画、笔法、结字、结构等方面,如象某某形(汉许慎《说文解字》)、七个笔画(晋卫夫人《笔阵图》)、十二意(梁萧衍《观钟繇书法十二意》)、永字八法(一说唐张旭,一说隋智永)等。近现代有所突破,特征分析项目独立化,如笔势、笔态、笔意、结字、转折、行气(王宁《汉字字体研究的新突破——重读启功先生的〈古代字体论稿〉》,2001[13]),绞转、提按、平动运笔方式变化(邱振中《笔法与章法》,2003[14]),笔画数量、构件差异、笔形特征、整字字态(王平、郭瑞《中国文字发展史·魏晋南北朝文字卷》,2014[15])。设计学领域有一些细节补充,如第二中心线(谢培元、陈初伏《经营位置之一——第二中心线的运用》,1962)。

字体演变路线和演变规律研究,通常以形体综合的方式,观点多样。演变路线方面侧重代表性字体的推进和应用便利性,主要形成单线、复线两种观点。单线:代表学者有汉许慎(《说文解字叙》)、吕思勉(《中国文字变迁考》，1926)、蒋善国(《中国文字之原始及其构造》，1930)、容庚(《中国文字学形篇》，1931)等。复线：详而静者及简而动者(清刘熙载《书概》)；正体及草体(郭绍虞《从书法中窥测字体的演变》1961)；篆、隶、楷一路，草篆、草隶、行草一路(郭沫若《古代文字之辩证的发展》，1972[16])。此外，还有主线及复线观点(启功《〈书法丛刊〉"秦汉简帛晋唐文书专辑"引言》，2003[17])。演变规律方面常侧重单字构形层面推进的规律总结。有繁化、简化(梁东汉《汉字的结构及其流变》，1959[18])；简化、分化和规范化(林沄《古文字研究简论》，1986[19])；音化和简化(蒋善国《汉字学》，1987[20])；简化、音化、分化和规范化(黄德宽、陈秉新《汉语文字学史》，1990[21])；简化、规范化(高明《中国文字学通论》，1996[22])；等等。

　　字体应用研究，也主要以形体综合的方式，有基本职能、功能、人际人机关系、文字传播等不同角度。基本职能角度属于语言学领域字用学范畴，具代表性的是本用、兼用、借用(李运富《汉字语用学论纲》，2005[23])。功能角度，主要集中在对汉字功能的归纳：早期的如"百工以乂，万品以察""宣教明化於王者朝廷""经艺之本，王政之始。前人所以垂后，后人所以识古"(汉许慎《说文解字叙》)；近现代的如"开辟了人类历史新纪元、传存言语信息、记录言语、美学功能"(姚锡远《文字本质论》，1990[24])，"记录性作用、纪念性作用"(李零《简帛古书与学术源流》，2008[25]。) 人际人机关系角度，提到了现代汉字应用包括两个界面："人际界面"和"人机界面"。这是苏培成先生《现代汉字学纲要》一书提出的汉字应用角度[26]。文字传播角度，从文字影响入手，如"文字借用，文字兼用，文字转用现象"(邓章应《普通文字学概要》，2014[27])。

　　字体演变过程描写研究，有两种：一种是专门的字体发展史研究，主要是对几个代表性字体演变过程的研究，数量稀少。如黄约斋《汉字字体变迁简史》(1956)，魏隐儒、马世华《历代汉字字体与书法选粹》(1993)、王士菁《中国字体变迁史简编》(2006)等。一种是将研究融合在汉字演变史或书法发展史中，也是以几个代表性字体演变过程的推进为主，古代即有。如晋卫恒《四体书势》也是四体发展史。近现代更多，几乎每本书法史、文字学通论都会涉及字体演变过程，如丛文俊等《中国书法史》(七卷本)(2009)、臧克和等《中国文字发展史》(五卷本)(2015)。

（接上页）晋南北朝文字卷》，华东师范大学出版社，2014年，第26页。

16. 郭沫若《古代文字之辩证的发展》，《考古》1972年第3期。

17. 启功《〈书法丛刊〉"秦汉简帛晋唐文书专辑"引言》，载《启功书法丛论》，文物出版社，2003年，第139页。

18. 梁东汉《汉字的结构及其流变》，上海教育出版社，1959年，第42页。

19. 林沄《古文字研究简论》，吉林大学出版社，1986年，第71页。

20. 蒋善国《汉字学》，上海教育出版社，1987年，第143页。

21. 黄德宽、陈秉新《汉语文字学史》，安徽教育出版社，1990年，第233页。

22. 高明《中国古文字学通论》，北京大学出版社，1996年，第159—167页。

23. 李运富《汉语语用学论纲》，《励耘学刊》2005年第1辑。

24. 姚锡远《文字本质论》，《河北大学学报》1990年第3期。

25. 李零《简帛古书与学术源流》（修订本），生活·读书·新知三联书店，2008年，第45页。

26. 苏培成《现代汉字学纲要》，北京大学出版社，1994年，第149页。

27. 邓章应《普通文字学概要》，西南师范大学出版社，2014年，第245—255页。

除了国内，国际方面也涉及汉字字体研究。欧美早期以字体介绍为主，如汉字有3种字体(陆若汉《日本教会史》, 1620)、汉字44种古体(哈盖尔《边画译》, 1801)。近代也有介绍式的，如戴遂良《汉字》(1919)；还有以文字学研究主式涉及的，如高本汉《中国语与中国文》(1923)，以及以文字演变史或书法发展史形式涉及字体史的，如钱存训《书于竹帛》(1962)。

东亚以日韩为代表，其中日本成就最高。日本文字学和书法学领域的字体研究，成就接近中国，如《类聚名义抄》(承平)提及俗字，新井白石《同文通考》(1760)、高田忠周《汉字详解》(1909—1912)、安达常正《汉字的研究》(1909)、阿哲次《图说汉字的历史》(1989)等以文字演变史或书法发展史形式涉及字体史。日本设计学领域的字体研究，成绩高于中国。早期以《麒麟抄》(平安)、《夜鹤庭训抄》(平安)带来装饰字体实践的兴盛。近代常有独创，在字体类别、字体设计技法方面有不少成绩，如出现图案文字(稻叶小千, 1912)、意匠文字(清水音羽, 1927)、广告字体(本松吴浪, 1926)等字体新名称，它们被中国直接借用。

三　尚待解决的问题及新研究可能性

字体的研究涉及了大部分关键性问题，硕果累累，其中名与实的研究成果尤其丰富，但是依然存在一些薄弱的地方。

其一，字体定义存在落点形体、落点类别、落点形态等多种不同意见，差异不少。受其影响，不少字体名称也存在混同现象。如设计领域带有"字体""体"的名称很多，常见的有"可口可乐中文字体""黑体""正文字体"。这些名称实际指称差异很大，有进一步澄清的必要。

其二，字体和字形常混为一谈。《增韵·青韵》："形，体也。""形"和"体"有时候是可以互训的。而在"字形""字体"两词的应用上这种混谈也很明显。一方面是名称指向上混同。如《中国文字学概要》在论述文字学的范围时说："无论哪种文字，它的实质总是声音和意义；它的形式就是各个字体。"其中的"字体"实际上指的是"字形"。"体"直接等同于"形"了。另一方面是形和体的研究常杂糅，"形体"的表述远多于"字形""字体"的表述，字体的几个关键性问题的研究独立性很弱：

（1）字体特征分析常与字形特征分析彼此不分。比如黄德宽先生《古汉字发展论》"殷商文字的字体"一节中，对于何组一类字体的风格有这样的描述："字形较大，笔画粗细比较平均，横平竖直。"这些描述依托了字体的特征项目，属于字体特征分析的范畴。可随之提供的字例却有这样的描述："特征性的字有：贞作 ⺊ 或 ⺊ 、 ⺊ ……牢作 ⺊ 、 ⺊ ……旬字不出头的 ⺊ 和出头的 ⺊ 互见。"[28] 这些描述显然是强调字形的不同，其实与此前字体特征的描述无涉，这种分析并没有真正地辨析字形和字体各自的侧重点。

（2）字体演变路线和字体演变规律的研究常没有独立性。大部分的字体演变路线和字体演变规律的研究，其实是形体杂糅的形体演变路线和形体演变规律的研究。如学者归纳的演变规律"音化"，属于构造的推进规律，倾向于形层面，与体关系不大；而"规范化"，则字形和字体都涉及。

（3）字体应用研究也缺乏独立性。或是与字形应用混淆，或是等同于文字应用研究。建立在字体特点基础上的独有应用的考察严重不足。

其三，字体演变路线、演变规律的研究思路相对单一，主要从构形推进、应用便利性方面入手，如体功能的认识、开发，需求的兼顾、调和，审美的转向。与实用矛盾的调和等方面的研究鲜见，整体性略显不足。

总之，字体定义的多种意见、字体和字形混为一谈，使字体特征分析、字体应用、字体演变过程描写，以及字体演变路线、演变规律、演变模式归纳都缺乏真正的独立思维、区分意识。针对这几个薄弱的地方，笔者在研究思路上做了一些相应的调整。

一方面，在已有成果的基础上，辨明字体定义、字体相关名称，梳理字形和字体的具体关系，强化字体研究的独立性，明确字体特征分析与字形特征分析的共性和个性，归纳字体本有的演变路线、演变规律和演变模式。鉴于字体名实研究已有丰硕成果，不再赘论。

另一方面，引入一个新的视角——历代形体认识关系变迁。对历代形体关系的认识，蕴含着对如体功能意识、体应用意识等体"觉醒"方面的认识，以及体与形彼此分工、配合关系的认识，更重要的是蕴含着对字体自身在文字体系中，乃至在整个社会文化环境中所处位置、所负"责任"等方面的认识，它不但展现了字体发展表层的动力所在，更展现了诸多无形的但又具有原点性质的动力所在。这一新视角的引入，相比此前的研究，有几个明显的优点。

28. 黄德宽《古汉字发展论》，中华书局，2014 年，第 68 页。

（1）增加了字形和字体关系的对比和梳理，更有利于辨明字形和字体各自的侧重点。

（2）增加了研究的动态性认识，并强化了发展性眼光。如认为字体意识的出现、字体的形成、字体功能的发挥都是有一个过程的。更重要的是，这些过程并非直线式地前进，而是彼此之间存在交织情况，错综复杂，厘清这些情况更能揭示字体演变的实质。

（3）更好地呈现了字体演变过程中诸如路线分流、体态风格追求分歧等内部各方面呈不同发展方向的现象，有助于视觉特征分析、字体应用新视角的开拓。字体特征分析书写类和非书写类的分析项目区分，字体应用中原用、逾用的提出都是得益于此，研究由此变得更为细腻。

（4）既能深化在字体开发、字体应用发挥过程中对体、形及彼此关系的认识，也能有效避免演变路线、演变模式、演变规律总结及具体演变过程描写的片面性。

与研究思路相对应，在研究内容上，虽然没有大幅度地变动研究的基本内容框架，但增加了形体关系所占的比重，也相应地增加了与字体关联密切的一些字形内容。

在研究方法上，基于文献梳理、田野调查、对比归纳等方法，针对设计学领域本身在字体研究方面重实践、轻理论的特点，强化学科融合法的应用，从文字学、语言学、书法学、考古学等领域吸取养分。

敬请方家指正。

第一章

形体基本关系
及历代形体关系认识变迁

形体基本关系及历代形体关系认识变迁

一　概述

　　字形和字体关系密切，但目前文献所见字体定义"落点"呈多样化。实际应用中含有"字体""体"字样的各种名称也常分界不明显，习惯性地混用。因此，形和体关系的厘清，有一个最基本的任务：明确字体的真正所指，以便明确文献中大量含有"字体""体"等名称之间的差别所在，避免应用中的混淆。也便于厘清字形和字体的基本关系，从而为各自的研究指明方向。

　　当然，这两个任务也仅是形和体基本关系的厘清。历代字形和字体的关系在不同时间段呈不同状态，因此要真正地清晰形和体的关系，还需要增加一个任务——厘清历代形和体关系认识的变迁。

二　字体和字形基本关系

（一）字体定义的"落点"辩

在目前所见的字体定义中，有多个不同的"落点"。

　　①"落点"形体、书写形体。如马衡《中国字体之变迁》："什么叫做字体，就是文字之形体。"[1] 王世贤《古今文字学通论》："所谓字体，是指在不同的历史阶段中形成的几种别具风格的或有外在形式特征的形体。"[2] 杨五铭《文字学》："字体是文字的书写形体。"[3]

　　②"落点"形状、形态、形式特征、综合式样、笔画姿态、字形体式。如启功《古代字体论稿》："所谓字体，即是指文字的形状。"[4] 孙学峰《汉

1. 马衡《中国字体之变迁》（马衡 1941 年 1 月 8 日于重庆三元读书会讲演稿），《说文月刊》1941 年第 3 卷第 2、3 期合刊。

2. 王世贤《古今文字学通论》，中国社会科学出版社，2016 年，第 199 页。

3. 杨五铭《文字学》，湖南人民出版社，1986 年，第 132 页。

4. 启功《古代字体论稿》，文物出版社，1964 年，第 1 页。

5. 孙学峰《汉字形态论》，中华书局，2020年，第74页。

6. 黄亚平、孟华《汉字符号学》，上海古籍出版社，2001年，第200页。

7. 陆明君《魏晋南北朝碑别字研究》，文化艺术出版社，2009年，第60页。

8. 王力《汉语史稿》，中华书局，2013年，第39页。

9. 冯寿忠《现行字体法及其标准试说》，《昌潍师专学报》1997年第1期。

10. 王凤阳《汉字学》，吉林文史出版社，1989年，第177页。

11. 王宁《汉字构形学导论》，商务印书馆，2015年，第2—3页。

12. 黄德宽《古汉字发展论》，中华书局，2014年，第64页。

13. 张天弓《"字体""书体"概念之考释》，《书法报》2019年5月22日。

14. 王平、郭瑞《中国文字发展史·魏晋南北朝文字卷》，华东师范大学出版社，2014年，第26页。

15. 李守奎《汉字学论稿》，人民美术出版社，2016年，第83页。

16. 谭璜《字体设计之美》，江西美术出版社，2013年，第40页。

17. 启功《古代字体论稿》，文物出版社，1964年，第1页。

18. 郭绍虞《从书法中窥测字体的演变》，《学术月刊》1961年第9期。

字形态论》："字体是汉字在生成过程中呈现出的形态。"[5]黄亚平、孟华《汉字符号学》："字体即文字的外在形式特征。"[6]陆明君《魏晋南北朝碑别字研究》："字体指同一形制的汉字整体上的综合式样。"[7]王力《汉语史稿》："字体是文字的笔画姿态。"[8]冯寿忠《现行字体法及其标准试说》："字体是就群体汉字而言，指的是汉字体系在某一范畴中所具有的共同的字形体式。"[9]

③"落点"风格、总风格、整体风格、大类别、类型、基本类别。王凤阳《汉字学》："字体……就是字的风格。"[10]王宁《汉字构形学导论》："字体是不同时代、不同用途、不同书写工具、不同书写方法、不同地区所形成的汉字书写的大类别和总风格。"[11]黄德宽《古汉字发展论》："字体是指一个时代或是文字发展演变的一个阶段内文字表现出来的整体风格和书写特征。"[12]张天弓《"字体""书体"概念之考释》："字体，是指文字体系的类型。"[13]王平、郭瑞《中国文字发展史·魏晋南北朝文字卷》："文字学研究中所称的字体，应该是指汉字在社会长期书写过程中，由于书写工具、载体、社会风尚等原因，经过演变形成的相对固定的式样特征和体态风格的基本类别。"[14]

④"落点"外在结构。李守奎《汉字学论稿》："字体说的是笔画的曲直肥瘦，偏旁的大小和方位，笔迹的轻重与缓急，字体的方圆和工草等，有人把字体称为文字的'外部结构'，构形称'内部结构'。"[15]

⑤"落点"整套字母形状、数字及标点符号设计。谭璜《字体设计之美》："字体，由一致的视觉特征统起来的一整套字母形状、数字及标点符号设计。"[16]

字体定义中这种"落点"的多样，不少学者已有关注，并尝试借助分类进行区分。如启功《古代字体论稿》认为字体"包含两个方面：其一是指文字的组织构造以及它所属的大类型、总风格……其二是指某一书家、某一流派的艺术风格"[17]。郭绍虞《从书法中窥测字体的演变》说："就汉字而论字体，有三种不同的含义：一指文字的形体；二指书写的字体；三指书法家的字体。"[18]王凤阳《汉字学》中更是直接提出了"个人字体""工具字体""用途字体"——"因为书写时个人的运笔特征、所写的字的间架布白特征的不同而形成的不同的字的风格，可以称为字的'个人字体'……因为所运用的书写工具的不同而形成的字的独特风格可以称之为'工具字体'，这种风格是工具的特殊性带来的。……因文字的用途不同而形成的不同文字风格可以称之为'用途字体'"。[19]

不过这种借助分类来消解"落点"多样的方式，存在一个明显的弊端——无形中使字体考察常"习惯性"地略去某些研究内容。文字学领域对此已有相关讨论，如王宁先生认为启功先生提及的"表示某一书家、某一流派独特风格的书体"过于微观，比较偏重书法分类，文字学领域难以把握。[20]为此，在实际研究内容上常只选择其中的一个分类。郑婕《魏晋南北朝简牍文字研究》即是在启功先生所提及两个方面的基础上，进一步细分为表"文字组织机构"、表"大类型总风格"和表"某一书家、某一流派的艺术风格"三个方面，并认为文字学领域研究所取的为第二个方面。[21]这种选择无可非议，但其实在研究内容上是不全面的。

那么，有没有可能从定义中就消解这种"落点"的多样性，实现"落点"的统一呢？

其实定义中和实际文本中出现这种"落点"的多样，有三个重要原因。

其一，字体和字形关系不明确。

丁文隽先生曾在《书法精论》中提到"书之音义系乎形，书之美恶系乎体"[22]。如果把文字比作某类人，字形倾向于研究这类人的内部结构，如血液系统、神经系统等是如何构造、如何运行的，最后又是如何构成一个完整的人。而字体倾向于研究由这些构造"组装"成完整的某类人后，其身材特征、五官特征等"原生态"视觉特征，以及在此基础上因穿衣习惯等进一步追求，所带来的视觉层面的整体感受。它们其实是从不同角度反映"这类人"这个同一对象的不同特点。由此，不难发现形与体是从不同角度来分析汉字的，它们有各自明确的侧重点，是两个不同的概念。通常来说，可以认为字体关注的是文字的视觉层面，而字形关注的是文字的构形层面。比如对同一个文字而言，线条起笔的方或圆形态，一般不能区别两个字形构形的不同，但却能区别两个字体视觉特征的差异。

19. 王凤阳《汉字学》，吉林文史出版社，1989年，第177—178页。

20. 王宁《汉字字体研究的新突破——重读启功先生的〈古代字体论稿〉》，《三峡大学学报》（人文社会科学版）2001年第3期。

21. 郑婕《魏晋南北朝简牍文字研究》，同济大学出版社，2020年，第34—35页。

22. 丁文隽《书法精论》，人民美术出版社，2007年，第42页。

23. 王宁《汉字字体研究的新突破——重读启功先生的〈古代字体论稿〉》,《三峡大学学报》(人文社会科学版)2001 年第 3 期。

24. 王宁《汉字构形学导论》,商务印书馆,2015 年,第 143 页。

25. 裴锡圭《文字学概要》(修订本),商务印书馆,2013 年,第 35 页。

26. 王宁《汉字构形学导论》,商务印书馆,2015 年,第 82 页。

27. 主动风格追求经常表现为一种有意的行为,比如早期的"线条多字大,少则字小"是一种无奈的选择,而后期如苏轼"凡字体大小长短,皆随其形"(梁巘《承晋斋积闻录》,转引自刘小晴《中国书学技法评注》,上海书画出版社,2020 年,第 225 页)则是一种有意的个性追求。

28. 启功《古代字体论稿》,文物出版社,1979 年,第 5 页。

字形——对类似血液系统、神经系统等人内在系统的关注——侧重文字的构形层面

字体——对类似身材特征、五官特征等人外在特征,以及在此基础上穿衣打扮等进一步追求的关注——侧重文字的视觉层面

不过,形和体的研究是不可能真正分离的,就字形而言,"不但研究字形结构的变异离不开字体风格;而且要想把汉字构形历史梳理清楚,不深入考察字体演变也是难以做到的"[23]。对字体而言,字形的作用更是不言而喻:

(1)体以形为依托。"无形不成其为字,无形不需书写,风格无所依托。"[24]体对形存在依托关系,这是形与体最本质的关联性,也是字体研究中所有形与体关系研究的出发点。当然,这里的"依托"并非指附庸,而是如同前文提及的"体"类似人的身材特征、五官特征,需要人的内在血液、神经、骨架等内在类似"形"的系统的支撑,才得以存在,其实是一种共存。裴锡圭先生所说的"字体的变化指文字在字形特点和书写风格上的总的变化"[25],其"字形特点变化"即是指向字形的变化,它是字体变化的组成部分,明确呈现了体对形的这种依托关系。

(2)同一构形可以是不同的字体[26]。我们常说的汉隶、唐隶,它们都属于隶书字形。换言之,这两个隶书体是在同一字形基础上,因书写风格追求不同而形成的不同字体[27],是依托于同一种字形存在的。

可见,定义中展现这种字形的依托性是非常必要的。前文④指向"外在结构",并与构形的"内在结构"形成对应,指出了这种字形和字体的内在关联,直入根本。可惜,它仅停留于这种关系的呈现,"凡一种大类型中必兼具组织结构和书写风格两项条件"[28],定义中如曲直、大小等描述太细节化,属于分析性词语,并没有呈现字体在书写风格方面的根本特性,这个定义并不完美。完美的字体定义需要表达出形体的关系,但不能仅停留于此。

其二,字体、字体作品概念相混。

字体和字体作品关系很微妙。一种字体的视觉特征反映在一个个具体的字体作品中。如小篆字体的视觉特征反映在秦的《仓颉篇》《爰历篇》等字书中,在《琅琊台刻石》等秦石刻中,也反映在后来汉的《说文》小篆、唐的李阳冰小篆中。一种字体的成熟和巩固,往往也是以一部字书或一种碑刻

集中体现的,《宣示表》常被定为楷书的鼻祖即是出于此种原因。字体作品和字体其实是实体和概念的不同。字体作品是实体,字体是字体作品特征归类后的抽象概念。当然,这种字体作品特征归纳的抽象概念,指向的是一种类别,"字体是指字的群体类型特征,而不是个人风格"[29]。可见,如①⑤这种指向形体或某个具体设计的方式,很容易引起混淆,显然是需要尽量避开的。

此外,①的点在本就包含了字形和字体的"形体",如同为"动物"一词下定义时,落点为"动植物",其实并没有真正地揭示其中的本质,是一种"偷懒式"的定义方式,并不可取。

其三,出现了一些易混淆和误解的指向。

②中形态、形状、笔画姿态等指向存在几个不足。一、易与字形的概念混淆。有些学者认为字形是指"文字的外形,即一种文字单个字符在空间展示出来的形状,特指汉字的外形"[30]。事实上"字形"因本身含有"形"字,其定义相对"字体",更容易与形状、外形等因素产生联系。二、与文字的造型也易混淆。《汉语大词典》中"造型"指"创造的物体的形象"。就这个解释而言,文字的造型相对字体,也更适合指向文字的形状、笔画姿态。

不过体态、形状、笔画姿态等指向明确展现了字体的研究内容,字体风格特征的获取正是通过这些内容呈现的,它们之所以成为不少定义的指向正是基于此。

综上可见,③的"落点"是相对合理的,在其基础上综合其他定义的优点,字体的定义就相对明确了:

> 字体指文字相对固定的字形特点和体态风格的基本类别,它是一个阶段同一视觉特征字群的总称。

可是即便如此,目前所见的不少字关于体的名称还是很容易引起混淆,需要进一步梳理。

(二)一些体名称的混淆

关于体名称的混淆有两种情况,一种为内部关系上的混淆,一种为形和体侧重点上的混淆。

29. 任平《说隶:秦汉隶书研究》,北京时代华文书局,2016年,第3页。

30. 沙宗元《文字学术语规范研究》,安徽大学出版社,2008年,第134页。

31 裘锡圭《文字学概要》（修订本），商务印书馆，2013 年，第198 页。

内部关系上的混淆，除了前文提及的字体名称与字体作品名称，还有一批名称也值得关注，即再次归类的字体名称。字体是一种基本类别，现实使用中经常因区域、功能等需求，而对字体进行再次归类，诞生了如正文字体、标题字体、中文字体、西文字体、人文主义字体、过渡体、软体、硬体、民族字体等含有"字体"或"体"字样的名称。这些字体名称具有一定的共性，因此常与归类前的字体混淆不清，常被平行使用。

其实根据它们所指，要厘清字体内部这些名称彼此的关系并不困难：

实体：字体作品，它是字体视觉特征的具体呈现，具象的。理论上所有的字迹都可以称为字体作品。通常所说的个人书写作品、字体设计作品都归为这个层级。

视觉特征类别归类：字体，一种社会认可的字体特征类属化、抽象化的所指。我们熟知的篆、隶、楷、行、草字体，宋体、黑体及欧体、赵体都属于此类。

字体再次归类：如依功能性再次归类的字体、依区域性再次归类的字体。

据此，即便在文本中，这些依然带有"体"，乃至"字体"的名称，对其真正的所指，还是能轻松地分辨清楚，对应解读的。

另一种混淆是没有明确字体和字形的不同侧重点，命名时"体"字的选用比较草率，其名称实际所指反而与形更为密切，代表性的有简体字、繁体字、独体字、合体字等。它们的名称可以尝试调整如下：

简体字——简化字或简形字；
繁体字——繁化字或繁形字；
独体字——独形字；
合体字——合形字。

还有一个是异体字。通常认为异体字音义相同而外形不同[31]，可是这种说法很模糊，这个"外形不同"其实有三种情况。

(1)构件不同,方位相同或不同——是构形问题,可以称为异形字;

(2)构件相同,但方位不同——是位置问题,可以称为异位字;

(3)构件相同、方位相同,但写法不同——是风格问题,可以称为异体字。

(三)基本形概念的提出

为了强化形和体的依托关系,在字体层面,姑且把它所依托的字形称为基本形。

基本形是一个类别概念,根据不同情况有大小类别之分。比如宋体所依托的基本形,依据类别的大小依次可以为宋体字形、楷书字形。也就是说,一个字体所依托的基本形,可以根据所定的范畴,明确它的对应归属(图1-2-1)。当然,有时候也会出现相对字形群,即以字形再次归类而言的现象。比如相对中文字体圈,宋体可以被认为是依托汉字字形的;而如果相对文字体系中的所有字体,那就是依托中文字形的。此时的汉字、中文,都是字形再次归类后的所指,其所展现的含义,并非指宋体所依托的基本形是汉字字形或中文字形,而是指宋体所依托的基本形属于汉字字形或属于中文字形。字形与字体一样,内部也存在再次归类。

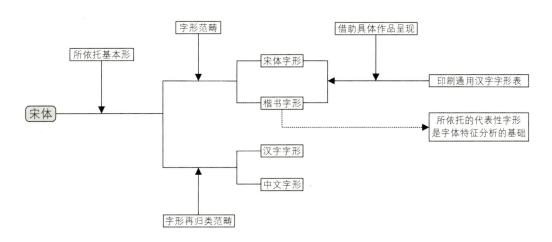

■ 图1-2-1 字体与所依托的基本形的不同情况

与字体类似，基本形也需要借助具体的"字形作品"呈现。比如现代字库字体所依托的"基本形作品"，是1965年发布的《印刷通用汉字字形表》。此外，基本形的一种特殊状态需要特别注意，即存在以新字形的形式，保存某些汉字古体结构的现象。文字学领域所提及的隶古定、楷定、草书楷写等情况，这时候的基本形具有早期字形的构件形态，是一种复古现象。

理论上任何一个字体都可以直接对应一种基本形，如汉隶对应汉隶字形，唐隶对应唐隶字形。不过在实际研究中，这种对应关系应用不多。真正带来帮助的是与几个代表性字形的对应关系，即我们常说的篆、隶、楷、行、草。如把汉隶对应篆文字形，唐隶对应隶书字形。借助各自在代表性字形基础上的个性化处理，分析其字体视觉特征，后文即是采用此种方式。

此外，需要注意早期有些甲骨文同一字存在多种字形的情况，后世文字也常有异形的存在，很容易带来"多形一体"的误解。事实上，甲骨文的一字多字形，后世文字的正形、异形，都是指具体字形作品，与前文字体常与字体作品混淆一样，它们与基本形的类别属性不是一个层面的概念。

（四）基本形和字体的配合

形与体虽侧重点不同，但内在并存的本质关系，使基本形和字体在演变过程中始终是相辅相成、"携手并进"，共同推动汉字的向前发展。

（1）形与体的两种基本关系

形和体的基本关系，前文已有提及，下面进一步细化，可以表示如下：

其一，同一基本形可依托多类风格特征字体，也就是一个基本形下可能有多个字体；

其二，每一个字体都有对应的基本形。

其中"同一基本形可依托多类风格特征字体"的关系，意味着基本形和字体存在动态性的关系：

关系一，基本形发展，字体相应发展，但是基本形稳定"不动"，字体不一定停止发展；

关系二，字体发展，基本形不一定发展。

这其实蕴含着另外两层含义，即：

第一层，基本形的变更，通常意味着所依托字体的变更；

第二层，字体的大变革，往往是发端于基本形的大变革[32]。

两个含义比较容易混淆的是"变更"所指。基本形的变更，若要真正带动字体的变更，通常需要自身大幅度的改造。比如战国时期基本形出现了构件的大幅度简化，直接引发了字体的相应变更。当然，同样道理，书写风格上经过较长时间的演变，有时候也会带来字形的变化[33]。

(2)字体视觉特征与基本形的关系

形体的这种密切关系，使得任何一个字体的视觉特征都与其所依托字形的特点密不可分。如果两个字体作品依托的基本形不同，借助基本形的字形特点，就能轻松得以分辨；而如果两个字体作品依托的基本形是相同的，这时候常需要借助两个字体作品在基本形基础上的进一步风格特征追求特点，才能得以区别。对于这种现象，学者们已有相应的阐述，如启功先生认为字体的不同，是组织构造和风格的不同[34]。前文提及裘锡圭先生也认为字体的变化指文字在字形特点和书写风格上总的变化。

那么，基本形的字形特点，是如何呈现在字体的视觉特征中的呢？

字体本质上是所对应基本形基础上的体态风格整体呈现，因此字体的视觉特征，其实就是基本形所呈现体态风格的总和，可以表示如下：

$$字体的视觉特征 = 所对应基本形体态风格的总和$$

公式中"所对应基本形"指与字体直接相对的字形，如前文提及的唐隶依托唐隶字形，汉隶依托汉隶字形。不过在实际字体演变中，字体的形成最常见的是以某个代表性字形为基本形，在其基础上进行进一步体态风格追求的结果，如翁方纲《隶八分考》载："高凤翰云：笔画平直体，仍小篆二去其繁重者，隶也。因隶而加掠捺者，八分也。"明确地提到"隶"是依托"小篆"改造的结果，"八分"是依托"隶"改造的结果。换言之，此时字体的视觉特征总和，其实是所依据代表性基本形的体态风格，以及在该基本形基础上进行进一步体态风格追求所呈现的体态风格的相加，公式由此变为：

$$字体的视觉特征 = 所依据代表性基本形的体态风格 + 该字形基础上进一步体态风格追求所呈现的体态风格$$

32. 裘锡圭先生认为字体的变化指文字在字形特点和书写风格上总的变化，也点出了基本形所起的重要作用。见其《文字学概要》（修订本），商务印书馆，2013年，第35页。

33. 裘锡圭《殷周古文字中的正体和俗体》，载《裘锡圭文集·金文及其他古文字卷》，复旦大学出版社，2012年，第395页。

34. 启功先生认为字体包含文字的组织构造和它所属的大类型总风格两个方面，因此字体的不同就是这两方面的不同。详见启功《古代字体论稿》，文物出版社，1964年，第1、4页。

35. "组织构造"一词出自启功先生《古代字体论稿》,文物出版社,1964 年,第 4 页。

36. 更详细的分析见拙作《汉字字形学新论》,重庆大学出版社,2019 年,第 232—234 页。

37. 李运富《汉字学新论》,北京师范大学出版社,2012 年,第 120—121 页。

这是真正实用的字体视觉特征分析公式。但公式中"所依据代表性基本形""字形基础上进一步体态风格追求"看似一目了然,实际考察却并不容易,它与历代形体关系认识变迁直接关联,后文对此有进一步论。

(五)基本形的组织构造[35]

基本形由内在隐含的"运行"动力系统及外在可见的"执行"构造系统组成。内在"运行"动力系统,其实就是我们常说的"六书",而外在"执行"构造系统,则是把这些不可见"动力"系统"可视化"。它所采用的成形基本范式是我们常说的独形、合形,具体落在字形的组织构造上,即把可见的各种具体的字形构造单位,通过某种规则组合起来。

与字体直接发生关联的是这个可见的外在"执行"系统,以其中的组织构造为考察的重点。基本形的组织构造包含构造单位和组合方式两部分。

第一部分,构造单位。从三个不同层面入手点所获得的构造单位彼此并不尽相同。

从字形组成单位层面入手,根据组成单位的大小,构造单位可以分为笔画(或线条)和构件。这其实是字形的两种拆解法。一为零件式的。早期字形如甲骨文可以拆成一条条线,金文除了线,还有块面;后来的如隶书、楷书则可以拆成笔画。一为构件式的。拆成一个个构件,如后世常说的偏旁。这是两种全然不同的拆解法。前者拆成的"零件"是纯符号性的,很多文字都具备;后者拆分的构件则是有理据的[36],是汉字特有的。字体对两种拆解法都很重视,它们是字体特征分析必不可少的两种手段。

从书写层面入手,构造单位可以称为"书写单位"。根据书写笔迹、笔形的不同,通常分为三种类别,即实块、线条、笔画。它们还可以进一步细分。实块分为圆块、方块、菱块、三角块、曲边块;线条分为直线、曲线、弧线、折线;笔画分为点、横、竖、撇、捺、折等。[37]这些细分通常是字体视觉特征考察的基本出发点。

数字技术层面是科技介入文字成形的产物。虽然早期字形也有刻、印等方式成形,但都与书写密切关联,数字技术的介入则改变了这种模式:文字脱离书写,不一定是书写出来的,它可以是一个编码,直接以数字的方式呈现。当然数字技术层面的编码,本质上是借助其他两类构造单位,是一种变体。

字体对基本形构造单位的关注,不能忽视基本形的变化发展。比如在运用两种拆解法时,需要考虑它们在不同时期的差异。"丈"青(《说文·十部》)字在早期可以拆解成两个构件(从又持十),但是在楷书时期已经不能拆解了。

第二部分,组合方式。它也叫字形的结体方式,这里主要论述与字体密切关联的四个方面:构件方位规则(图1-2-2)、线条交接方式、外轮廓设置和构件布局图式。

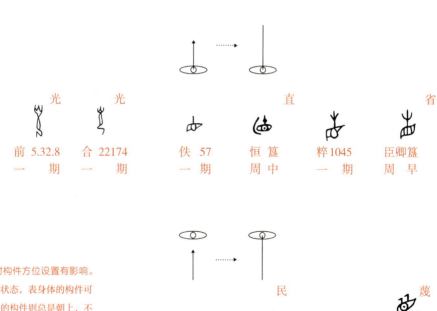

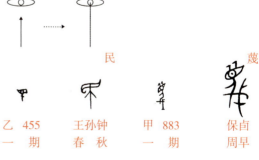

■ 图1-2-2 客观状态对构件方位设置有影响。如"光"字,根据客观状态,表身体的构件可左右变动,而顶上表火的构件则总是朝上,不可随意变动。"直""省""民""蔑"等字,根据观看的两种状态:"直""省"是含有眼睛内部发出含义的文字,构件"目"约定俗成在底部;而"民""蔑"是含有外部事物指向眼睛的文字,构件"目"约定俗成在上部。

38. 裘锡圭《文字学概要》（修订本），商务印书馆，2013年，第50页。

39. 胡小石《甲骨文例》，1928年发表，收录于《胡小石论文集》三编，上海古籍出版社，1995年，第48页。

40. 唐兰《古文字学导论》，写于1935年，齐鲁书社1981年重印，第167页。

41. 蒋维崧《由隶变问题谈到文字研究的途径和方法》，《山东大学学报》1963年第3期。

42. 关于早期文字的构件方位规则详见拙作《汉字字形学新论》，重庆大学出版社，2019年，第125—130页。

43. 比如中国人书写时，心中总有一个无形的方格，书写时总是努力避免出格。

44. 王宁《汉字构形学导论》，商务印书馆，2015年，第148、149页。

45. 苏培成《现代汉字学纲要》，北京大学出版社，1994年，第5页。

先看构件方位规则。早期的文字如甲骨文往往是一字有多种方位，方位并不固定。[38]有些学者注意到了这个现象，并总结了一些规律，如胡小石先生的"卜辞文字倒顺有别而反正无殊"[39]，唐兰先生的"除了少数的例外，凡是左右不平衡的字，几乎没有不可反写的"[40]。多数学者认为早期的这种方位设置是无序的——"正反无别""正侧无别"，甚至"正倒无别"。其实早期的构件方位设置看似随意，但内在遵循了一定的方位规则，正如蒋维崧先生所说的"从甲骨文来看，殷人作字的'清规戒律'并不少"[41]。这些"清规戒律"，在构件方位设置方面可以总结为三点：依据自然（客观状态）、依据文化及依据传说[42]。只是遭受春秋战国时期文字应用大幅度下移带来的冲击，这套方位规则被严重破坏了。如果要研究以甲骨文字形为基本形的字体，掌握其构件方位规则是非常必要的。此外，早期构件方位的地域特点也是值得关注的，比如邑部，楚系文字皆为左右结构，且都在左侧。

线条或笔画交接方式。这里关注的交接方式，除了指一般文字学家总结的相离、相接和相交三种情况，也指某些文字在演变过程中，线条或笔画交接方式的变动。比如"方"字，楷书字形点和下面横线是分开的，而早期如小篆字形 （《说文·方部》），上面并非点，而是与下面弯折笔画连为一笔的。两种基本形差异很大，字体的结体需要非常慎重。类似的还有"部""伐"等字。

外轮廓设置。虽然汉字被称为方块字，但是这个"方块"有多层的含义。首先，它除了物理层面的方形，也可以指意识层面的方形[43]；其次，方形只是其中的主流，事实上也涵盖了扁、长、多边形等其他外轮廓形态。而外轮廓这种方块形态的形成，也经历了从无意识到主要追求，而至规则化的过程。历史中曾存在极其刻板的严苛方块化的阶段，在字体外轮廓考察时需明确这些特点及发展变化。

构件布局图式。除了前文提及的方位规则，通常认为《说文》小篆和现代楷书有11种平面图式。当然也有学者认为这11种图式是大的类型，还可以再细分。比如王宁先生在此基础上补充了另外6种图式[44]（图1-2-3）；苏培成先生更是在6075个通用字中，总结了250多种形式（图式）[45]。它们都是字体结体研究重要的参考依据。

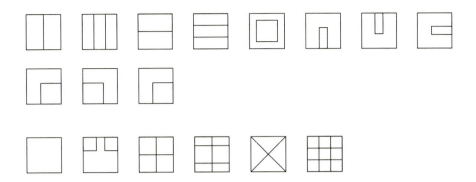

■ 图 1-2-3　小篆和现代楷书的门种平面图式。上两
　　　　　 行为国际标准的 11 种图示，下为王宁先生补充的
　　　　　 6 种图示。

对于基本形的组织构造，值得一提的是它既严谨又宽松的特点。汉字有时候多一笔少一笔，它还是同一个字，如早期字形或书法字形。而有时候出头或不出头，就是另一个字了，如后期的规范性字形。因此基本形作为字体的依托，它往往有一个度的问题，通常可以分为两种情况：

46. 释智果《心成颂》，载《历代书法论文选》，上海书画出版社，1979 年，第 94 页。

47. 见欧阳询《三十六法》增减项，载《历代书法论文选》，上海书画出版社，1979 年，第 102 页。

48. 当然也存在为避讳等多种原因。

　　第一种，规范性质的字体。
　　第二种，个性性质的字体。

规范性质的字体严格遵循基本形组织构造，不能多笔、少笔。其中基本形之间的细节差异，如线条的出头与否，相连、相交还是平行、断开都是需要严格遵循的。

个性性质的字体则宽松多了。常能看到古代书家省笔、添笔的现象。"繁则减除，疏当补续。"[46] 比如"曹"（**曹** 王羲之《孝女曹娥碑》）字少写了一竖，"新"字多写了一横（**新**魏《皇甫驎墓志》）[47]。这其实是对书家个性化风格追求一种约定俗成的宽容。[48] 有趣的是，民间流行的俗体的省笔、添笔，却常被认为是一种难以容忍的"篡改""破坏"。究其原因，除了书家的地位，另一个重要原因应是在民间的俗体中，省笔和添笔往往越过了某种限度，使基本形变得面目全非，完全失去了原字的组织构造。

项目	项目细分	状态	内容	代表字形
构造单位	基本笔画状态	基本笔画是否完备	1. 基本笔画三种情况：不完备、半完备、完备。 2. 线条考察内容：线条整体规整状态，线条化、笔画化程度；线条细节，含线条本身及线条之间曲直、长短、粗细、正斜、折弧、方圆等状态。	甲金文（不完备），隶书（半完备），楷书（完备），草书（非常规完备）
		线条交接意识	1. 是否具备线条交接意识。 2. 出头与否；相交、相离或平行。	甲骨文（交接意识不强）、隶书（交接意识强烈）
		转折处理	圆转或方折。	小篆（圆转） 楷书（方折）
	构件状态	偏旁意识不强	是否具备偏旁意识，以及其相关应用状态。	甲骨文、金文
		形成偏旁系统	偏旁系统的完备状态。	草书、楷书、行书、小篆
		偏旁的范围限定意识不强	根据范围限定，对构件形态进行相应调整处理意识不强。一个构件无论是作为偏旁，还是独立成形，形态差别不大。	甲骨文、金文、小篆
		偏旁的范围限定意识强烈	明确地根据范围限定，对构件形态进行相应调整处理。一个构件，因所处字形范围限定大小不同，有不同的形态规范。	草书、楷书、行书、隶书
组合方式	构件数量	数量不定	一字存在同一构件数量不等的现象。	甲骨文、金文
		数量恒定	严谨的构件数量设置。	楷书、行书、小篆
	构件方位	一字多种方位	一个字含有多种构件方向和位置设置。	甲骨文、金文
		一字一种方位	偏旁规则、构件规则及其灵活应用。	楷书、行书、草书、小篆
	构件布局	定形技巧应用不强	1. 构件之间交接方式处理不大重视（含线条交接状态）。 2. 构件之间避让、穿插等布局意识不强。	甲骨文、金文
		熟练应用定形技巧	1. 重视构件之间交接细节（含线条交接状态）。 2. 构件之间避让、穿插等布局意识强烈。 3. 有外轮廓规整意识。	小篆、楷书、行书、草书
整字	字势	整字的纵势或横势，行气脉	1. 呈纵势或横势（外部的势）。 2. 行气贯通，行气弱（内部的势）。	小篆（纵势）、隶书（横势）；小篆（行气弱）、隶书（行气贯通）
	字态	整字的综合形态	1. 外轮廓特点（外部形态）。 2. 重心中宫比例设置等情况（内部形态）。	小篆（长方形）、隶书（扁、正方形）、楷书（正方形）
	字意	成形时天然蕴含的气质	主要是后人的一种附加。	以董作宾先生的甲骨文五期字体风格为代表

（六）基本形的字形特点分析项目

字形特点依据组织构造呈现，因此组织构造的内容即是字形特点分析的基本项目。根据组织构造内容，结合文字学、书法学领域的研究成果，可以列出字形特点分析时所需要涵盖的具体项目(详见上页表格)。

49. 富谷至编，张西艳译《汉简语汇考证》，中西书局，2018年，第 26 页。

三　历代形体关系认识变迁

前文论及了字形和字体所存在的基本关系，不过这种关系并非一开始即天然存在，而是历经了一个漫长的演变过程，并在不同时代呈不同的特点，有明确的阶段性。

（一）商至西周：形体关系不分，形为主阶段

商至西周时期形体关系不分，形是主角。在实践中，体层面的美感追求呈一种无意识状态，并不具备明确的主动性。

此时形体关系不分，主要体现为没有出现字体的专有名称。虽然"体"在《诗经》中已经存在，不过其内涵都不是指向字体。《诗·卫风·氓》："尔卜尔筮，体无咎言。""体"指卦象、兆象。《诗·大雅·行苇》："敦彼行苇，牛羊勿践履，方苞方体，维叶泥泥。""体"指成形，作动词用。

有趣的是，在实践中，"体"的应用却不鲜见。正如富谷至先生所说的："一般而言，通常所说的字体并非某一时刻制作的新字体，理应是以前的字体，因某些原因在时间的长河中慢慢变化，在之后的时代里被分类并被冠以各种字体名称。"[49] 从商代甲金文实物中，已经能明显感受到书写字迹的平整化追求。裘锡圭先生判定甲骨文为俗体，金文为正体，其中一个标准即是书写相对端正。董作宾先生更是把书体作为甲骨文断代的十个标准之一，并为此归纳了不同时期的这种风格特点。西周时期，这种意识更为强烈。比如西周时的大克鼎、颂壶出现了打格子辅助写字的现象，这显然是为了使书写的文本更为整齐。(图1-3-1)李峰先生认为过去过分强调铭文的宗教祭祀作用，事实上青铜器的运用有着更为广泛的社会背景，其铭文深入贵族生活的方方面面。铭文使用的一个重要环境是家内宴飨，在这些青铜器拥有者的家人，也包括亲戚、友人、同僚参加的社交场合，青铜器铭文所带有的"公众性"和"可读性"是无可置疑的。铭文优美的书体，无疑是供西周当时的人阅读和欣赏

50.李峰《青铜器和金文书体研究》,上海古籍出版社,2018年,第11页。

51.转引自李峰《青铜器和金文书体研究》,上海古籍出版社,2018年,第8页。

的,青铜器铭文具有书体欣赏功能。也只有这样,大量长篇铭文的刻铸才有意义[50]。类似的,松丸道雄《金文的书体——古文字中宫廷体的谱系》中提出了西周金文"宫廷体"的观念。并分为"西周前期宫廷体"——大盂鼎、令方彝等铭文为代表;"西周中期宫廷体"——史墙盘铭文等为代表;"西周晚期宫廷体"——大克鼎、小克鼎、颂鼎乃至毛公鼎等铭文为代表。松丸道雄先生"宫廷体"的设定,是以他关于西周金文中存在"精粗巧拙万般的书体"的基本认识为前提的。[51]

可见,早期在实际应用中已经意识到体的存在,对它的功能也有一定的认识。可是,即便如此,商至西周的这些字形美感追求,更多的是一种常态式的字形美感追求。也即作为文字的最基本的形态层面的美化需求,是一种天然式的审美,尚不能称为一种主动性的字体层面的美化追求。正如郑杓《衍极》所说的:"古昔之民,天淳未堕,动静云为,自中乎矩。"这种发乎性情本能的天然创造,包含了与生俱来对美的直觉和把握,与西方"集体无意识"的理论大体相合。

■ 图 1-3-1　早期文字的美化实践。颂壶出现了打格子辅助写字的现象,不过字形的大小其实依然参差不齐。

早期的这种形体关系状态，有多方面的原委。

首先，此时形是发展重心，尚"无暇"顾及字形美化。汉字处于初期发展阶段时，形不定，构件偶尔也出现变化，此时汉字的发展重心是构造方式的完善。实际上也处于造字法与汉语磨合的阶段，形的发展是此时的重心，字形主动美化尚未真正顾及。

其次，早期字形复杂，正确无误地书写并不容易，也"无暇"顾及字形美化。换言之，早期一个书手能把所需的文本正确无误地书写出来并不是一件容易的事。因此书手能识字并一定程度懂得文字构造原理被排在首位，风格追求次之。前文提及以书手的书写风格作为判断的标准，但其实需要附加一个条件，即懂文字构造原理。它也常成为一些书手是属于工匠还是贵族的判定标准之一。

第三，早期文字的主要功能是通神。汪德迈先生曾说："与其说这些记文是为了人与人之间的交流，毋宁说只是为了记载人类与精灵、与上苍的联系。"[52]就通神活动而言，文字的神秘化需求远胜于审美需求，这时期的审美追求并不强烈[53]。

通过上面的分析，不难得出此时形体关系的几个特点：

(1)"体"的指向不明，形即是体，体也是形。

(2)参与群体重视文字构造原理。

(3)体的风格追求以表面装饰为主。

(4)形的演变是主导，体是被动的附和。

（二）春秋战国：形体关系不分，形体尝试并进阶段

这个阶段和商至西周类似，差别是实践中体的应用更为主动，有了明确的字形美感追求，文字甚至成为装饰主角。换言之，此时虽然同样是形体关系不分，但在实际应用中已经明确展现了对体的重视，进行了相应的功能开发。

春秋战国时期形体关系不分，体现在两个方面：

其一，此时依然没有字体的专有名称出现。

春秋战国时"体"在文献中出现的频率更高，不过其内涵依然都不是指向字体。如《孟子·告子下》："饿其体肤，空乏其身。""体"指身体，是本义。《孟子·梁惠王上》："轻暖不足于体与？""体"指手脚四肢。《左传·昭公二十

52. ［法］汪德迈著，陈彦译《新汉文化圈》，江西人民出版社，1993年，第93页。

53. 战国时期文字应用大幅度下移，通神功能被削弱，各类文字美感装饰迅速兴起可以作为一种旁证。

54. 如赵平安先生认为秦国历史上曾至少有过三次"书同文"。第一次是周桓王时期,第二次是秦孝公时期,第三次才是我们常说的秦统一后的"书同文"政策。详见赵平安《试论秦国历史上的三次"书同文"》,原载《河北大学学报》1994 年第 3 期,后载其《隶变研究》,河北大学出版社,2009 年,第 136—143 页。

55. 见李学勤《东周与秦代文明》,文物出版社,1984 年,第 365 页。又何琳仪《战国文字与传钞古文》一文认为:史籀为周宣王太史,征之器铭,明确无疑。见《古文字研究》第 15 辑,中华书局,1986 年。

56. 见王国维《〈史籀篇〉疏证·序》,载《观堂集林》卷五,中华书局,1959 年,第 251—257 页。

年》"一气二体"杜预注:"舞者有文武。"孔颖达疏:"乐之助身体者,唯有舞耳。文舞执羽籥,武舞执干戚。舞者有文武之二体。""体"指舞蹈分类。《礼记》:"体其犬豕牛羊。""体"指分解、划分,作动词用。

其二,所涉及的文、字、书、名等名称一般指向字形,或汉字没有形体之分。

《左传·宣公十二年》"夫文,止戈为武"杜预注:"文,字。"《韩非子·五蠹》:"古者仓颉之作书也。自环谓之私,背私谓之公。"就"止戈为武""背私谓之公"的部件拆解释义而言,显然是指向形的构造,属于字形层面。其中的"文""书""字"都指字形。

《礼记·中庸》:"今天下车同轨,书同文,行同伦。"《仪礼·聘礼》"百名以上书于策,不及百名书于方"郑玄注:"名,书文也,今谓之字。""书""文"指向汉字,没有明确的形体分别。不过,从描述可看出,显然是更倾向于字形。类似的有《易·系辞下》:"上古结绳而治,后世圣人易之以书契。""书契"也是指汉字。

实践层面,相对商至西周时期,春秋战国时期开始呈现明显的主动化现象。

一方面,体已经明确地作为正字活动的配合要素。

赵平安先生认为秦之前已存在两次书同文的政策[54]。《礼记·中庸》:"今天下车同轨,书同文,行同伦。"文献也留下秦之前的"书同文"记载。可惜这些书同文政策都无实物考证,本身存疑。目前公认的早期正字行为成果是《史籀篇》。从中,能明确感受到体的辅助意识。后世学者对《史籀篇》的分析也是或重形,或重体,或形体并重。比如李学勤先生说:"太史籀实有其人,上海博物馆所藏的一件鼎,铭文有'史留',当即史籀。东周的秦文字可溯源到宣王时青铜器《虢季子白盘》,恐非偶然,恐怕盘铭就是史籀倡行的字体吧?"[55]强调了其中的"体"。王国维《〈史籀篇〉疏证·序》认为《史籀篇》文字"大抵左右均一,稍涉繁复,象形象事之意少,而规旋矩折之意多"[56]。"象形象事之意少"指向字形结构,是构造层面的;"规旋矩折之意"则指向文字风格,是字体层面的:显然是形体并举。

另一方面,春秋战国时期,字形的美感追求成为一种自觉,乃至发展为一种风潮。有些载体,文字是装饰的主角,独立性很明确。

从手法上,可以分为两种:一种是字形本身的高度优美化。早期为线条的平整,外轮廓的统一,字与字之间的匀称分布。蔡侯盘铭文是代表。之后对线条起笔、收笔乃至转折处的形态都有细致的统一美化追求。中山王三器铭文是代表。一种是字形的物象化尝试。著名的鸟虫书是其中的典型:或调整线条粗细、方向,使字形具备鸟、虫等形象的意象;或添加了类似鸟、虫的形象,使字形直接物象化。(图1-3-2)

就作品而言,涉及了大量的载体。货币文字、玺印文字是其中的大宗。文字常能根据既定的书写面积,做适应性的结体、笔画调整,呈现明确的特征化趋势。如货币文字根据固有的币面造型形态,进行了针对性的形态设计。赵"閦"布币中"閦"的字形和布币造型都有左右对称的特点,"閦"由此巧妙地依据币面脊线,左右对称设计。(图1-3-3)1991年8月西安北郊汉城砖厂一古墓出土的"长安"圜钱[57],其"长"字左边一竖( )及"安"字宝盖头横线,与中间孔形的框线共用,浑然天成,是非常精彩的字形与物象的融合设计。

57. 学者根据《史记·秦始皇本纪》"八年,王弟长安君成蟜将军击赵反,死屯留",认为长安钱可能为秦始皇弟长安君谋反时所铸,它应该属于战国末期。详见党顺民《西安桐木出土长安、文信钱》,载《中国钱币》1994年第2期。

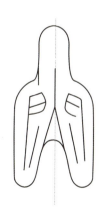

■ 图1-3-3 货币文字装饰 赵"閦"布币中"閦"巧妙地依据币面脊线,左右对称设计。

■ 图1-3-2 战国时期的文字美感追求 左起,分别为蔡侯盘铭文(局部)、中山王铜方壶铭文(局部)、楚王孙渔戟铭文(局部)。

58. 马国权《鸟虫书论稿》,载《古文字研究》第十辑,中华书局,1983年。

当然,这种体的实践,还包含这时期始终存在的简化尝试。最具代表性的是在竹简上所进行的快写尝试,即被后世称为"隶变"的字形改造。这种改造表面是在竹简上,运用毛笔,寻求最适合线条运行的路线的尝试,不过更重要的是,在此尝试过程中,促成了对线条运行时细节的关注和尝试。因此,除了产生最适合在竹简上书写的字形,也带来了书写类字体——因关注线条运行细节而形成的字体的出现,可以说是字体发展的一个关键节点,此后的楷、隶、草等体的诞生,都可以在其中找到原点。

寻求最适合线条运行的路线的尝试——书写过程中对线条运行细节的关注——形的变更及书写类字体意识的出现

此时的形体关系不分,同样有汉字所处阶段、字形不易写等原因。此外,还有文字应用转型、下移等因素。

商到西周,铭文从神秘到对外,已经展现了文字应用转型的迹象。而至战国,文字从以青铜为主到向竹简、货币、封泥等方面扩展,更明确呈现了汉字应用功能从宗教性到一般信息传递的本职化转变。鸟虫书的主动装饰虽然常被认为与宗教有关,如马国权先生认为宋国为殷人后裔,用鸟书或许与氏族图腾有关,余则阙疑;[58]但本质上,鸟虫书的装饰行为,依然可以认为是汉字应用功能转型时,对应用方式的一种尝试而已。

可见,此时更深刻地认识到体的功能,并开始真正主动地涉及体层面的专有尝试实践。形和体由此呈并进的发展态势。当然,因体的概念尚未真正出现,这种并进是一种尝试性的并进,两者并进的配合也在探索之中。不过,已经出现了如书写笔势化、线条毛笔化等倾向于字体层面的尝试,带动字形发展变化的现象,是首次字体层面的追求在较大程度上影响了字形的发展。它为此后形体配合关系的进一步密切化奠定了基础。此时形体发展虽然表面上依然处于形体关系不分的状态,但实际上,已经呈完全不同的发展态势:

(1)参与群体重视文字构造原理。

(2)体的风格追求以非书写性的表面装饰为主。

(3)书写类字体的开发意识已经出现。

(4)体装饰的独立意味明确,与其他装饰方式并存。

59. 启功《古代字体论稿》，文物出版社，1964 年，第 9 页。

（5）实践层面形体并进，不过是初期尝试性并进发展。

（6）在一定程度上意识到基本形的作用。

（三）秦至南北朝：形体关系开始明晰，形体配合并进阶段

自秦代用字制度形成后，对形体关系的认识出现了质的变化。制度、命名、应用等与体相关的因素开始高速发展。形体关系开始明晰，并常被单独研究。字体演变开始呈现字体参与群体的分流，以及相关审美追求、涉及学科的差异化。主要体现在如下几个方面：

其一，字体选用相关制度的形成。

字体选用相关制度包含两类：一类是字体选用制度，如秦八体、汉六书。一类是字体选用相关辅助制度或行为，如一些与字体相关的官员任命或提拔制度。它们的出现，表明了字体身份在官方层面的确立。体由此有了明确的官方身份，并以此身份参与官方事务。这是形体关系认识的一次重大变化，步入了新的发展阶段。

（1）字体选用制度

秦的字体选用制度有一项：

> 自尔秦书有八体：一曰大篆，二曰小篆，三曰刻符，四曰虫书，五曰摹印，六曰署书，七曰殳书，八曰隶书。（《说文解字叙》）

这是不同场合字体选用的规范，常被认为是首次字体选用的制度化，是"同文"手段中的一个环节[59]。八体的出现，表明此时的字体已经独当一面了，人们对形体关系的认识明确化。此外，这也是多体并存制度化的确立，对汉字发展产生了深远的影响。

汉具代表性的有四项：

> ①汉兴，有尉律学，复教以籀书，又习八体，试之课最，以为尚书史。吏民上书，省字不正，辄举劾焉。（《魏书·江式列传》）

> ②帝之下书有四：一曰策书，二曰制书，三曰诏书，四曰诫敕。策书者，编简也，其制长二尺，短者半之，篆书，起年月日，称皇帝，以命诸侯

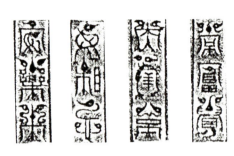

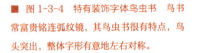
■ 图1-3-4 特有装饰字体鸟虫书 鸟书
常富贵铭连弧纹镜，其鸟虫书很有特点，鸟
头突出，整体字形有意地左右对称。

王。三公以罪免亦赐策，而以隶书，用尺一木，两行，唯此为异也。(《后
汉书·光武帝纪》李贤注所引《汉制度》)

③初，帝好学，自造《皇羲篇》五十章，因引诸生能为文赋者，本颇
以经学相招，后诸为尺牍及工书鸟篆者，皆加引召，遂至数十人。(《后
汉书·蔡邕列传》)

④王莽代汉，国号新，以十二月朔为始建国元年正月朔。复古改制，
大司空甄丰改定古文，时有六书，曰：古文、奇字、篆书、左书、缪篆、鸟
虫书。(《说文序》)

①中提及的"八体"应是指八种字体，这是明确地把具备不同字体的书
写能力，作为官员任命的制度。也由此促成了字体与功利的直接关联，对字
体发展的促进作用极为惊人。这种特有的具备几体书写能力的制度，也是后
世始终存在几个字体并存现象的历史原点。
②是明确的字体选用规则。它表面上规定了不同状态下字体的选用，而
内在其实对不同字体的身份进行了相应的认定。篆书的地位显然高于隶书，
这也是后世篆书在社会中地位的历史原点。

③是特有装饰性字体(图1-3-4),鸟篆地位的官方认定。它的官方认定,展现了不同群体的字体态度差异。以灵帝为代表的官方,对描绘性字体并不排斥。而以蔡邕为代表的文人群体,却极力反对这类描绘性字体,认为书画辞赋,才之小者,匡国理政,未有其能"。虽然就批评的内容而言,更多指向书写这件事不能作为官员任命的标准,但内在也蕴含了对这类字体的不认可。此时,不同字体对应群体的认定已经开始明晰化。

④就字体层面而言,与②类似,是字体选用规则的制定。明确了字体的命名及各自的适应场所。当然,更重要的是,这个规则制定,字体其实是被作为服务政治的一种工具,字体的功用和地位无形中被大幅度拔高。

魏晋南北朝具代表性的有三项:

①置弟子教习,以钟、胡为法。(《晋书·荀勖列传》)

②(高昌)文字亦同华夏,兼用胡书。(《北史·西域列传》)

③(北魏)今制定文字,世所用者,颁下远近,永为楷式。(《魏书·世祖纪上》)

这三个制度代表了不同时期、不同民族所建立国家与字体选用直接相关的制度。①中的"钟、胡"意指行书,展现了中原地区官方对字体选用的干涉,也是行书地位的一次官方确定。②③是毗连中原地区和远离中原地区对字体态度。它们虽然没有出现"体"字,但体的正字辅助意识显然是非常明确的。

(2)辅助性制度和行为

秦的字体辅助性制度有一项:

书同文字。(《史记·秦始皇本纪》)

从字面上看,这项制度没有提及字体,不过就秦小篆的规范而言,它包括了非常明确的,而且是有意识的正体行为,因此归为与字体选用相关辅助性制度。

书同文制度,属于正字制度,因此其执行带有行政性。执行方式有二:一为纂字书,一为创应用范例。前者体现为用规范字体书写官方性字书的出现。如前221年李斯、赵高、胡毋敬分别编纂的以小篆写定,颁行全国的《仓颉篇》《爰历篇》《博学篇》。后者体现为相关官方字体作品的出现。如前219年、前218年、前215年、前210年秦始皇东巡所刻之石。

汉主要有七项:

①于是建藏书之策,置写书之官,下及诸子传说,皆充秘府。(《汉书·艺文志》)

②有非其人,临讨过署,不便习官事,书疏不端正,不如诏书,有司奏罪名,并正举者。(《汉官仪》)兰台令史,六百石。本注曰:掌奏及印工文书。(《后汉书·百官志三》)

③能通《仓颉》《史籀篇》,补兰台令史,满岁补尚书令史,满岁为尚书郎。(《汉官仪》)

④(光武建武十七年)玺书拜援伏波将军。注:援上书:"臣所假伏波将军印,书伏字,犬外向。城皋令印,皋字为白下羊;丞印,四下羊;尉印,白下人,人下羊。即一县长吏,印文不同,恐天下不正者多。符印所以为信也,所宜齐同。"荐晓古文字者。事下大司空,正郡国印章。奏可。(《后汉书·马援列传》)

⑤科斗书废已久,时人无能知者。以所闻伏生之书,考论文义,定其可知者,为隶古定,更以竹简写之。(伪孔安国《尚书序》)

⑥熹平四年……奏求正定六经文字。灵帝许之,邕乃自书丹于碑,使工镌刻,立于太学门外。于是后儒晚学,咸取正焉。及碑始立,其观视及摹写者,车乘日千余两,填塞街陌。(《后汉书·蔡邕列传》)

⑦诏谒者刘珍及《五经》博士,校定东观《五经》、诸子、传记、百家艺术,整齐脱误,是正文字。(《后汉书·孝安帝纪》)

①至③都是字体与官员任命关联的制度。①的"写书之官"，③的"兰台令史"都是与能书相关的官位，写书之官还是专职的书写官位。这些职位都要求具备多体书写的能力，体和形是同等重要的。②主要强调书写的正确性，形和体的规范性配合，体的正字辅助性已经深入人心。

④是对通古文字的强调。从侧面反映了此时古体认识的衰弱。

⑤的隶古定，就字体而言，是一次重要的隶书字体应用，也是一次隶书字体地位的确认。它表明在文化传承方面，书籍的通用正规字体是隶书。当然，该行为也反映了早期的古文字能力，不再是此时形体学习的一种必须，隶古定在某种程度上表明了能掌握当下选用形体即可，书写者需懂古文字构造原理的观念淡化。

⑥是一种正字行为，形和体规范化配合的一个典范。蔡邕的书写表明了对形美感的重视。此时体在正字活动中的地位完全不亚于甚至高于字形。几种不同字体并存也成为一种共识。正字行为包含了不同字体的规范，是对不同字体地位的再次重申，可以认为是官方和文人群体对早期字体态度的一种宣言。

⑦也是一种正字行为。《后汉书》有不少类似记载，说明此时正字行为很受重视。

魏晋南北朝具代表性的有两项：

①摛子陵及信并为抄撰学士。（《北史·庾信列传》）

②又建《三字石经》于汉碑之西，其文蔚炳，三体复宣。校之《说文》，篆隶大同，而古字少异。（《魏书·术艺列传》）

①类似汉的书写官员设置。能书始终是官员任命不可或缺的一项基本职能，并常存在与之相对应的有专职性质的官位。类似的有《魏书·谷浑列传》记载的"谷浑……太祖时，以善隶书为内侍左右"，《魏书·江式列传》记载的"太和中，兖州人沈法会能隶书，世宗（宣武帝）之在东宫，敕法会侍书"。②是《熹平石经》的延续，"其文蔚焕，三体复官"[60]。

60. 参阅《北史·江式列传》，中华书局，1974 年。

其二,与字体相关喜好行为的出现。

汉具代表性的有四项:

①王莽好符命,光武以图谶兴,遂行于世。(《隋书·经籍志一》)

②然慕张生之草书过于希孔、颜焉。孔达写书以示孟颖,皆口诵其文,手楷其篇,无怠倦焉。于是后学之徒竞慕二贤,守令作篇,人撰一卷,以为秘玩。……草本易而速,今反难而迟,失指多矣。(《非草书》)

③乐成靖王党,永平九年赐号重熹王,十五年封乐成王。党聪慧,善史书,喜正文字。(《后汉书·孝明八王列传》)

④北海敬王刘睦善史书,当世以为楷模。(《后汉书·宗室四王三侯列传》)陈遵略涉传记,赡于文辞,性善书,与人尺牍,主皆藏去以为荣。(《汉书·游侠传》)

①体现了帝王喜好带来特有的文字应用,进而促使特殊字体诞生。其实民间也有相关文字应用。文献和出土文物都有所反映。前者如《后汉书·刘焉列传》记载:"鲁,字公旗。初,祖父陵,顺帝时客蜀,学道鹤鸣山中,造作符书,以惑百姓。"后者如陕西省西安市鄠邑区曹氏汉墓中出土一只解除瓶,上面有两道符,是目前发现最早的道符实物。

符书类字体只是此时的一种应用,它因与帝王、政治密切关联而很早受到关注,事实上汉代存在大量类似的新形式文字应用。如长沙马王堆一号墓出土的最早的文字织锦上就有织成文字"千金"。江陵凤凰山10号汉墓出土带有文字的博骰,骰子文字也出现。此外还有铜镜文字和吉语花钱(压胜钱)、吉语配饰钱。战国时期已经出现的砖文、玺印文字也在汉代非常兴盛。这些文字应用使相应的载体式字体不断出现,在技法探索、字体个性特征塑造等方面有极高的成就。(图1-3-5)

■ 图1-3-5　汉代玺印文字的字体设计。如上三个作品的字形移位设计。《齐调》（上左），为适应窄小的位置和宽粗的笔画，"调"字中"周"缩短左边的笔画，"口"部左移。《颜周》（上中）的"颜"字"页"下部穿插至"彦"部处，并且与"彦"最下一撇笔画共用，左右结构字形，变成奇特的半包围结构字形。《朱野臣》（上右），"野"的"田"部挪上，"臣"字右上部向左缩短，穿插其中，几个字形形成不可分割的一个整体。如此大幅度的穿插式移位在此前基本没有出现过。下两个作品体现了对比统一的设计。《济南司马》（下左），整体上，"济南"宽扁，"司马"偏长，是轮廓上的宽窄对比；细节上，"济"字"水"部偏长竖直线，"齐"部短线横直线，与"南"的长横线和短竖线形成对比又呼应的关系。而单字内部，"济"字"水"部纯直线化，"齐"部以弧线为主，是直线弧线的对比统一；"马"字下部的五个小竖线，左右距离参差，也形成细节方面的节奏。与之类似的，《长沙仆》（下右），几个字也在字形整体上、单字方面营造了各种对比式的统一。

②至④体现了文字书写喜好对字体发展的巨大推动作用。②体现了字体与书写走向艺术化的几个典型特点。一是书写作品被作为范例——"竞慕二贤"；二是选用有特点的书体——"慕张生之草书"；三是明确的技法探讨——"草本易而速，今反难而迟"。可以说字体直接参与了书写的艺术化进程。③④体现了贵族阶层书写的爱好，相关文献记载还有很多。如后汉班固《汉书·元帝纪》："元帝多材艺，善史书。"《王尊传》："尊窃学问，能史书。年十三，求为狱小吏。"出土的汉简，也有不少官员能书的记载：

肩水侯官执胡隧长公大夫奚路人，中劳三岁一月，能书。（《居延汉简甲编》1014号简）

肩水侯官并山隧长公乘司马成，中劳二岁八月十四日，能书。（《居延汉简甲编》114号简）

　　无论是出于喜好还是功利,书写显然成为社会性的活动,它对字体地位的提升、形体内在关联的探究、字体视觉特征的探究及对字体应用的开发,都有极大的推动作用。这种现象也是书法学和文字学,在形体关注点上出现分歧的开端。可以说,正是字体与书写艺术化的这种密切关联,促使后世书写艺术相关技法、理论的研究,相对弱化字形,而更侧重字体,形成与文字学领域不尽相同的字形观和字体观。

　　魏晋南北朝具代表性的有四项:

　　　　①余经为正阶侯书十牒屏风,作百体,间以采墨。当时众所惊异,自尔绝笔,惟留草本而已。(南朝梁庾元威《论书》)

　　　　②子敬出戏,见北馆新泥垩壁白净,子敬取帚沾泥汁书方丈一字,观者如市。……有一好事少年,故作精白纱裓,著诣子敬,子敬便取书之,草、正诸体悉备,两袖及褾略周。少年觉王(献之)左右有凌夺之色,掣裓而走。左右果逐之,及门外,斗争分裂,少年才得一袖耳。(南朝梁虞龢《论书表》)

　　　　③玄伯自非朝廷文诰,四方书檄,初不染翰,故世无遗文。尤善草隶、行押之书,为世摹楷。(《魏书·崔玄伯列传》)

　　　　④北碑结体大致可分"斜划紧结"与"平划宽结"两个类型。(沙孟海《略论两晋南北朝隋代的书法》)

　　①体现了与字体相关的多种现象。一、字体兴盛("作百体");二、字体书写可作为娱乐行为("余经为正阶侯书十牒屏风,作百体,间以采墨")和才华展现媒介,具有表演性质("众所惊异")。这些现象可以认为是此时各类字体应用尝试的缩影。当然,如果就所作"百体""间以采墨"的字体视觉特征而言,显然是偏向非常规书写性质的,也可以认为是与②中所体现的常规书写性质字体的一种争辉,是此时特有的不同类型字体"登台斗艳"现象。

　　③是汉书写作品被收藏、尊为楷模现象的延续,此时体的美感得到充分的认可和展现。书写作品收藏已经成为常态。

　　④体现了北魏时期特殊环境下,新字体的诞生(图1-3-6)。即后世所谓的魏碑体。它呈现了与中原主流同原点,但因文字应用条件、参与群体、审

■ 图 1-3-6　魏碑体的出现　《郑长猷造像记》《始平公造像记》字体都独具特色。比如对同一个字中几个横线之间的关系处理。

61. 施安昌《"北魏邙山体" 析》中归纳这类楷书的特征是："结体间架已是斜画紧结而不是平画宽结；横画起笔不再向下扣而是出锋朝上，收笔不再上挑而是下顿；趯笔顿挫上挑而不再有弯弧。"见《书法丛刊》第三十八辑（1994年第 2 期）。这里提到"斜画（划）紧结"和"平画（划）宽结"。

62. 施安昌把北魏洛阳时期这类结体间架已是"斜画紧结"的楷书命名为"邙山体"。而刘涛认为这类楷书不仅见于元氏墓志，还见于龙门造像记，最先流行于洛阳一带，可以宽泛地称之为"洛阳体"。见《中国书法史·魏晋南北朝卷》，江苏教育出版社，2002 年，第 450 页注 37。

63. 鉴于此书体在四世纪末和五世纪初的古凉州及以西地区盛行，又在北凉的书迹中表现最为典型，故称之为"北凉体"。见施安昌《"北凉体" 析——探讨书法的地方体》，载《书法丛刊》1993 年第 36 辑。

64. 牟复礼、朱鸿林合著，毕斐译《书法与古籍》，中国美术学院出版社，2010 年，第 54 页。

65. 离合诗常有拆字诗和藏头诗的不同。此后又有图形化的离合诗（常称藏头诗）流行，进一步增加了文字应用的游戏性。

美标准迥异，而形成的不同特征字体。是汉字字体演变过程中少有的，与中原主流有别的字体形态。这类字体还因地区、字体视觉特征等不同，而有相应的进一步细分，代表字体有"邙山体"[61]"洛阳体"[62]"北凉体"[63]等。

此时，还存在另一个特有字体——"写经体"。"随着佛教在汉代传入中国，人们出于各种原因而抄写佛经。由此形成一种特征明显的楷书字体，使抄写佛经标准化，而技艺娴熟的写经生大多湮没无名。他们的书体通常称作'写经体'。"[64]可见，汉字字形在特殊情况下的应用，随着时间的推移，很容易形成相应的特定字体。

其三，文字应用扩展及需求性字体开发。

前文提及了汉代瓦当、织物、花钱等新应用的扩展，其实它们也同样只是几个具代表性的载体扩展，事实上自春秋战国，文字应用就触及社会、政治、文化的各个方面。大的层面如《论衡》中提及的"汉以文书御天下"。小的层面如《炙毂子录·序乐府》所提及的"离合诗，起汉孔融，离合其字以成文"这种文字游戏的流行[65]。

应用的扩展带来对应字体需求的兴盛,各种"量身定做"字体的尝试在此时如火如荼地开展起来。这些尝试成果奠定了汉字字体的基本类型,后世字体开发都是以此为基准。形体演变由此进入更密切的配合式发展阶段。

此时有意识的字体开发尝试,根据需求,大致有以下几个方向:

(1)正体化需求

从秦至南北朝,汉字的正体化指向了三个字体——小篆、隶书、楷书。(图1–3–7)它们在后世文献,以及如字书、重要碑刻、重要文书等具有代表性的官方字迹中,得到了明确的体现。

■ 图 1-3-7　秦至南北朝的三种正体字体　上左为唐人摹刻《峄山刻石》,小篆;上右为《曹全碑》,隶书;下为钟繇《宣示表》,楷书。

小篆的应需而生,《说文叙》有明确的记录:"其后(指孔子之后)……分为七国……文字异形。秦始皇帝初兼天下,丞相李斯(实际上李斯当时还没有任丞相)乃奏同之,罢其不与秦文合者。斯作《仓颉篇》,中车府令赵高作《爰历篇》,太史令胡毋敬作《博学篇》,皆取史籀大篆,或颇省改,所谓小篆者也。"

隶书在汉代实现了正体化。明人孙鑛在《书画跋跋》中说:"余尝谓汉魏时,隶乃正书。"汉和帝时贾鲂编字书《滂喜篇》,全部用的隶书字体,确立了官方正规字体的地位。前文提及的"隶古定",也是这种正体地位的反映。不过隶书在战国时期已经开始尝试,汉代正体化的隶书是加工后的隶书。学界有八分、汉隶等不同名称。"正定六经文字"的《熹平石经》是八分。康有为《广艺舟双楫》记载:"《衡方》《乙瑛》《华山》《石经》《曹全》等碑,体扁已极,波磔分背,隶体成矣。"其中的"隶体"应是汉隶。

隶书的名称也影响了楷书。梁庾肩吾《书品论》:"寻隶体发源秦时,隶人下邳程邈所作……故曰隶书,今时正书是也。"根据《书品论》的语境,其所谓的正书其实是楷书。

除了和隶混淆,楷的正体也和章程书、行押书等字体有混淆过。羊欣《采古来能书人名》提到钟书"三体",其中"章程书,传秘书、教小学也","传秘书、教小学也"显然是正体的意味。于是不少学者对章程书所指产生了争议。如唐长孺《读〈抱朴子〉推论南北学风的异同》充满了疑问:"照卫恒所说秘书监所教习的书法有毛弘的八分书;王僧虔认为秘书所教又有章程书,即出于钟繇;章程书既非八分,亦非行押,大概是指正书(即楷书);我想秘书所授必备四体,《荀勖传》所云'以钟、胡为法',虽也可能包括章程书,主要恐怕是指行押书。"[66]

当然,无论名称争议如何,小篆的"罢不合者",因正体需求而生是毫无疑问的。而隶和楷在文献中都常被指为正书。魏晋时代称工整的八分书体为"八分楷法"或"楷法"。南北朝至唐,楷书有正书、真书、隶书等名称。直到唐代,一般人还是把当时通行的字体(即楷书)称为"隶书",把汉隶称为"八分"。[67]隶和楷都是指向正体而出现混谈,进而混淆的,它正好反映了隶、楷的开发,主要应正体需求的事实。

66. 唐长孺《唐长孺文存》,上海古籍出版社,2006年,第400—428页。

67. 裘锡圭《文字学概要》(修订本),商务印书馆,2013年,第85、100页。

68. 朱德熙《秦始皇"书同文字"的历史作用》,《文物》1973年第11期,后载《朱德熙古文字论集》,中华书局,1996年,第80页。后裴锡圭《文字学概要》(修订本)也引用了该观点,商务印书馆,2013年,第79页。

69. 王凤阳《汉字学》,吉林文史出版社,1989年,第204页。

70. 裴锡圭《文字学概要》(修订本),商务印书馆,2013年,第101页。

(2) 日用书写需求

正体是标准字体,但标准体的选用并不意味着其日常书写的方便。比如小篆就不如同时期的秦隶书书写方便。正因为如此,朱德熙先生和裴锡圭先生都感叹:"与其说秦始皇用小篆统一了文字,还不如说他用隶书统一了文字。"[68] 为此,在正体之外,常有用于日常书写的辅助字体存在,如在秦代,小篆是正体,而隶书是辅助日常书写的字体。

秦至南北朝,日常书写的辅助性字体有两个:行书和草书(图1-3-8)。

草书最初的需求应是日常草稿式的赴急记录。正如《宣和书谱》所说的:"秦苦隶书之难,不能投速,故作草书。"它的简易,早在汉代《非草书》一文中就已明确地指出:"盖秦之末,刑峻网密,官书烦冗,战攻并作,军书交驰,羽檄纷飞,故为隶草,趋急速耳,示简易之指,非圣人之业也。但贵删难省烦,损复为单,务取易为易知,非常仪也,故其赞曰'临事从宜'。"后来的文献中还记载了草书对当时正体的大胆改造,如张怀瓘《书断》:"章草者……此乃存字之梗概,损隶之规矩,纵任奔逸,赴俗急就,因草创之义,谓之草书。"也正因为如此,草书的"草稿"性质也被明确表明,如《性理会通》记载:"张子曰:草书不必近代有之,必自笔札已来便有之,但写得不谨,便成草书。"近代,草书的"草稿"特点被更为直接地表明,如王凤阳《汉字学》:"文章著作起草之际,只供自己看,不求别人懂,所以字多潦草,所以把急就简易的书体称为'草书'或者'藁书'。"[69]

草稿式的字体虽为赴急,但识读毕竟不方便,因此更适用的字体——行书应需而成熟,在草书之后迎来了自己的发展黄金期。

历代文献对行书日常书写的方便都有明确的记载,如宋曹《书法约言》:"所谓行者,即真书之少纵略。后简易相间而行,如云行水流,秾纤间出,非真非草,离方遁圆,乃楷隶之捷也。"刘熙载《书概》:"盖行者,真之捷而草之详。"近代裴锡圭先生对行书的日常实用书写有更直观的论述:"行书没有严格的书写规则。写得规矩一点,接近楷书的,称为真行或行楷。写得放纵一点,草书味道比较浓厚的,称为行草。行书写起来比楷书快,又不像草书那样有难于辨认的毛病,因此有很高的实用价值。我们现在以楷书为正体,但是知识分子平时所写的字,多半是接近行书的。"[70]

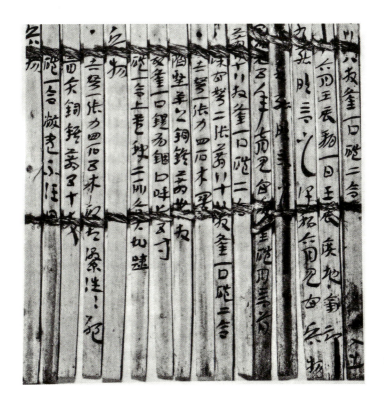

■ 图 1-3-8 《永元兵器册》
已经是非常成熟的草书了。

（3）特用性需求

当然，实际应用中，还存在一些特用性需求，并因此出现了相应的字体。包含了以下几类情况。

第一，长期、大批量的特定书写需求。这种需求，一是长期，一是大批量。它与日常书写字体的最大差别是，通常只用于特定的书写工作，代表字体即前文提及的写经体。

南朝王僧虔《论书》中提到"谢静、谢敷并善写经，亦入能境"；陶弘景《与梁武帝论书启》说，在鉴定内府收藏的王羲之书迹时"惟《叔夜》《威辇》二篇是经书体式"，可见当时"经书体式"与士族体式已有不同。刘涛先生认为"经书体式"应该包括"写经体"，或者就是王僧虔所说"谢静、谢敷并善写经"的"写经体"[71]。

华人德先生《论六朝写经体——兼及"兰亭论辩"》一文中，对这种字体也有专门论述："僧尼、经生和信众在抄经时，须依照旧本体式抄写，不羼入己意。这样，魏晋时的写经书体就一直延续下来，变化很小。十六国、南北朝时大量新译的佛教律论也都是用写经书体缮写。南北朝后期，写经的书体

71. 刘涛《中国书法史·魏晋南北朝卷》，江苏教育出版社，2002 年，第 151 页注 31。

72. 华人德《论六朝写经体——兼及"兰亭论辩"》，载《兰亭论集》，苏州大学出版社，2000年，第284—297页。

73. 富谷至先生认为率先成为带有艺术性字体的是隶书。"如果说草书是变形的美，那么作为其原形的最初字体的美必须首先达成，在此意义上，我们可以推断，孕生了草书的隶书应该率先成为一种带有艺术性的字体。"详见〔日〕富谷至著，刘恒武、孔李波译《文书行政的汉帝国》，江苏人民出版社，2013年，第128页。

74. 葛鸿祯《张芝今草考》，载《书学论集》，上海书画出版社，1985年，第121页。

75. 裘锡圭《文字学概要》（修订本），商务印书馆，2013年，第100页。

虽然隶书笔意愈来愈少，但是仍保持其沉雄厚重的体式。南北方由于佛教传播和流通较其他方面的交流宽松，故南北写经的书风差异很小，后人称这种特殊的书体为'六朝写经体'。"[72]

第二，艺术性要求。汉代，书法逐渐觉醒，其中最具代表性的字体是草书，[73]《非草书》对此有明确的记载。草书也由此从日常书写辅助性字体，转向了艺术性字体。此后，艺术性需求也成为字体开发的动力之一，在草书基础上进一步开发的今草、行草即是其中的代表。学者也常认为今草、行草的出现与书法家有关。

今草被认为与王羲之有关。葛鸿祯先生说："今草之名，始见于南朝宋明帝刘彧所说：'羲献之书，谓之今草。'"[74]裘锡圭先生也说："对于今草的正式形成，王羲之大概起了很大作用。"[75]今草是一种创新，因此又被称为新草。蔡希综《法书论》记载："晋世右军，特出不群，颖悟斯道，乃除繁就省，创立制度，谓之新草。"认为今草"创立制度"，给予了很高的评价。

行草常被学者归为王献之所创。张怀瓘《书议》记载："子敬才高识远，行、草之外，更开一门。夫行书，非草非真，离方遁圆，在乎季、孟之间。兼真者，谓之真行；带草者，谓之行草。子敬之法非草非行，流便于行草，又处其中间。无藉因循，宁拘制则；挺然秀出，务于简易。情驰神纵，超逸优游；临事制宜，从意适便。有若风行雨散，润色开花。笔法体势之中，最为风流者也。"认为王献之"更开一门"，是"最为风流者也"。王献之用草书连属的笔法写行书，形成的这种"非草非行"的新样式，徐浩《论书》称之为"破体"，窦臮《述书赋》称之为"创草破正"。

第三，猎奇式需求。梁庾元威《论书》记载："余经为正阶侯书十牒屏风，作百体，间以采墨。当时众所惊异。"其中"作百体""众所惊异"其实都是一种猎奇心态(图1-3-9)。《论书》的记载体现了这类字体的流行，从其后文列举出的百体名称，能大概了解这些字体的情况。

就名称而言，这些字体来源多样，其中最典型的是对传说性典故、名人的应用，力求从名称上脱离常规，达到一种体态、名称、内涵都个性十足的奇特感受。如麒麟篆，《墨薮》记载："麒麟书者，鲁西狩获麟，仲尼反袂拭面，称'吾道穷'，弟子申为素王纪瑞所制书。"名称涉及了麒麟、祥瑞、孔子、鲁哀公、孔子弟子。龙书，《墨薮》记载："太昊庖牺氏获景龙之瑞，始作龙书。"也与伏羲氏有关。

■ 图1-3-9　猎奇式装饰字体　清孙枝秀《历朝圣贤篆书百
体千字文》所录的字体。从中能大致感受到早期同类字体
的基本形态。

就所依托基本形而言,以篆书为主,隶书为辅,极少涉及楷书。这与篆所具有的远古文字身份
本身天然带有某种神秘性有关,也应与篆书造型易进行描绘式创作有关。当然,也可以认为是秦八
体中虫书、刻符等字体的继承和延续。

76. 张继禹主编《中华道藏》第三八册，华夏出版社，2012 年，第 27 页。

77. 张继禹主编《中华道藏》第三八册，华夏出版社，2012 年，第 27 页。

78. Tseng Yuho (Yuho Tseng Ecke). *A History of Chinese Calligraphy*, (Hong Kong: Chinese University Press, 1993), p.80.

79. 华人德《论六朝写经体——兼及"兰亭论辩"》，载华人德《华人德书学文集》，荣宝斋出版社，2008 年，第 56 页。

80. 刘晓明《中国符咒文化大观》，百花洲文艺出版社，1995 年，第 30 页。

此外，从地区、功用等方面也发现同样很多元。总之，奇特、非常规是这类字体所追求的。

第四，宗教性需求。前文提及汉代出土的解除瓶即写有道符。至南北朝时期，出现了相应的专门字体，这也是此时字体开发的一个重要方向。从后世的道教和佛教典籍中，能清晰感受到这种字体的一些特点。

这是一种图字参杂的字体。《云笈七签》"符字"条："符者，通取云物星辰之势；书者，别析音句铨量之旨；图者，画取灵变之状。然符中有书，参似图象，书中有图，形声并用，故有八体六文更相发显。""符中有书""书中有图"，是符、书、图合一的字体。这种字体有专门的书写笔法。《道法会元》卷四"书符笔法"中记载："以眼瞪视笔端，思吾身神光自两规中出，合乎眉心，为一粒黍珠在面前，即成金线一条，光注毫端，便依法书篆，存如金蛇在纸上飞走，定要笔随眼转，眼书天篆，心悟雷篇。"[76]这种讲究"人以精神到处，下笔成符"[77]的"书符笔法"经常支解、拼装或另造奇字，所形成的字形"无法被未经训练的人所理解，它们是秘传的神秘符号……具有高度的原创性，并且是为天、地、人三个领域而创造的"[78]。正如《云笈七签》卷七"丹书墨篆"条所载："《大真科》云：丹简者，乃朱漆之简，明火主阳也。墨篆者，以墨书文，明水主阴也。人学长生，遵之不死，故名丹简墨篆，秘不妄传。"是一种"秘不妄传"的东西，充满神秘感。

这种充满神秘感的"画符"方式，事实上开发了一些诡异的字形图形化手法，形成了一种特有的宗教性字体。北朝道教写经体中出现的杜造文字符号，以及模仿古文的"古文鸟迹、篆隶杂体"[79]即是其中的代表。

除了这种相对复杂的"画符"手法，道教还存在一种比较简单的符篆方式，称为"复文"。《太平经》上就收录了不少这类复文，卷一百四收录"兴上除害复文"，卷一百七收录"神佑复文"等。但是这里"复文"的手法比较简单，有点类似早期甲骨文中的"合文"，就是把两个或三个字合成一个字来写。道教中"复文"通常不止两三个字，《太平经》上"兴上除害复文"的符文，繁的可以达到九个字合在一起[80]，不过这只是文字的一种堆积手法的应用，字体视觉特征并不明显。

第五，载体化需求。秦至南北朝，因应用载体的广泛，非常规书写特殊成形的情况很常见，如瓦当、玺印、织物、砖、铜镜、石等（图 1-3-10）。其中砖还存在湿写和干刻两种方式。但后世真正认可、具有明显独特特点的字体很少。前文提及的魏碑体，以及在其基础上细分的洛阳体、北凉体等是其中的代表。

81. 这是很少见的非倒置薤叶书。见山西省大同市博物馆、山西省文物工作委员会《山西大同石家寨北魏司马金龙墓》，《文物》1972 年第 3 期。

司马琅琊康王墓表篆额

吊殷比干文碑篆额

谯国夫人墓志篆盖

司 比 国

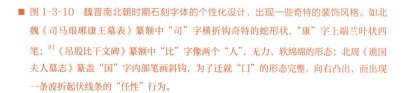

■ 图 1-3-10　魏晋南北朝时期石刻字体的个性化设计，出现一些奇特的装饰风格。如北魏《司马琅琊康王墓表》篆额中"司"字横折钩奇特的蛇形状，"康"字上端兰叶状四笔；[81]《吊殷比干文碑》篆额中"比"字像两个"人"，无力、软绵绵的形态；北周《谯国夫人墓志》篆盖"国"字内部笔画斜钩，为了迁就"口"的形态完整，向右凸出，而出现一条波折起伏线条的"任性"行为。

82. 华人德先生认为对着石壁书写将笔画欹斜，会比在平放的载体上书写，更觉得顺手顺势，是魏碑体斜画紧结结构特征形成的原因之一。详见华人德《论魏碑体》，载华人德《华人德书学文集》，荣宝斋出版社，2008 年，第 76 页。

83. 丛文俊《魏碑体考》，《中国书法》2003 年第 3 期。

但魏碑体的形成是有原因的：一、与中原同源，但审美方向并不一致，有自身独特的审美追求。二、凿刻成形，有时候还是高处竖立状凿刻，刻写成形并不容易[82]。三、刻写工人存在不识字现象，凿刻不存在硬性识读、硬性审美等压力，工人有很大自主发挥的可能性。四、魏碑体正处于文字形体配合尝试的重要阶段。

这是一种可遇不可求，特殊状态下的字体开发，是隶书的一种进化，字呈扁平状，起笔收笔皆无方角，横画与捺有轻微挑势，有一定的波磔，但不似隶书那样重顿，全字笔画匀称，无重按重收之突出笔画。"是建立在约定俗成的蜕化铭石书的基础上，不断地加入演进中的北方时文楷法而成。"[83]

其四，字体专名和字体辑录出现。

秦文献中没有出现字体的名称，目前所见最早的字体名称出现在汉代。不过，汉代的字体命名数量并不多，字体名称的爆发是在魏晋南北朝时期，并出现了相应的字体辑录现象。但此时字体虽然开始有专名，但是因命名规则不统一，命名角度常有不同，字体名称常常"各自为政"。名称之间的混淆，名称和实际所指的偏离成为不可避免的问题，字体的名与实也由此成为后来学者研究的重要内容之一。

鉴于字体名实研究已硕果累累及此处主要论述形体关系，故不赘论，只论述这些名称命名的一些基本情况。下面从命名角度和命名选字两方面做简单论述。

(1) 命名角度

据载体、据书写形式是字体常用的命名手段。如署书，《说文注》提到"扁者，署也"。"扁"，今通作"匾"，指向古代的匾额，是以载体命名的。殳书，殳是古代礼仪所用的一种兵器，也是以载体命名的。篆书，《说文》提到"篆，引书也"。"引"是划线，大篆、小篆显然是以书写方式来命名的。

(2) 命名选字

在命名选字上，如虫书、殳书、篆书、隶书等"书"字的通用，它们应是为了同一目的——强调书写。奇字，《说文叙》提到"即古文而异者"。"异"和"奇"同义，"奇"的选用并不特殊。那为什么选"字"而不选"文"呢？据"古文而异者"的字面意，"奇字"也是古文，正常逻辑应该称为"奇文""古奇文"，"奇古文"等。选用"字"，应是强调它虽然是古文，但并非如同一般古文有

"文"——字原的含义,而属于"文"的派生物——"字",选字显然考虑了该字体的内在特点。

此时选字,有两个字值得特别关注。一为"楷"字,一为"杂"字。"楷"字,前文提及了它给隶书和楷书所带来的混淆。楷最初的选用应是为了归类,即指定某些字体为楷模性的字体,因此可以有多个不同特征的字体,并非专指某个具体字体。如《魏书·江式列传》:"诏于太学立石碑,刊载五经,题书楷法,多是邕书。"这里的"太学立石碑"指的是《熹平石经》,字体为八分,因此其"楷法"并非指楷书,而是楷模的意思。"楷"这一形容词当作书体的专名,则是晋代以后的事[84]。

"杂"字与"楷"字最初的选用意图一样,就字面而言,它应该是与正体相对的一种归类式的命名,此时"杂体"的名称主要见于南北朝时期的文献,如北齐魏收《魏书》卷一四一《释老志》:"上师李君手笔有数篇,其余,皆正真书曹赵道覆所书。古文鸟迹,篆隶杂体,辞义约辩,婉而成章,大自与世礼相准。"南朝梁庾元威《论书》:"齐末王融图古今杂体,有六十四书。"不过,"杂"字常含多种含义:

①"杂体"是一词多义。"篆隶杂体"还指向道教仙书[85];"杂体"还指向杂体诗、杂体文等文学体裁,或某种写史的体裁[86]、六十四卦中八卦外的五十六卦[87]。

②"杂"在《魏书·释老志》中是中性词。《魏书》是史书。史学领域是对历史事实的关注。《魏书》所见"篆隶杂体",就文义而言,其"杂"字更多是中性词,是对这种历史现象的阐述,并没有明显的褒贬含义。

"杂"在庾元威《论书》中则含有一定的品级判定意味。《论书》提及的"杂书"都是正体和日常书写字体外的,属于非常规书写类的字体。而对这类字体,东汉文人就有这种判定意识的端倪。如东汉末年蔡邕、杨赐斥鸿都门学工鸟篆者为"小能小善"[88]"虫篆小技"[89]。不过此时,这种态度是矛盾的,它同时也存在前文提及的"作百体""当时众所惊异"等展现能力的应用,以及投入大精力对此类文字辑录的行为。

辑录有两类:一类是应用规则式辑录,辑录的是整体和日常书写性辅助体。一类是猎奇式辑录,辑录的是正体和日常书写字体之外的一些特有的字体。前者有"秦八体书""汉六体书""王莽六体书""后汉三体书"。后者有

84. 启功《古代字体论稿》,文物出版社,1964 年,第 31 页。不过裘先生认为唐代"楷书"大概也已经用来指称我们现在所说的楷书了。宋以后,"楷书"就成为我们现在所说的楷书的专称了。见裘锡圭《文字学概要》(修订本),商务印书馆,2013 年,第 85 页。

85. 华人德《论北朝碑刻中的篆隶真书杂糅现象》,《中国书法》1997 年第 1 期。

86. 《经义考》卷二〇九:"戴表元曰:此书不专载事,遂称《国语》,先儒奇太史公变编年为杂体,有作古之材,以余观之,殆仿《国语》而为之也。"这里的"杂体"应该是指某种写史的体裁。

87. 《木钟集》卷四:"此八卦不可反为两相对,余五十六卦为杂体。"五十六卦相对于八卦,被认为是杂体。

88. 蔡邕《上封事陈政要七事疏》,见周天游校注《后汉纪校注》,天津古籍出版社,1987 年,第 442 页。

89. 《艺文类聚》卷五二王粲《儒吏论》,上海古籍出版社,1982 年,第 940 页。

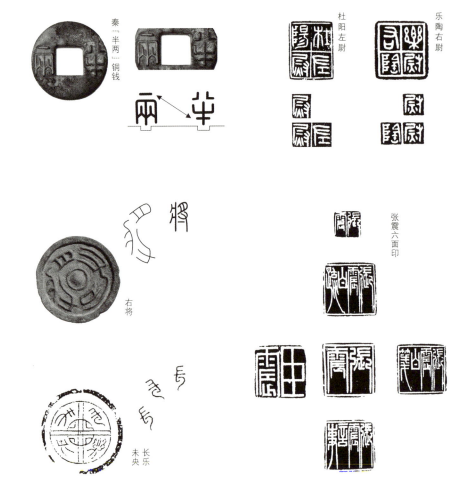

■ 图 1-3-11　秦汉及魏晋南北朝时期的字体设计技法尝试

前文提及的齐萧子良《古今篆隶文体》(又名《古今书体》)、宋王愔《文字志目》、梁庾元威《论书》[90]。

其五,字体应用技法探索兴盛。

任何文字投入使用时,都会不自觉地追求如何更具美感,它常能促进某种文字风格的形成,是字体发展不可或缺的动力之一。前文提及战国时期这种美感的探索主动性已经非常明确。秦至南北朝,这种自觉性更明显,大致可以分为两类尝试。

一类以非常规书写成形方式为主,集中在各类瓦当、铜镜、玺印、货币、织物、砖等载体中。

一类以常规书写方式为主,集中在文人的书写活动或碑刻文字中。

第一类以实践探索为主。就目前所见的作品而言,技法的探索非常丰富,而且技法应用也非常成熟(图1-3-11)。尝试的黄金期在秦汉,魏晋南北朝相对平淡。

秦的这种探索已经非常细腻,技法很成熟。秦"半两"铜钱中"半两"二字,字形以直线为主,转折处圆弧化,刚柔相济。它还做了几个巧妙的呼应:"两"上面短横与"半"下面的短横呼应;"两"下面三竖,中间有意略长,与"半"字下部中间一竖形成外轮廓的呼应。再如秦官印"乐陶右尉"的"尉"字,"尸"部处于字形左边,字形呈左右结构;秦官印"杜阳左尉"的"尉"把"尸"部上面的方框形态向右扩展,字形由此变成了半包围结构。两者都巧妙地与左边(右边)的字形结构雷同,产生共性关系。

至汉,这种非书写式技法探索更为深入和巧妙。如"右将"瓦当,"将"字构件有意移动位置,结构出现了变化,以更适合瓦当的书写面积形态。神木大保当汉代城址采集的"长乐未央"瓦当,"长"字有意地反向,也是为了更适合瓦当的书写面积形态。

魏晋南北朝这种尝试相对较少,不过在砖、墓盖、玺印上依然有精彩的技法应用。如印章中有意拉长字形线条,形成上密下疏的强烈对比。"张震六面印"中,字形都存在一个两个笔画被非常夸张地向下拉长,类似悬针,非常优美。

第二类实践和理论兼备,形成一套完整的发展体系。有以下几种基本情况。

(1)出现收藏作品现象。张怀瓘《书断》记载:"自陈遵、刘穆(睦)之起滥觞于前,曹喜、杜度激洪波于后,群能间出,角立挺拔,或秘像天府,或藏器竹帛,虽经千载,历久弥珍,并可耀乎祖先,荣及昆裔,使夫学者发色开花,灵心警悟,可谓琴瑟在耳,贝锦成章。"

91. 刘涛《中国书法史·魏晋南北朝卷》,江苏教育出版社,2002 年,第 322 页。

这种收藏官方也参与。如南朝宋虞龢《论书表》记载刘宋御府所藏曹魏、西晋名迹有:张芝缣素及纸书 4825 字,泰始年间又得缣素书 398 字;张昶缣素及纸书 4070 字;钟繇纸书 697 字;钟会书 5 纸 465 字;索靖纸书 5755 字;毛宏八分缣素书 4588 字。陶弘景《与梁武帝论书启》提及梁朝御府藏品的"卷第":"近初见卷题云'第二十三四',已欣其多。今者赐书卷第,遂至二百七十,怅讶无已。天府如海,非一瓶所汲,量用息心,前后都已。蒙见大小五卷,于野拙之分,实已过幸。若非殊恩,岂可望觌?愚固本博涉而不能精,昔患无书可看,乃愿作主书令史。晚爱隶法,又羡掌典之人。"

藏家存在炫耀行为。如虞龢《论书表》记载:"桓玄爱重书法,每宴集,辄出法书示宾客。客有食寒具者,仍以手捉书,大点污。后出法书,辄令客洗手,兼除寒具。"对名作珍重,孜孜以求,如智永《题右军〈乐毅论〉后》提及对《乐毅论》的心态:"《乐毅论》者,正书第一。梁世模出,天下珍之。自萧(子云)、阮(研)之流,莫不临学。陈天嘉(560—565)中,人得以献文帝,帝赐始兴王,王作牧境中,即以见示。吾昔闻其妙,今睹其真,阅玩良久,匪朝伊夕。始兴薨后,仍属废帝(567—568 在位)。废帝既殁(572),又属余杭公主,公主以帝王所重,恒加宝爱,陈世诸王,皆求不得。及天下一统,四海同文,处处追寻,累载方得。"智永提及的《乐毅论》,因梁内府所藏有名之迹,或者焚毁于建康,或者流失北方,真迹是否存于江南存疑,但此事却很好地反映了对名作的态度。

(2) 名人辑录和作品辑录出现。作品方面如虞龢《论书表》编定了四部御府法书名迹目录。有《钟张等书目》一卷、《新装王羲之镇书定目》六卷、《新装王献之镇书定目》六卷、《羊欣书目》六卷,每件藏品,各题其卷帙所在。

名人辑录如羊欣《采古来能书人名》。辑录按朝代先后,记录上自秦朝的李斯、赵高,下至东晋后期的王献之、王珉,凡六十九人。条列历代著名书家的籍贯、朝代、官职、擅长的书体及其书事、师承,并杂进一定的评论。另有两本失传:一是卫恒所撰《古来能书人录》一卷,当时已有讹误"不通",虞龢"随事改正";一是《南齐书·刘绘传》记载的"绘撰《能书人名》"。[91]

（3）理论化探索兴起，涉及关于书写的方方面面。主要有：

①书体的源流。如卫恒《四体书势》"隶书序"说："秦既用篆，奏事繁多，篆字难成，即令隶人佐书，曰隶字。"

②书写艺术诞生原点。如《九势》提及的"唯笔软则奇怪焉"。

③书写技法。这是重点之一。《墨池编》里录有一篇《魏钟繇笔法》，提到"钟繇见伯嗒笔法于韦诞座"，"繇苦求之不与，及诞死，繇令人盗发其墓，遂得之"。可见个人对书写技法的重视。或许正因为如此，不少著述有非常详细的技法研究。如梁武帝《观钟繇书法十二意》中的"十二意"其实即是技法要领："平，谓横也；直，谓纵也；均，谓间也；密，谓际也；锋，谓端也；力，谓体也；轻，谓屈也；决，谓牵掣也；补，谓不足也；损，谓有余也；巧，谓布置也；称，谓大小也。"

④作品品级论。袁昂《古今书评》提出了评论方法。庾肩吾《书品》更是有了明确的品评标准，其体例是"推能相越，小例而九，引类相附，大等而三，复为略论"。严格按照"九品"的方法，将汉朝以至梁朝的一百二十三位书家分为上、中、下三品，即"大等而三"；每一品又分上、中、下三等，即"小例而九"。每一品级，先列书家名单，再以"论"品藻。

其中，值得一提的是，此时以字体名命名的著述出现，论述各类不同的书体，也即对不同字体在书写美化方面的研究，如成公绥《隶书体》、杨泉《草书赋》、索靖《草书状》、刘劲《飞白书势》、王珉《行书状》、鲍照《飞白书势铭》、萧子云《论飞白》。

秦至南北朝的这些发展，有多方面原委：

第一，源自这个阶段精神层面的震荡。冯天瑜先生《中国文化史纲》中有非常精彩的论述：秦汉时期把东周时期由殷商至西周的一元官学时代离析出来的多元私学，整合为"以儒为宗，兼纳道法阴阳的一元帝国文化"。不过到了魏晋南北朝时期，因社会破碎，"这种一元帝国文化随之崩解"，再次出现文化多元走向。冯天瑜先生认为这种"分而合，合而分"的周期性转换，并非平面式的循环往复，乃是螺旋式上升过程，每一次"分"意味着文化朝丰富多元发展，每一次"合"意味着文化向深刻综汇迈进。魏晋南北朝再次出现的文化多元走向，是对经学弥漫的两汉一元帝国文化的反动，是人文自觉的

92. 冯天瑜《中国文化史纲》，北京语言学院出版社，1994年，第72页。

93. 汉末魏晋六朝是中国政治上最混乱、社会上最苦痛的时代，然而却是精神史上极自由、极解放，最富于智慧、最浓于热情的一个时代。因此也就是最富有艺术精神的一个时代。见宗白华《美学散步》，上海人民出版社，1981年，第208页。

94. 详见金文京著，何晓毅、梁蕾译《三国志的世界：后汉三国时代》，广西师范大学出版社，2014年，第303—304页。

95. 唐兰《中国文字学》，上海古籍出版社，1979年，第119页。

96. [日]富谷至著，刘恒武、孔李波译《文书行政的汉帝国》，江苏人民出版社，2013年，第146页。

97. 需要注意，这里的文字学弱化是对于一般书写者而言的，此时形和体的发展，带来形体的简化、识读性的提升和书写难度的降低，使日常书写不必如早期不懂文字学容易写错字。而书写艺术领域，对文字学反而逐渐重视起来。至如元朝，刘因把"书学"直接等同于"六书"之学，其《篆隶偏旁正讹序》说："小学之废尚矣，后世以书学为小学，岂以书古之小学，六艺之一手？"见刘因《静修先生文集》第1册，中华书局，1985年，第25页。

98. 详见后文"基本形潜力的开发"一节的讨论。

99. [日]富谷至著，刘恒武、孔李波译《文书行政的汉帝国》，江苏人民出版社，2013年，第146页。

一次生动耀现。[92] 也正因为如此，这个阶段，尤其是魏晋南北朝时期的思想变动，常被认为是中国思想层面变动最激烈的阶段。这种思想变动状态对汉字书写理论化、书写情感化、书写休闲化等字体层面的发展有巨大的推动作用[93]。字体的这些发展特点，在某种程度上可以认为是这种思想层面的变化在文字层面的一种反映。

第二，载体剧烈变革，由简向纸过渡、更替。中间出现了漫长的拉锯阶段，汉字在其中完成了载体变化所带来的各种可能性尝试。其中面对书写面积变化，字形最适合线条运行路线的调整和线条书写时细节把控意识的增强，是此时书写类字体推进的关键因素之一。因此，瓦当、铜镜等物上出现的以表面装饰为主的字体虽然同样兴盛，但主流是这些书写类字体与字形的互惠互进。

第三，正好处于汉字形体发展从试探至确立的阶段。秦汉时期，各种不同方向呈并存式尝试，非书写类和书写类字体有某种"争辉"的气象，类似战国时期的百家争鸣。日本学者金文京先生甚至认为后汉末期至三国这一段时期的这种字体大发展，可以称为"字体革命"[94]。而至魏晋南北朝，发展方向已经基本明确，关注书写时线条运行细节成为常态，常规式书写艺术化成为文人的选择。

第四，书写化方向的传统开始形成。一方面能书者成为正字字体的代言人，正如唐兰先生所说的："唐以前的一个书法家，同时须负起厘正字体的使命。"[95] 另一方面，书写楷模不自觉地代表了一定探索方向，"临摹优秀书法家的作品，既是对其所写文字的艺术性的一种体悟，也是对书写者精神思想世界的一种瞻视"[96]。由此形成了流派。如东汉末，以张芝为代表的草书名家，有很多追随者和继承者，延续一个多世纪，形成明显的一致性追求。家学也成为此时重要的传承方式。

第五，文字由古文字步入今文字，识读和书写方式都出现了变革。文字学不再成为一种必需[97]，汉字发展由文字观向书写观转化。

第六，笔画化后的字形，书写时不适合添加外物的特点，也是书写走向内在意趣式艺术化，进而弱化表面性装饰的原因之一[98]。这使字体发展更强调形本身的特点，是从隶至行、草、楷发展常被忽略的影响因素。

第七，日本学者富谷至先生认为字体具有呈现字义表象的功能[99]。若此种猜测确实存在，那么字体的繁荣或许与隶变带来的字形构件符号化有关。

隶变带来字形构件的高度符号化，使原承担一定字义表达功能的具象构件在这方面功能减弱，而具有字义表现功能的字体，或许就部分承担了这部分功能。当然，这只是一种可能性的猜测。

据此，这个阶段的字体形成了以下几个鲜明的特点：

(1)形和体互惠共进。此时形推进的同时，也意味着体的推进；而体层面，正体、日常书写及美化需求的推进，也常带动形的一些相应配合调整。

(2)字体的重要性被认可，字体专有地位得到承认。"体"的指向明晰化，字体真正地以独立的身份参与到文字演变过程中。官方层面对字体选用是非常重视的。从制度上、行动上都展现了对字体所能肩负功能的认识，进行了多层次、多方式、多学科等极为多元的应用实践。字体被有意识地开发、体系化，乃至理论化。

(3)字体独立性更为明确，发展方向开始明确化。呈两路方向：一路书法化，并伴有相应的理论支撑；一路民间非书写式装饰化。当然，文人存在着矛盾心态——对杂体类字体存在猎奇的想法，又有"小善小能"的不待见；对书写艺术化存在喜好，但又有属"伎艺之细者耳"的担忧。

(4)几个代表性字形的成熟，带来基本形的造型简化和识读"简单化"，文字学需求被淡化。字形对字体的影响没有此前深刻，不过对基本形的重要作用却有高度的认识。

(5)多体并存，形成以正体为主、其他体为辅的多种字体并存状态。不同字体的应用状态有明确的考虑。如《太平御览》卷七四八引录《书断》："晋韦昶字文休，太元(376—396)中，孝武帝改治宫室及庙诸门，并欲使王献之隶书(《太平广记》作"隶草书")题榜，献之固辞，乃使刘瑰以八分书书之，后又使文休以大篆改八分焉。"不同字体的修改，充分考虑了其适用性。

(6)书写艺术化和正体化的矛盾开始显现。汉魏之际，隶书"渐有定式，波磔斩截，如用褊笔划成，有造作之气"[100]。字体本身的程序化趋势是不可避免的。此外，政府层面、学术层面，非常重视字形的规范，并常用字体来厘正字形。不过，文人群体和民间老百姓却持不同态度。书写艺术化的审美追求，使文人群体的字体应用极力避开这种程序化；民间老百姓日常字体应用的随意性，也排斥这种程序化的方式。由此出现了字体程序式规范化与非程序式风格化的矛盾，于是，形成了字体应用的三个典型方向——

100.启功《启功丛稿》,中华书局,1981年，第344页。

101. 曾荣汾《字样学研究》，台湾学生书局，1988年，第21页。

官方应用方向、文人群体应用方向和老百姓应用方向，不同群体与字体的关系开始明晰化。

（7）个体对字体演变的重要作用开始显现。如蔡邕飞白书的创造，钟繇对楷书特点的整理，王羲之、王献之父子对草书发展的推动。

（8）形体关系不分的情况依然存在。如北魏江式《古今文字》记载："皇魏承百王之季，绍五运之绪。世易风移，文字改变，篆形谬错，隶体失真。俗学鄙习，复加虚巧，巧谈辩士，又以意为说，炫惑于时，难以厘改……乃曰：追来为'归'，巧言为'辩'……其古籀、奇惑、俗隶诸体，咸使班于篆下，各有区别。"其中"隶体失真"中的"隶体"，根据下文意思，应是指"形"。而"古籀、奇惑、俗隶诸体"指所录的具体字体，指向的是"体"，形体的关系依然是不分的。

（四）唐至今：形体关系明确化，形体独立发展又配合式应用阶段

唐以后，形和体关系非常明确，各自独立发展，又彼此配合进行字体开发。此时，所有的代表性字体都已经成熟，这种配合开发，呈典型的应用性特点。就字体而言，属于真正的应用开发发展阶段。

其一，正体发展的深入化。

唐后，汉字正体的深入发展体现在两个方面：

一为字样学的建立。

颜元孙《干禄字书·序》说："元孙伯祖故秘书监，贞观中刊正经籍，因录字体数纸，以示雠校楷书，当代共传，号为'颜氏字样'。怀铅是赖，汗简攸资，时讹顿迁，岁久还变。后有《群书新定字样》。"字样学创立，并在唐得到高速发展。除了《干禄字书》，还有张参《五经文字》、唐玄度《九经字样》等。

字样，《广韵》："样，式样。"《集韵》："样，法也。"曾荣汾《字样学研究》认为："字样者，即为文字书写之法式，而研究此书写法式诸种问题之科学即可谓之为'字样学'也。"[101] 可见，字样学，表面倾向于字形的规范，但其实包括了字体的规范，《干禄字书·序》所说的"雠校楷书"就含有体的意思。《正名要录》所说的"正行者正体，脚注讹俗"，其"正体"有正字形的含义，也有正字体的含义。

字样所含的正字形和正字体含义，也隐含着对形体配合关系的明确认识。生活在北朝时期的颜之推，其《颜氏家训》卷七"杂艺"记载："晋宋以来，多能书者。故其时俗，递相染尚，所有部帙，楷正可观，不无俗字，非为大损。至梁天监之间，斯风未变；大同之末，讹替滋生，萧子云改易字体，邵陵王颇行伪字；朝野翕然，以为楷式，画虎不成，多所伤败。至为一字，唯见数点，或妄斟酌，逐便转移。尔后坟籍，略不可看。北朝丧乱之余，书迹鄙陋，加以专辄造字，猥拙甚于江南，乃以百念为忧，言反为变，不用为罢，追来为归，更生为苏，先人为老，如此非一，遍满经传。"其中的"颇行伪字……以为楷式""专辄造字"体现了对基本形规范重要性的认识；"书迹鄙陋"体现了对对应字体重要性的认识。字样学的建立，其实是对字形和字体彼此在配合过程中，各自肩负功能的深刻认识，形体关系其实进一步明确化。

正体发展的第二个体现是出现了一些与正体相关的别称。

唐，段成式《西阳杂俎》提到唐楷有"官楷"之别称。沈曾植《海日楼札丛》提到"唐有经生"，即"经生体"。

宋，陈槱《负暄野录》："黄长睿《志》及《书苑》云：'僧怀仁集右军书，唐文皇制《圣教序》，近世翰林侍书辈学此，目曰院体。自唐世吴通微兄弟已有斯目。'今中都习书诰敕者，悉规仿著字，谓之'小王书'，亦曰'院体'，言翰林所尚也。"朱和羹《临池心解》："怀仁此序集右军字，宋人已薄之，呼为院体。"都提到了"院体"。

元，赵孟頫《论书法》："又识破怀仁《圣教》之流入院体也。其逸笔处，世谓之小正体。"提到"小正体"。

明，孙能传《剡溪漫笔》："国朝正德中，姜立纲以楷书供奉西省，字体端正，然近于俗。一时殿阁诸君及诸司吏胥皆翕然宗之，迄今无改，谓之'中书体'。"提到"中书体"。沈曾植《海日楼札丛》："明有内阁诰敕体。"提到"内阁诰敕体"。李佐贤《书画鉴影》："书家有台阁体。"提到"台阁体"。

清，沈曾植《海日楼札丛》："明季以来有馆阁书，并以工整专长。名家薄之于算子之诮。"提到"馆阁书"。洪亮吉《北江诗话》："今楷书之匀圆丰满者，谓之'馆阁体'，类皆千手雷同。"提到"馆阁体"。刘恒《中国书法史·清代卷》：

102. 丁文隽《书法精论》，人民美术出版社，2007年，第53、54页。

"簪花格之名大约是根据馆阁体书法精丽秀媚的特征，化用袁昂《古今书评》中'插花美女，舞笑镜台'的形容而来。至于'场屋之书'，则是因为清代文人士子在参加科举考试时都是使用馆阁体书法，而考场由许多独立的小木屋组成，故名。"提到"簪花格""场屋之书"。

这些与正体相关的别称展现了正体应用的多样性，也反映了正体所具有的某种专用性特点。

其二，应用性字体开发的多元化。

有几种不同的开发情况。

第一种情况，个体式应用的个性化字体开发。主要是书写艺术化层面的书家字体开发。它有一个明确的开发模式：

选定某个基础体(或基本形) ——个性化加工——基础体(或基本形)不变的个性化字体

当然，个体式字体，如果在字体视觉特征方面对原有基本体有大幅度的超越，会带来超越个体式字体的诞生，出现较大类别的字体，如唐狂草的出现。"唐代张旭、怀素相继而起，其作草也，纵横奔放如走龙蛇，点画狼藉，是为狂草，亦名大草。"[102]

第二种情况，民俗生活式应用的字体开发。包含两类，一类是范式性字体开发，一类是定制性字体开发。

范式性字体开发，主要体现为明清兴起的民间民俗字体。它也是选择某个基本形和基本体，进行加工。不过其加工常有一些明确的范式性设计。一类是直接固定化的，如双喜、黄金万两、招财进宝等。一类是框架化的，根据具体需求替换内部某些组成部分。填物性的字体和替物性的字体，即是其中的代表。前者选用一个已有的，或新改造的字形，在其内部填上图形、物象，甚至文字。如青花仙人寿字碗，"寿"字内部填上了一个高额长须的老人。后者用某种图形、物象或文字，替换字形的某些组成部分。如青花松竹梅大罐，"寿"字的笔画即是树枝；斗彩寿字盘的寿字也是类似手法，只是树枝的肌理略有不同。(图1-3-12)

■ 图 1-3-12　民间民俗字体应用。左为
　　青花松竹梅大罐，右上为青花仙人寿字
　　碗，右下为斗彩寿字盘。

　　定制性字体开发，主要体现在民国兴起的美术字、图案字以及当代的字体设
计上。(图1-3-13)这类字体与个体式字体开发类似，不过服务对象常是商业市场，
更呈定制性特点。可惜这类字体的开发虽然百花齐放，但都是个体式的字体作
品，鲜少出现真正意义上的字体。

　　第三种情况，新技术发展需求的对应性字体开发。具代表性的是宋体、黑体
的诞生。

　　以宋体为例，它是雕版印刷的产物，充分考虑了新技术带来的一些相应
需求：

103. 周俊杰等《书法知识千题》，河南美术出版社，1991 年，第 303—304 页。

（1）通常在木质上刻写，需考虑适应木质的纹理，字形也不能太大。

（2）需考虑印刷，字形反向，字体风格统一，呈程序化特点。

（3）需考虑能反复印刷，印刷时纸张渗墨等特点。

（4）需考虑阅读和规范，字体视觉特征需遵循官方正体特点。

（5）文人群体是主要应用者，需考虑他们的审美喜好。

宋体就是充分统筹、考虑了这些需求，不断尝试后的结果，后文对此有进一步论述。

其三，应用性的细分工字体繁盛。

秦八体就是字体应用细分工的体现。此后如扁书、榜书等专门写大字的细分工字体名称也开始出现。唐之后，这种细分更明显。如楷，根据大字、小字不同应用分工，有大楷、榜书、擘窠书、中楷、寸楷、小楷、蝇头书、细字等相应字体[103]。

唐以后，形体关系出现这种发展，最主要的原因是形体都步入了成熟阶段，主要书写工具、书写载体稳定，都步入了应用开发的阶段。此时，形体关系呈以下几个特点。

（1）形体关系明确，不但认识到体对形的辅助作用，也认识到基本形对体的不可或缺。配合意识强烈。

（2）官方应用、文人应用、民间老百姓应用的三个字体应用方向明确化。对字体呈不同的影响状态。

（3）形体关系不分的情况依然存在。如唐代封演《封氏闻见记·文字》评北魏《字统》时说："后魏阳承庆者，复撰《字统》二十卷，凡一万三千七百三十四字，亦凭《说文》为本，其论字体，时复有异。"这里的"字体"其实就是字形。明代《俗书刊误》"其辨最详，而又非不可施用之僻论，愈于拘泥篆文，不分字体者多矣"，其"字体"也是指字形。

行健　居敬　会通　履远

天地玄黄　宇宙洪荒　日月盈昃　辰宿列张　寒来暑往　秋收冬藏　闰余成岁　律吕调阳
云腾致雨　露结为霜　金生丽水　玉出昆冈　剑号巨阙　珠称夜光　果珍李柰　菜重芥姜
海咸河淡　鳞潜羽翔　龙师火帝　鸟官人皇　始制文字　乃服衣裳　推位让国　有虞陶唐
吊民伐罪　周发殷汤　坐朝问道　垂拱平章　爱育黎首　臣伏戎羌　遐迩壹体　率宾归王
鸣凤在竹　白驹食场　化被草木　赖及万方　盖此身发　四大五常　恭惟鞠养　岂敢毁伤
女慕贞洁　男效才良　知过必改　得能莫忘　罔谈彼短　靡恃己长　信使可覆　器欲难量

墨悲丝染　诗赞羔羊　景行维贤　克念作圣　德建名立
形端表正　空谷传声　虚堂习听　祸因恶积　福缘善庆
尺璧非宝　寸阴是竞　资父事君　曰严与敬　孝当竭力
忠则尽命　临深履薄　夙兴温凊　似兰斯馨　如松之盛　川流不息
渊澄取映　容止若思　言辞安定　笃初诚美　慎终宜令
荣业所基　籍甚无竟　学优登仕　摄职从政　存以甘棠

去而益咏　乐殊贵贱　礼别尊卑
上和下睦　夫唱妇随　外受傅训
入奉母仪　诸姑伯叔　犹子比儿
孔怀兄弟　同气连枝　交友投分
切磨箴规　仁慈隐恻　造次弗离
节义廉退　颠沛匪亏　性静情逸

弁转疑星　右通广内　左达承明　既集坟典　亦聚群英
杜稿钟隶　漆书壁经　府罗将相　路侠槐卿　户封八县
家给千兵　高冠陪辇　驱毂振缨　世禄侈富　车驾肥轻
策功茂实　勒碑刻铭　番溪伊尹　佐时阿衡　奄宅曲阜
微旦孰营　桓公匡合　济弱扶倾　绮回汉惠　说感武丁
俊乂密勿　多士实宁　晋楚更霸　赵魏困横　假途灭虢

心动神疲　守真志满　逐物意移
坚持雅操　好爵自縻　都邑华夏
东西二京　背邙面洛　浮渭据泾
宫殿盘郁　楼观飞惊　图写禽兽
画彩仙灵　丙舍傍启　甲帐对楹
肆筵设席　鼓瑟吹笙　升阶纳陛

践土会盟　何遵约法　韩弊烦刑　起翦颇牧　用军最精　宣威沙漠　驰誉丹青　九州禹迹
百郡秦并　岳宗泰岱　禅主云亭　雁门紫塞　鸡田赤城　昆池碣石　巨野洞庭　旷远绵邈

岩岫杳冥　治本于农　务兹稼穑　俶载南亩　我艺黍稷　税熟贡新　劝赏黜陟　孟轲敦素
史鱼秉直　庶几中庸　劳谦谨敕　聆音察理　鉴貌辨色　贻厥嘉猷　勉其祗植　省躬讥诫
宠增抗极　殆辱近耻　林皋幸即　两疏见机　解组谁逼　索居闲处　沉默寂寥　求古寻论
散虑逍遥　欣奏累遣　戚谢欢招　渠荷的历　园莽抽条　枇杷晚翠　梧桐蚤凋　陈根委翳

■ 图 1-3-13　当代字体设计（一）。字库类字体。
作品为"方正国美进道体"，韩绪团队设计。

■ 图 1-3-14　当代字体设计（二），品牌
　　类字体。左列从上至下作者分别为李朝
　　胜；戴嫚、陈晨；贺凡；右列作者从上
　　至下分别为李海平、张翼、张腾。

第二章

基于历代形体关系认识变迁的

字体视觉特征分析

基于历代形体关系认识变迁的字体视觉特征分析

一 概述

前文提及了字体视觉特征分析的基本公式：

字体的视觉特征 = 所依据代表性基本形的体态风格 + 该字形基础上进一步体态风格追求所呈现的体态风格

不过，具体字体视觉特征分析中，需要注意几个事项：

其一，字体视觉特征分析是具体字体作品的视觉特征分析。

字体是一种类别，它的视觉特征需要借助具体的代表性作品呈现，所谓的字体视觉特征分析都是相应的字体作品，也即某种字迹的视觉特征分析。

当然，大部分情况下，所谓的字体视觉特征分析，其实是为了明确某个字迹，也即字体作品所属的字体类别。通过所分析的字体视觉特征，与代表性字体相关特征相对照，从而明确这些字体作品所属的字体类别，出土的字迹通常就是借助这种方式明确其字体所属的。

其二，字形特点分析和字体视觉特征分析有不同的侧重点。

字体本质上是所依托基本形基础上体态风格的整体呈现，因此字体视觉特征分析项目，是以字形特点分析项目为基础的。当然，两者有各自明显的侧重点。具体而言，字形特点分析，侧重字形造型特点及这种造型与造字法配合的合理性分析；而字体视觉特征分析，侧重字形造型所具备的体态风格

1. 书法学领域已有相关研究。如金学智先生认为书法是由"附庸美"或"依托美"趋于"自由美"或"纯粹美"的流向，也就是从附庸到逐渐独立。（详见金学智《中国书法美学》，江苏文艺出版社，1994年，第67页。）金先生说的其实就是从被动到主动的发展。不过需要注意的是，这并不意味着此后的书写就都是一种主动风格追求了。

2. 任何字形都自然成体，不过这种体是成形时候的特征，可以理解为一种无意追求。

3. 目前所见大量书籍对字体视觉特征的分析中，字形特点和字体主动追求的风格特征通常是混合在一起的。如清代倪涛《古今书体汇编》，从书名看收录的是书体，但实际上书中超大篇幅为不合六书之体、《说文》字原等字形结构层面的内容。与之相类似的是出版于1956年的黄约斋先生的《汉字字体变迁简史》，书中对于字体视觉特征的分析也主要以字形结构为主。这种现象可以认为是早期形体经常合一研究的一种反映。

分析。因此，字形特点分析和字体视觉特征分析，虽然存在分析项目完全相同的情况，但因分析角度不同，结果并不尽相同。

其三，历代形体关系认识的变迁使字体视觉特征分析变得复杂。

一方面，字体的体态风格追求，呈明显的阶段性发展特点，字体视觉特征分析需考虑这种阶段性差异。

字体意识并非一开始就"觉醒"了，它的体态风格追求经历了从不自觉、自觉，而至独立的过程。[1] 也就是说基本形基础上的体态风格开发，存在有意追求、无意追求的差别，这使体态风格的分析也存在一定的差异。虽然任何一个文字都是形与体共存的，即任何一个形都有相应的体存在，反之亦然；但是在风格追求尚不自觉时期，字体的"体态风格"，基本等同于字形构形时所反映出来的视觉层面"原生态"特征[2]。而只有体态风格追求进入自觉和独立时期，字体的"体态风格"，才真正意义上含有一些有意的追求成分。可见，在字体演变的不同阶段，有意追求的体态风格，在字体视觉特征中所占的分量并不相同。因所处发展阶段的不同，而出现相应的变化。[3] 换言之，在风格追求半自觉和自觉阶段，字体视觉特征才体现为前文提及的"所依据代表性基本形的体态风格，以及在该基本形基础上进一步体态风格追求所呈现的体态风格的相加"，可以表示如下。

风格追求不自觉阶段：

字体的视觉特征 = 所对应基本形体态风格的总和

风格追求半自觉、自觉阶段：

字体的视觉特征 = 所依据代表性基本形的体态风格 + 该字形基础上进一步体态风格追求所呈现的体态风格

另一方面，字体类别多样化，直接影响了字体视觉特征分析项目及字体视觉特征分析参考点。

字体"觉醒"后，字体的发展可谓百花齐放，出现不同角度下的发展类别：

（1）因成形方式不同，出现了书写类字体和非书写类字体。实际演进过程中，它们对所依托基本形的开发方式并不一样，自成特色，常形成风格迥异的字体。由此在字体视觉特征分析项目上它们不能完全等同，有各自对应的分析项目。

（2）字体和字形互进的探索过程中，结合书写工具、载体、书写姿势等因素，出现了几个重要的字形发展节点，对应形成了最具代表性的几个字体。这些字体成为字体视觉特征分析的重要参考点。其他的字体，或者是这几个代表性字体形成过程中的尝试作品，或者是这几个代表性字体基础上的进一步开发性字体。

二　形体关系认识变迁对字体特征分析的影响

（一）字体视觉特征分析内部比重的阶段性变化

根据历代形体认识关系的变迁，字体视觉特征分析可以对应地分为三个阶段，列表如下：

所处阶段	演变实际	所依据代表性基本形基础上进一步体态风格追求所占比重
初期：商至西周的甲金文。	字形的演变代表着字体的演变。	所依据代表性基本形基础上进一步体态风格追求是无意识状态，因此字体视觉特征分析常与字形特点分析重叠。
中期：篆文至楷书成熟。含两路，一路原篆文基础上的风格化；一路隶变后的形体大发展。	出现真正意义上的字体自身风格追求，但主要是配合字形发展。	所依据代表性基本形基础上进一步体态风格追求常占据不少比重。
		存在特例，主要指原篆文基础上的风格追求这一路的一些字体及其后续发展，如鸟虫篆及后续的民俗字体，分析以进一步风格追求为主，其他为辅。
后期：楷书成熟后。	字体自身风格演变。	以所依据代表性基本形基础上进一步体态风格追求为主，其他为辅。（因字形高度成熟，且被熟知，其体态风格分析常被一笔带过，甚至省略。）

分析的阶段性考虑，即是考虑所依据代表性基本形基础上进一步体态风格追求所占比重的变化情况，并相应调整分析的比重。

初期，体态风格追求主动性很弱，是一种不自觉或无意识状态[4]，因此字体视觉特征分析基本等同于字形特点分析。《金文字体与铜器断代》一文中，提到如何借用字体视觉特征的微妙差异来为西周青铜器断代服务，文中对"贝"观察非常细腻，计有三十八类。[5]不过，我们发现这些字体视觉特征描述，更多是关于线条直化程度、规整化程度、构件意识等字形特点方面的内容(图2-2-1)。

4. 这时期的工整、匀称等追求是文字初期的常规需求，也是以实用为目的的常规需求。而董作宾先生所说的雄壮等风格，其实是后人的一种风格赋予，不能代表当时的风格追求。

5. 刘华夏《金文字体与铜器断代》，《考古学报》2010 年第 1 期。

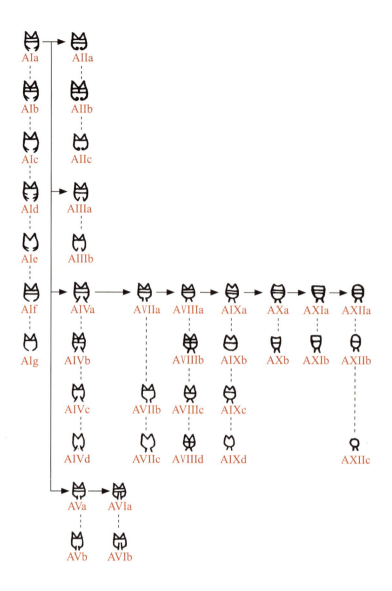

中期，"体"的地位得到了确立，但是依然是形体配合并进的阶段。字体对字形的依托性特点，使其相对更呈配合性特点。因此表格中虽然提到了"出现真正意义上的字体自身风格追求"，但也只是代表了一种字体的尝试方式。而且即便是某种主动体态风格追求成熟了，也并不意味它就是社会字体风格追求的主流。如书写审美进入内在意趣追求，虽然是汉字艺术化发展的高境界，但在初期它实际上只代表了少量群体的审美追求。这从一个侧面反映了字体发展的不平衡，甚至存在"各自为政"的错觉，这也是字体演变辅助体路线、副线如此丰富多彩的原因所在。

中期的字体视觉特征分析，虽然可以归为半自觉甚至自觉阶段，但是所依据代表性基本形基础上的进一步体态风格追求，所占的比例常在主角和配角之间飘忽不定，需具体对象具体分析。如隶至楷推进阶段所形成的字体，常在原有隶字形特点多一些，或楷特点多一些上纠缠，为此有隶楷、楷隶等对应名称出现。这也是字体视觉特征分析，时常出现形或体分析纠缠不清、杂糅等错觉的根本原因所在。

后期则是另一番景象。这时期几大代表性字体和字形都趋于稳定，字体开始着力于风格的细化。如果说东汉张伯英所说的"匆匆不暇草书"尚会让人产生疑问，那么宋代李之仪所提及的当时常用语"事忙不及草书"，则基本没有争议。[6]宋代草书早已经完全艺术化了，是一种纯粹的风格追求。

此时，因体态风格追求的主动化[7]，结合对字体所依据代表性基本形的熟知，故字体视觉特征分析常省略所依据代表性基本形的分析，通常只对进一步开发的体态风格特征进行分析，因此有字体视觉特征等于个性化风格特征的错觉。可见，分析字体的视觉特征，明确其所处的阶段，是非常必要的。

（二）字体特征分析基本形参照的复杂性

前文提及，在字形"觉醒"阶段，字体的视觉特征是所依据代表性基本形的体态风格和在该基本形基础上进一步体态风格追求基本所呈现体态风格的相加。可是，这个"所依据代表性基本形"并没有想象中那么容易判定。

一方面，在形体关系认识变迁中，对基本形重要性的认识是呈阶段性的，而且出现了字形与字体互进的发展阶段。一些表面装饰性的字体，如瓦当文、铜镜文，我们通常能清晰地看出其所参照的基本形。但是与字形共进的一些字体，如于竹简上书写时，在最适合线条运行的路线探索过程中，随着线条运行细节控制意识逐渐增强，带来运行中线条细节把控尝试的多样化，由此出现了不少过渡性字体。它们所依照的基本形，常是同步发展的字形，判断时相对复杂。

另一方面，这几个代表性字形常"兄弟关系""父子关系"兼备，其字形的源头非常复杂。如草书字形源头的变化（图2-2-2）：

① 战国时期草书萌芽[8]，但至秦时它的字形也通常被认为是古隶的一种"草写"，并没有如同古隶那样成为"焦点"。

6. "匆匆不暇草书"出自卫恒《四体书势》（载《历代书法论文选》，上海书画出版社，1979年，第16页）。针对当时草书的身份，有学者认为主要还是付急用，如邓散木先生认为："根据我个人的分析推论，'匆匆不暇草书'这句话，应该加上一个逗号作'匆匆不暇，草书'。这就是说'时间匆促，来不及正正经经地写，只好草草作书'，是自谦的意思。"见其《临池偶得》，载《20世纪书法研究丛书·品鉴评论篇》，上海书画出版社，2000年，第2页。"事忙不及草书"出自李之仪《姑溪居士文集》卷三十九《跋山谷草书〈渔父词〉十五章后》（载《历代书法论文选续编》，上海书画出版社，1993年，第73页），这里草书被明确地当作一种艺术了。

7. 需要注意，首先出现美感追求主动意识的并非书写层面，而是字形表面装饰层面的，详见后文。

8. 赵平安《隶变研究》，河北大学出版社，2009年，第24页。

9. 详见拙作《汉字字形学新论》，重庆大学出版社，2019年，第23页。

10. 刘涛《中国书法史·魏晋南北朝卷》，江苏教育出版社，2002年，第55—56页。

② 西汉时章草形成，它的字形有出自汉隶的，也有出自古隶的。也就是说，草书萌芽时，它的源头是篆文，但是当它受到重视，继续演变的时候，源头出现了不少变化。

③ 今草形成时，字形源头再次有了些变化，有些字形是楷书草化的写法[9]。

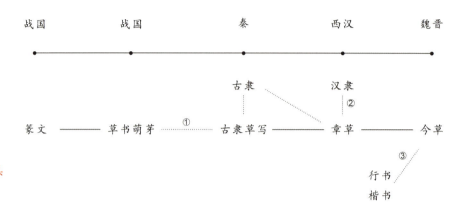

■ 图 2-2-2　草书字形源头的复杂

介于这些演变过程中的字体视觉特征分析是很不容易的。如根据上述草书发展关系，对一个介于演变过程中的字迹进行视觉特征分析时，需清楚它属于战国时期，还是属于西汉时期。如果属于西汉时期，还需考虑处于隶书成熟前学是成熟后，以决定所依据的参照字形，是篆文字形还是隶书字形，是成熟的隶书字形还是本身也在探索中的隶书字形。

此外，除了考虑该字体本身的客观发展状况，也需考虑研究方面的一些主观需求，如刘涛先生《中国书法史·魏晋南北朝卷》中对《谷朗碑》字体的视觉特征分析：

> 看传世的《谷朗碑》拓本，其笔体的确不是典型的隶书。它的笔画厚，隶书特有的翻挑飞扬之态，流动活泼之势都隐没不显了；部分横画，有了左低右高的倾斜；一些短撇，方头锐尾。这些迹象大概就是康有为看中的"由隶变楷"的证据。《谷朗碑》的结字，舍方取长，这本是汉末以来隶书结体形态的变化趋势，但《谷朗碑》横平竖直的字态构架却失去了整饬的风度。它的笔体，似乎依违于隶、楷之间，似隶似楷，所以康有为认定这种变态隶书"上为汉分之别子，下为直书之皇祖"[10]。

这个分析显然把隶书和楷书都作为了参照对象。而事实上，在《谷朗碑》时代，楷书尚未成熟，不可能作为《谷朗碑》体态风格追求的参照字形。楷书字形被选为参照字形，是为了研究方便的一种主观选择。可见，字体的视觉特征分析是一种客观和主观的统一。

其他非介于这些代表性字形演变中的字体，其字体特征分析就相对简单。比如《历代汉字字体与书法选粹》一书中对刻本字体"柳体"的分析："建本书特点，从字体上看，多似唐代书家柳公权体，即所谓'柳体'。字画横轻竖重，起落顿笔，略带回锋。"[11] 分析非常简洁。只分析了自觉追求部分的风格特征，字体所依托基本形的体态风格特征部分直接被省略。

当然，对于最初的字体，如篆文类字体的分析，可以主观地以后来的隶书为参照字形，也可以推至此前的图画。比如黄约斋先生《汉字字体变迁简史》中对篆文的分析——"在汉字变迁史上确实成了一种具有特征的字体了，那些特征是：（一）线条化达到完成的程度。""（二）结构趋于整齐，离开了图画的原形更远，而奠定了'方块字'的基础。"[12] 此书对篆文字体的分析，显然就是对篆文字形体态风格的分析，其对照的对象是最初尚不属于文字的图画。

11. 魏隐儒、马世华《历代汉字字体与书法选粹》，印刷工业出版社，1993年，第119页。

12. 黄约斋《汉字字体变迁简史》，文字改革出版社，1956年，第12—13页。

■ 图 2-2-3　常规书写成形的字与非常规书写成形的字。
左为望地表木楬，右为福建福字漏窗。

13. 王宁《汉字构形学导论》，商务印书馆，2015年，第2—3页。

14. 周有光先生认为字体有三类，图形体、笔画体和流线体。汉字从甲骨、金文到大篆、小篆属于图形体；隶书和楷书属于笔画体；草书和行书属于流线体。（见周有光《世界文字发展史》，上海教育出版社，1997年，第12页。）这与常规常规书写类、非常规常规书写类的分类异曲同工，图形体可以定位非常规常规书写类，笔画体和流线体可以定位常规常规书写类。

（三）字体因成形方式差异而类别化

学者们通常把汉字字体学归入书写汉字学的范畴，认为汉字字体是汉字书写层面的大类别和总风格[13]。不过在常规书写而成的字体之外，社会上其实还存在着大量如摆、剪等非常规书写方式形成的字体(图2-2-3)[14]，因此对于字体的类别，并不能完全地以书写类直接概称。根据成形方式的不同，可以分为常规书写类和非常规书写类。

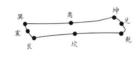

表面始艮终乾书写顺序　　始巽终坤书写顺序

实际根据藏头护尾原则的
始艮终乾书写顺序

表面始艮终乾书写顺序　　始巽终坤书写顺序

实际根据藏头护尾原则的
始艮终乾书写顺序

■ 图2-2-4　古人对书写顺序非常重视，甚至套入了八卦来表示书写时运笔的路线。如包世臣《艺舟双楫》中提到的"始艮终乾""始巽终坤"。此图的制作参照了崔尔平先生《书法的运笔法"始艮终乾始巽终坤"说》[19]。

两类字体表面上是成形方式的不同,不过更重要的是书写顺序、时空性、风格追求等方面所存在的差异,可以列表如下:

类别	条件		
	书写顺序	时空性	风格追求
常规书写类	讲究书写顺序,有行气追求	具备时空性	通常涉及内在意趣
非常规书写类	一般不讲究书写顺序,通常无行气讲究	缺乏时间性	一般停留于表面美感追求

书写顺序是这两类字体的区别要素之一。非常规书写类字体,可能所用工具与常规书写类一样[15],但通常采用描或画,不依照常规顺序成形。这些方式,线条成形时序常不讲究[16],因此一般没有线条运动的"时空"性特点[17]。与天然存在时间节奏感,甚至进入空间层次讲究的常规书写类字体有很大的不同[18]。(图2-2-4)

书写类字体重视书写顺序,其实是书写类字体关注文字书写时线条运行路线及运行细节的一种必然反映,书写顺序的状态即是线条运行路线的状态。换言之,书写类字体的视觉特征可以认为是字形线条运行路线,以及其运行细节处理方式选择的反映[19]。如隶书体横向线条挑出式的走向,形成了完全别于篆书体的运行路线;而线条运行中用力轻重的不同,使这个挑出式线条相应地形成燕尾形态,字体视觉特征其实就是线条运行路线和运行细节的外显形态。

也正因为书写类字体是对线条运行路线和运行细节的关注,它的审美出现了变化,进入了内在意趣,审美追求成为两类字体另一个重要区别因素。以用墨为例,非常规书写类主要倾向于如墨的浓淡、枯涩等表面视觉层面的灰度变化讲究,而常规书写类则往往在此基础上,进一步探索如墨迹展现的温度等心理层面的体验。

不过有一点需要注意:虽然两类字体具有明显的差异,但不可避免地存在一些本属于某类字体,但某些特点倾向于另一类字体的现象。如现代的很多字库字体,属于常规书写类,但又具有非常规书写类的很多特点,很难归类。

15. 书写工具并不能成为常规书写类和非常规书写类的差异所在,篆刻可以归为常规书写类,它是用刀刻的,但通常称为刀笔,即把刀当毛笔用。同时,书写熟练之后可以抛开工具的束缚,如傅山折柳枝书写。费瀛《大书长语》记载:"恒言能书不择笔,数公则无假于笔矣。大抵造到精熟处,或以头发,或用乱草,或用抹布,信手拈来,头头是道。"载《书学集成　元～明》,河北美术出版社,2002年,第462页。

16. 我们可以通俗地理解为非常规书写类重视结果,因此对书写顺序等成形的过程并不看重;而常规书写类重视过程,因此特别在意成形过程的把控。后文"常规书写类的模式"一节对常规书写类这个成形过程的把控方式有详细论述。

17. 苏珊·朗格曾说:由线条所创造出的空间,又可以根据运动行为本身成为一个时间性的空间,这就是说,它应该成为一个"空间—时间"性的形式。见其《艺术问题》,中国社会科学出版社,1983年,第52页。

18. 很多学者如叶秀山先生认为书法艺术"本质上却是时间的艺术"(叶秀山《书法美学引论》,宝文堂书店,1987年,第101页),

（接前页）在这种观念下，缺少最本质时间性的非常规书写类字体当然不可能被书法家所推崇了。正如姜夔《续书谱》所说："观古人之书，每想见其挥运之时。"字体中凝固的时间性是书法品鉴的要素之一。

19. 文字的线条运行路线所反映的是字形，而线条运行路线所外显的形态是字体。

20. 王宁《汉字字体研究的新突破——重读启功先生的〈古代字体论稿〉》，《三峡大学学报》（人文社会科学版）2001年第3期。

三　常规书写类字体与非常规书写类字体的视觉特征分析项目

书写类和非书写类这些差别，使它们所涉及的字体视觉特征分析项目并不能完全通用，需分别设置。但目前所见字体视觉特征分析项目，如王宁先生归纳的六个分析项目——笔势、笔态、笔意、结字、转折和行气[20]——主要是从常规书写层面出发的，没有涉及非常规书写类。鉴于此，下面从常规书写类和非常规书写类两个大类别入手，在王宁先生所总结项目的基础上，根据前文论述的字体视觉特征分析项目以字形特点分析项目为基础的特点，重新梳理字体视觉特征分析项目。

（一）常规书写类的视觉特征分析项目

常规书写类字体以书写成形，笔画是其字形的基本构造单位，因此其构造单位的具体形态是点画形态，构造单位的组合方式是结体。结合王宁先生提出的六个项目、前文提及的字形特点分析项目及书法领域的术语，常规书写类字体的视觉特性分析项目可以初步列表如下：

项目	项目细分	内容
构造单位的具体形态（点画形态）	笔势	笔画书写轨迹如何？是否注意了对比关系的调和？
	笔态	笔画呈什么姿态？线条曲直、粗细等搭配意识如何？
	转折	笔画如何转折？顺畅还是生涩？
	行气	笔画之间如何衔接？顺畅与否？
构造单位的组合方式（结体）	构件形态	构件的形态选择，遵循规范还是个性？
	构件布局	构件如何排布？穿插避让意识如何？
	定形技巧	构件在比例（含外轮廓）、重心、中宫等方面选用了什么技法？
整字的体态特征	字势	整字呈纵势还是横势，其行气脉线如何？
	字态	整字呈什么样的综合形态？整字轴线如何？
	字意	整字呈什么样的气质，传达了作者什么样的情感？

（1）构造单位的具体形态（点画形态）

常规书写类字体讲究书写顺序，书写具备时间秩序，其点画形态的视觉特征分析，不仅是静态的简单分析，而是静态、动态结合，两者兼顾的考察。具体而言，点画形态的四个细化分类呈现了静态、动态和内在三个层面：

静态：笔态

动态：笔势、转折

内在：行气

字体的点画形态以动态方式实现，以静态展现，视觉特征蕴含在其中。

项目	具体内容
笔势	有没有明确的运笔过程，是否具有笔画力势走向的有序性。
	行笔中对立关系的调和统一。是否有向背、曲直等搭配意识。考虑书写过程中运笔时的内擫或外拓、内收或外放、曲或直、松或紧、疾或涩。

先看笔势[21]，沈尹默先生认为笔势是一种单行规则，是每一种点画各自顺从各自特殊姿势的写法[22]。不过，更多学者认为笔势就是点画之间的呼应和联系[23]，是指线条间的趋势、走向和关系，它通常融合在一些具体的运笔过程中，有两项具体内容。

■ 图 2-3-1　笔画外轮廓线走向交织形成一种势，内部运行方向也形成一种势。字体设计时，字形笔画态势的调整应重视这两种势。

首先，有没有明显的运笔过程。"势"是动态的（图 2-3-1），因此只能从它的运行过程来分析。这个运笔过程有两种情况。一种是笔在如纸等承写物上运走；一种是笔提起来在空中运走，"隔笔取势、空际用笔"[24]。只是第一种运走方式才能形成可见的线条，但是要考察"势"，第二种运走方式才是重点[25]。也就是说，笔势既在可见的笔画内部行走，也在不可见的笔画与笔画之间行走，贯通于有形笔画与无形笔画之间。

21. 笔势还有一种解释，指汉字的形体不断变化，笔画日趋约易，加以书法取姿，致使原有的笔意不明，已不能分析它的点画结构有何意义了，这种字形叫笔势。详见陆宗达《说文解字通论》，北京出版社，1981年，第70页。

22. 沈尹默《书法论》，载《中国现代书法论文选》，上海书画出版社，1980年，第7—8页。

23. 黄简《笔势的定义和要点》，载《二十世纪书法研究丛书·风格技法篇》，上海书画出版社，2000年，第197页。

24. 王澍《论书剩语》，载《中国书学技法评注》，上海书画出版社，2002年，第125页。

25.《翰林要诀》"筋法"一节中提到的"度者，空中虚打势"（见《翰林要诀·衍极·法书考》，北京师范大学出版社，2016年，第15页），即是这种空中运行的笔势。

26. 柳宗元《八法颂》，载《书学集成 汉～宋》，河北美术出版社，2002 年，第 114 页。

27. 如 "夫侧锋顾右，借势而侧之"。出自《永字八法详说》，载《书学集成 汉～宋》，河北美术出版社，2002 年，第 116 页。

28. 笪重光《书筏》，载《历代书法论文选》，上海书画出版社，1979 年，第 560 页。

29. 费瀛《大书长语》，载《书学集成 元～明》，河北美术出版社，2002 年，第 461 页。

笔势运行过程，最重要的是这些运行轨迹的有序性。连贯性是笔势存在的基础，因此书写顺序对于笔势极为重要。书法讲究 "努过直而力败，趯宜存而势生"[26]。重视势，借势[27]，有一套非常细腻的运笔讲究。如《书筏》所记载的 "横画之发笔仰，竖画之发笔俯，撇之发笔重，捺之发笔轻，折之发笔顿，裹之发笔圆，点之发笔挫，钩之发笔利，一呼之发笔露，一应之发笔藏，分布之发笔宽，结构之发笔紧"[28]。《大书长语》提到的 "落、起、走、住、叠、围、回、藏"[29]。这种有序的运笔讲究，能形成某种视觉上的力——一种蓄聚着的、无形的力(图 2-3-2)，而这正是非常规书写类字体所缺乏的。

需要注意，这种笔势的力，除了来自上下左右(X轴、Y轴)，还来自垂直方向(Z轴)，即提按所形成的力(图 2-3-3)。此外，它们还因书写速度等而有所不同。详见后文书写式模式一节中的进一步论述。

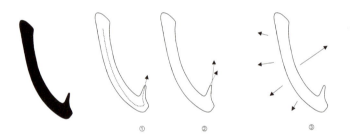

① ② ③

■ 图 2-3-2 势带来的两种力，一种是运笔时，顺向形成的力（①②），一种是运笔后笔迹形态内在蕴含的力（③）。"努过直则力败"，指的就是太直的竖画缺少这种内蓄的力。这其实也是书法反对书写状如算子的原因所在。状如算子的笔画几乎不可能存在这种内蓄的力。

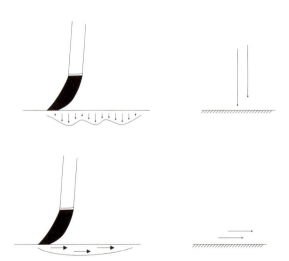

■ 图 2-3-3 垂直方向和平移方向产生的两种力

其次,行笔中是否讲究对立关系的调和。行笔的这种势,不是直来直去式的"来来往往",而是常常"隔笔取势,空际用笔"[30]。有一套细腻的通过行笔动作而形成的单笔中、笔画之间[31],甚至笔画与虚空之间,行迹可见或隐匿的笔势关系。可以从运笔的方向、力度、速度等方面入手,通过几对关系展开论述:

①内擫或外拓　　　　②内收外放　　　　③曲或直

④松或紧　　　　　　⑤疾或涩

这是古人笔势研究在哲学思想的影响下,所形成的互为辩证的几组关系,它们如何在一个单字中和谐共处,成为书写艺术化后考虑的重点。下面我们简单论述这几组关系的具体内容:

"擫"和"拓"都是动词,两个动作形成的笔势刚好相反。内擫是以"逆时针旋转"为主的运笔方法,造成的笔势是往内的趋势;外拓是以"顺时针旋转"为主的运笔方法,造成往外的趋势。内擫形成的笔画方折,棱角分明,"森严而有法度";外拓形成的笔画圆转,内敛含蓄,"散朗而多姿"。[32]在视觉效果上,内擫形成的锐角比较有冲击力,外拓形成的钝角比较温和。

内收和外放容易与内擫、外拓混淆,其实一个是行笔的细节,一个是行笔的大方向。(图2-3-4)内擫、外拓是行笔过程中的具体动作细节;而内收、

30. 王澍《论书剩语》,载《中国书学技法评注》,上海书画出版社,2002年,第125页。

31. 比如书法的"三"字三个横画通常上笔仰势、中笔平势、下笔覆势,彼此呼应,反对状如算子、积薪。

32. 袁裒《评书》,载《历代书法论文选续编》,上海书画出版社,1993年,第200页。

天发神谶碑

泰山经石峪刻经

■ 图2-3-4　字体内收外放与内擫外拓。《天发神谶碑》行笔方向内收,笔势内擫;《泰山经石峪刻经》行笔方向外放,笔势外拓。

33. 丰坊《书诀》，载《中国书学技法评注》，上海书画出版社，2002年，第50页。

34. 李世民《笔法论》，载《中国书学技法评注》，上海书画出版社，2002年，第151页。

外放是行笔时的动作方向。因此内擫、外拓观察到的是它形成笔画的中段和两端的造型。通常内擫的线条中段细两端粗，"正锋居多"；外拓的刚好相反，"侧锋居半"。[33] 而内收观察到的是某个笔画形成的笔迹，整体往字中心内聚，外放观察到的是整体往字中心外放。内收、外放一般与中宫特点有关。外放的中宫呈外扩，内收的则相反。

后面的曲与直、松与紧、疾与涩三组比较容易理解，都表现在行笔中对方向、力度、速度等方面的精确把控。其中比较有意思的是曲与直中的"直"。它是一种相对性的"直"。标准的纵横是两种直线，但是在实际字体中是很难出现这种标准纵横笔势的。"直则力败"[34]，书法艺术觉醒后，更是尽量避免这类绝对化的笔势走向，讲究曲势取直。这种动感线条结合起笔、行笔和收笔的运用，更具艺术开发可能性。

■ 图 2-3-5　褚遂良《大唐三藏圣教序》中"三"字最后一横，笔画处理两边像挑重担，有一股内在的反撑力量在其中，呈一种动态式的稳定态势。

 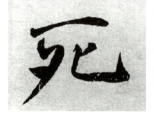

颜真卿　颜勤礼碑

褚遂良　大字阴符经

■ 图 2-3-6　颜真卿和褚遂良楷书横画的细节处理对比，前者重视中段，后者重视头尾。

综上可见,笔势一方面需要一种贯通的力,但又排斥这种力是简单的"滑拖"之力。因此常以各种对立关系,如"横画立下笔、立画横下笔"[35],使行笔有点"费劲",不那么畅利,形成某种对抗的力,并把这种对抗力保留在笔迹中,成为内在蕴含的"劲"。(图2-3-5)如"戈"中的斜钩,仿佛有一股无形的挺直反力,像是拉着不使它弯着,达到林散之先生描述的"看不出用力,力涵其中,方能回味"[36]。

在行笔中是否具备这几种对立关系的意识,并能有意地进行调和统一,是笔势考察的重点,也是字体所处阶段的一个判断因素。通常成熟阶段的字体都具备这些意识,并极力进行调和统一。

项目		具体内容
笔态	线条意识	线条是否有头、中段、尾的不同分解。
		线条内部匀称度,肥瘦设置、流畅度及细节特征。
	线条实际形态	书写过程里中锋、藏锋、露锋等应用带来的笔画方圆、肥瘦等形态情况。
		线条曲直等搭配情况。

笔态是文字的点画姿态。书写类字体常称之为笔迹形态。可以认为它是字体风格的缩影,通常从线条意识和线条实际形态两方面入手考察。

线条意识体现在对行笔过程的把控上。笔在承写物上运行有入笔、行笔和收笔三个过程。有意识地应用这个过程的线条,通常会形成头、中段、尾[37]线条形态[38]。而通过关注其中肥瘦匀称的设置,考究线条视觉上的立体感、劲折感、动态感及其流畅感和起伏程度,会形成更具有微妙差别的各种个性化线条。如同样的横画,褚遂良重视头尾,中段部分常一掠而过;颜真卿则重视中段部分,笔画中段经常比头尾粗,跌宕起伏,有内蕴的张力。(图2-3-6)这是常规书写类字体是否具有书写艺术意识的关键。

线条实际形态,指在线条意识指导下所形成的具体线条形态。它是一种直观的线条形态,如通常所说的方圆肥瘦。不过如同书论里所说的"以毫端之分辨肥瘦"[39],肥瘦并非简单墨的轻重,更多是书写过程中轻重的控制,因

35. 周汝昌《永字八法》,广西师范大学出版社,2006年,第39页。

36. 林散之著,陆衡收集整理《林散之笔谈书法》,上海人民美术出版社,2015年,第34页。

37. 日本学者西川宁先生认为如横线拥有完整的头、中段、尾为"三过折"笔法,是成熟楷书形态的基础。见西川宁《诣�善王"墨书——现存最古老的楷书》,载《晋唐楷书研究》,荣宝斋出版社,2011年,第375—392页。

38. 书法上对这个追求更为细腻,比如《书法三昧》记载:"盖一点微如粟米,亦分三过向背俯仰之势。"即便是一个小点,也都有细腻的各种变化讲究。见《历代书法论文选续编》,上海书画出版社,1993年,第210页。

39. 见蒋骥《续书法论·用笔》,载《中国书学技法评注》,上海书画出版社,2002年,第83页。《翰林要诀》也记载:"肥者毫端分数足也,瘦者毫端分数省也。"(陈绎曾《翰林要诀》,载《历代书法论文选》,上海书画出版社,1979年,第483页。)其实就是通过书写过程中轻重的把控来调整所获笔迹的肥瘦状态。

40. 注意，对于"圆"，书法中还有另一种指向，即朱履真《书学捷要》中提到的"圆者，用笔盘旋空中作势是也。圆出臂腕，字之筋也"，这里的"圆"指空中臂腕等运动的势。

41. 宋曹《书法约言》，载《历代书法论文选》，上海书画出版社，2002 年，第 564 页。

42. 蒋骥《续书法论》，载《中国书学技法评注》，上海书画出版社，2002 年，第 43 页。

43. 这种情绪不一定是正面的，有时候倾向于急躁或不耐烦。

44. 方小壮先生认为中锋、侧锋的提法在古代被称为"倒薤""悬针"。详见方小壮《"倒薤""悬针"辨》，载孙晓云、薛龙春主编《请循其本：古代书法创作研究国际

此不同的线条形态常对应着不同的运笔方式。下面借用书法领域的一些概念，把入笔、行笔和收笔的过程，对应相应的笔迹形态，进行简单论述。

起笔，也叫发笔，有藏锋和露锋两种笔锋出入方式。形成的笔迹形态，常见的有侧锋、方笔和圆笔三种[40]（图 2-3-7）。"藏锋以包其气，露锋以纵其神。"[41] 藏锋可以形成方形和圆形，对应方笔和圆笔。不过藏锋在运行中通过笔锋裹束，把笔势隐藏起来，即传统书论"藏头护尾"中的"藏头"，主要目的是通过相逆相侧的提按拖出，使笔毫发挥出最佳的弹力，为接下来的行笔做好力度上的准备。其形成的笔迹冲击力较弱，笔意内敛，"不露芒铢也"[42]。而露锋则常顺势而下，锋芒外露，通常形成侧锋，呈三角形状。这个三角形角度越尖，冲击力就越强，表达的情绪就越激烈[43]，因此露锋常用于取势和提神。

行笔，有中锋讲究。中锋[44] 就是"令笔心常在点画中行"[45]，"其墨皆由两边渐燥，至中一线细如丝发，墨光晶莹异常，纸背状如针画"[46]。一般在灯光照耀下，从反面可以看到中锋笔画中心有一缕墨痕，当然，平常状态下很难看到这种笔态。中锋其实是毛笔锥尖的行走路线的一种讲究，力求运行轨迹

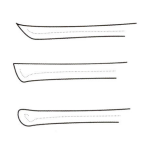

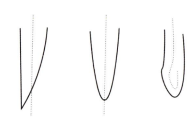

■ 图 2-3-7 起笔的三种笔迹形态。上为侧锋，中为方笔，下为圆笔。

■ 图 2-3-8 竖画收笔的三种常见笔迹形态

■ 图 2-3-9 四种转折方法。①为接搭法；②为提按法；③为顿挫法；④为圆转法。

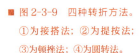
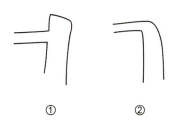
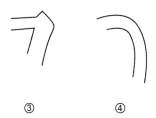

①　　　②　　　③　　　④

呈正中状态,避免笔锋的偃卧,"笔笔中锋"。中锋运笔过程也讲究用力状态。一种直接用力,力度相对匀称;一种有意出现力度变化。前者形成的线条变化少,后者则形成一种游动式的线条形态。

收笔(图2-3-8),指笔画的收尾,它或是力贯毫末,或是回锋护尾。存在实收、虚收两种状态,形成两种笔态,如竖画的垂露、悬针。收笔讲究"蓄"力,追求笔态饱满,避免形成虚尖。露锋式的收笔,提倡由中间出。偏锋出的话,会形成露锋在一面的笔态。

当然,也有书家认为笔迹形态其实只有两种,"中锋、侧锋、藏锋、露锋、实锋、虚锋、全锋、半锋。似乎锋有八矣。其实中、藏、实、全,只是一锋;侧、露、虚、半,亦只是一锋也。中锋画圆,侧锋画扁"[47]。

值得一提的是,古人为了更好地解读笔态中所蕴含的笔画属性,做过一些归纳,熟悉的有《八阵图》。《八阵图》采用拟物的形式,把笔态蕴含的内在讲究传递出来,像点如高峰坠石的描述,意在表明点内在蕴含的下坠之力,画面感非常强烈[48],是非常形象化的笔态描写。

线条的曲直搭配等情况,一方面是直观的表面形态,通常一目了然;另一方面是笔势内在曲直的应用,隐藏在行笔动作和轨迹中,通常需要一定的书法艺术修养,才能从微妙的点画形态中感悟到。

项目	具体内容
转折	圆转,即环转法。
	方折,具体可以分为提按法、接搭法、顿挫法。

转折从运笔过程上讲,指毛笔"走"到了需要转弯的地方,类似战场上冲锋陷阵时"掉转马头"。此时,如何巧妙地掉转,使马的"运行方向"顺利、流畅"衔接"非常关键,其中不但需要相关的如拨镫等技法,更需要人与马之间的密切配合。因此转折处书写需要一定的书写技法,并常能呈现明确的顺畅、生涩等不同视觉感受。

毛笔的这个转折,通常可以分为两类。一类是圆转(图2-3-9④),即环转法,转折处直接靠指和腕的环转转换方向,继续行笔。可以理解为一种随势

(接上页)学术讨论会论文集》,南京大学出版社,2010年,第82—91页。

45.蔡邕《九势》,载《历代书法论文选》,上海书画出版社,2002年,第6页。

46.包世臣《艺舟双楫》,载《历代书法论文选》,上海书画出版社,2002年,第641页。

47.刘熙载《艺概》,载《历代书法论文选》,上海书画出版社,2002年,第709页。

48.这里有必要对"如高山坠石"这类书写形象做个补充说明。在书写成为一种艺术之后,书写理论非常喜欢用形象化的方式来描述书写,从秦时李斯的《用笔论》开始,这种方式就没有消失过,唐张怀瓘《六书体论》更是直言"书者,法象也"。对于这种形象化书写的方式,需要注意:一、这种形象的描述是为更好地说明笔势、笔意服务的,也就是为了让观众更好地体会这些笔态所蕴含的内在风格特点,"高山坠石"并非指点就必须像石头,"万岁枯藤"并非指竖就要像枯藤,如果非要真的像,那写字不就变成画画了?二、书写装饰化也存在形象化的情况,即物化,不过它的形象化是真的把笔画或字形形象化了,并非书写艺术化的这种描述式的形象化,是两种全然不同的处理方式,需要区别对待。三、更为重要的是,以书法字体为代表的这种形象描述,不仅在于对物象体貌的表面性联想,更高明之处在于对物象神韵气魄内在生命力的"转嫁",获得更高层次的艺术体验,是中国书写艺术的精华所在。

而行,类似顺水推舟。一类是方折,有接搭法、提按法、顿挫法[49]。前两种相对较"笨",执行难度较小。图 2-3-9①为接搭法。转折的时候不连写,而是一横一竖接搭,其实就是把笔画断掉,然后再接起来。图 2-3-9②是提按法。毛笔行至转折处,在笔锋将离纸而未离纸时,靠毛笔本身的弹性,使笔锋回复到垂直状态,再转向按笔继续行笔。严格来说也是一种接搭,只是比较快,不那么明显。图 2-3-9③是顿挫法,即行笔至转折处,通过顿挫,把笔锋调整至中锋,再继续行笔,这种转折方式在转向前,会先按笔做顿,打开笔毫,再回顶做挫,把笔锋顶直,其实是完整写完了横画,再连续写竖画,笔势运行与其他几种略有不同。

　　圆转是早期文字常用的手法,而方折是隶变中字形书写变革的一个重要方向,因此在通常情况下,方折法的应用被认为是汉字从古文字向今文字转变的一个关键因素,是字体风格判断的一个重要参考点。

49. 沃兴华《书法技法新论》,湖南美术出版社,2015 年,第 26 页

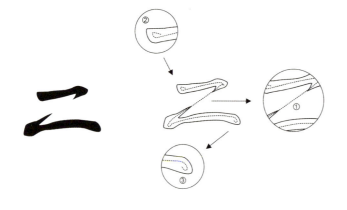

■ 图 2-3-10　行气有两个非常重要的关联因素。一是空中的无形衔接(①);一是内含的笔画运笔轨迹,如逆起(②)、暗收(③)。它们是笔势"蓄力"重要的一环。

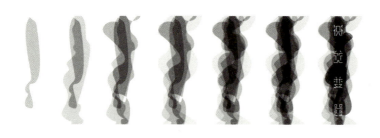

侨亚美苑

■ 图 2-3-11　当代字体设计的字形改造。"侨亚美苑"中的"亚",上下两横有意断开,内含一个对话框,对原有构件形态进行了个性化设计。"视觉变量"为了所有字形的左右对称,每个字都做了构件形态调整。皆李海平设计。

项目	具体内容
行气	线条之间的衔接状态。
	书写顺序状态。考察笔画之间衔接符合生理的程度，即书写时的顺畅状态。

50. 事实上行气首次提出时，即明确表明它涉及笔画间、字之间，以及行之间的气脉。（张怀瓘《书断》："气候通其隔行。"载《历代书法论文选》，上海书画出版社，2002 年，第 166 页。）这里只是为了研究的方便及更细致的考究而人为地"分割"为几部分，后文的体势、行款都将涉及行气概念。

51. 蒋和《书法正宗》，载《中国书学技法评注》，上海书画出版社，2002 年，第 127 页。

52. 古人书论里常提到的"一笔书"，或"一笔书之"，其实讲的就是笔画之间的气息连贯，通畅无阻。

53. 张怀瓘《书断》，载《历代书法论文选》，上海书画出版社，2002 年，第 166 页。

54. 需要注意，结体在书法层面还有结裹、裹束、间架等用语。

　　点画形态所涉及的"行气"（图 2-3-10），严格来说应叫作"字气"[50]，指毛笔先运行在承写物上，再提笔空中运行，进而转入另一笔的书写，"笔笔相生、意思连属"[51]，所形成的一股贯通的"气脉"。[52]这个过程存在顺畅与否的不同情况，符合生理特点即为顺畅，反之则为不顺畅。[53]

　　对线条行气的考察，就是对笔画之间这种气脉状态的考察。其中行气顺畅的，还可以分为直接牵丝式的和笔断意连式的。前者把笔画连接状态直接直观表现出来，后者则用意连的方式表现出来。不过它们的行气考察，都指笔画之间是否笔有朝揖，连绵相属，气脉不断。

　　(2)构造单位的组合方式(结体[54])

　　常规书写类结体方式决定了最后成形的规范性、艺术性，通常包含构件形态、构件布局及定形技巧三个项目。

项目	具体内容
构件形态	构件形态规范化。
	构件形态个性化。

　　构件形态的规范化或个性化是相对于基本形构件形态而言的。规范化指遵循了基本形的构件形态，个性化指在基本形构件形态的基础上，出现个性化的处理。构件形态的规范化与个性化通常一目了然，它经常是判断一个字体书写个性化、艺术化程度的一个标准。如当代的品牌字体设计喜欢对构件进行重新构造，以显示与众不同的"私人定制式"的个性特点。当然，也因为构件形态个性化，通常会破坏字形的规范性，它也经常成为判断是否异形的标准。(图 2-3-11)

　　需要注意，在构件形态尚未完全固定化时期，这种规范化与个性化处理的判断相对较难，不过其常能明确字体的发展程度，是字体视觉特征考察的一个要点。

项目	具体内容
构件布局	构件布局方式规范化还是个性化。
	构件方位是否固定，一字一方位还是多方位。
	构件布局是否有避让穿插等配合意识。如果有，配合程度如何。

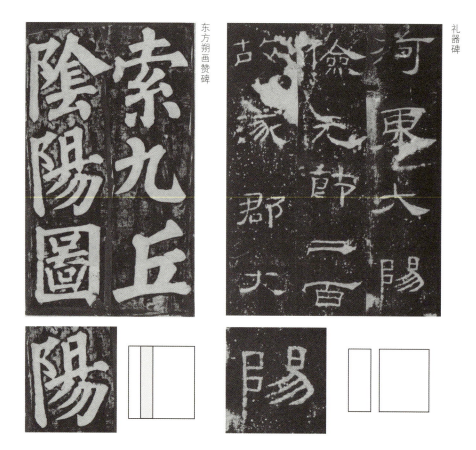

■ 图 2-3-12　笔画避让、穿插。《东方朔画赞碑》，字体内部
　　构件和笔画避让、穿插非常明显；《礼器碑》，字体内部构成则
　　呈各自独立态势。

构件布局指构件之间的组合方式,它的考察有三个具体内容:

第一,构件布局方式规范化还是个性化。它如同构件形态的规范化还是个性化,也是相对于基本形构件布局而言的,通常也一目了然。除了在构件布局不定时期,通常也是判断字体书写个性化程度的一个标准。

第二,构件方位是否固定,一字一方位还是多方位。这是区分文字不同时期的一个关键因素。前文基本形构造模式一节中已有专门论述,这里不再赘述。

第三,构件布局的配合意识。是否具备避让、穿插等布局意识,它是字体构造艺术性觉醒的一个重要因素[55]。这种意识的执行状态,往往也可以作为不同字体风格判断的一个因素。如同样有避让意识的楷书体,它的严密度就远高于隶书体。(图2-3-12)

构件布局的配合通常以成熟的楷书为范例。如元明时期总结的《欧阳询楷书结构三十六法》及黄自元的《大字结构八十四法》,两者都可以说是分析常规书写类字体视觉特征的重要参照。

项目	具体内容	
定形技巧	比例设置情况	外轮廓状态,可以分为长、扁、方及自由型。
		内部如上下或上中下比例状态、左右或左中右等设置状态。
	中宫设置情况,分为正常、外扩和内缩三种方式。	
	重心设置情况,分为正常、偏上和偏下三种方式。	

定形技巧包括比例、中宫、重心。古代书论提及的“负抱联络,疏密纵横”[56]体现在这些设置中;沙孟海先生提到的“斜画紧结”与“平画宽结”[57]也体现在这些设置中。拙作《汉字字体学新论》一书中对这些定形技巧有专门论述[58],下面仅论述几个相关的要点(图2-3-13)。

先看重心。字体的重心是借用物理学重心的概念,即假想有个如地球一样的重力场,字体的各个部分都受到这个重力的作用,这些重力集中于一点,就是字体的重心。字体的重心设置可以偏上、偏下或处于正常位置。它的设

55.需要注意一些特殊字体,如日本的相扑字体,它与常规书法一个最大的差异是书写时笔尖至接近笔毛根部,常都扎实地压到纸面上,追求粗又满的笔画。布局上也没有常规的笔画粗细节奏、避让等讲究,如“国”字里面的“玉”,笔画粗细和外面的一样,直接粘连在一起。

56.赵宧光《寒山帚谈》:“结构名义不可分,负抱联络者,结也;疏密纵横者,构也。”见毛万宝、黄君主编《中国古代书论类编》,安徽教育出版社,2009年,第172页。

57.《沙孟海论书文集》,上海书画出版社,1997年,第522页。注意“斜画紧结”在叶昌炽《语石》中已经出现。

58.详见拙作《汉字字形学新论》,重庆大学出版社,2019年,第149—164页。

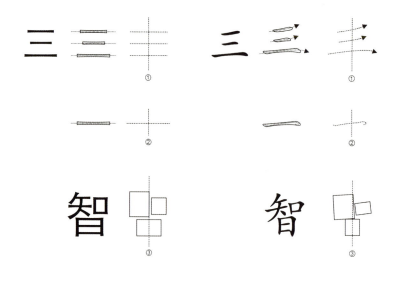

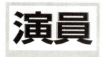

■ 图 2-3-13　现代字库字体不同比例设置的字形及其细节调整。左边由上至下分别为扁体、宽体和斜体。右边由上至下分别为因字形倾斜和变宽而需要做出的相应细节调整，如字形倾斜后朝右的弧形笔画减短变粗，朝左的弧形笔画加长变细。竖画变细，横画变粗，整体失去左右匀称的平衡感，因此通常使笔画粗细匀称，顾及左右平衡，同时把整字略调窄，减少字面。而字形变宽后竖画变粗，中宫外扩，因此也需要使笔画匀称，回收中宫，同时顾及内外空白的平衡。

■ 图 2-3-14　重心平稳设置包括单笔画内部的平稳（②）、笔画之间的平衡（①）及构件之间的平衡（③）。而平稳方式上黑体和楷体呈现了天秤式和老秤式的不同设置。

置方式有天秤式和老秤式(图2-3-14)。前文沙孟海先生提到的"斜画紧结"与"平画宽结",前者即属于老秤式,后者属于天秤式。

中宫可以考察字体内部结构不同松弛程度带来的视觉感受。借用九宫格的形态,中间一格即是中宫。中宫存在正常、外扩和内缩的不同设置,带来字体相应中宫正常、膨胀和内敛的视觉感受。

比例有两个入手点:一种从字形外轮廓入手。指字形外轮廓的长宽比例或高宽比例。如扁体就是高比宽小的字形,方体指高和宽比例差不多的字体。另一种从字形内部构件入手,指字形内部构件之间的大小比例关系。比如左右结构字形中左边和右边的构件比例,上下结构中上和下构件的比例。

当然,随着当代科学手段的介入,又有了科技手段的结体方式,如直接采用数字的技术成形。科技手段的结体方式不同于一般的"书写",甚至可以说与书写没有直接关联。它是借用编码直接成形。不过这种编码是一对一式的,事先已有明确的结体设定,通常以常规书写类为范本,因此也可以被视为常规书写类结体方式的一种变式。

(3)整字的体态特征

常规书写类字体的结体糅合在书写过程中,它的风格既体现在整体形态上,也体现在笔画之间关系的处理上,因此全方位的考察,除了关注分解性质的点画形态和结体,也必须关注整体性质的整字。

项目	具体内容
字势	纵势或横势。(外部的势)
	整字的脉线状态,是笔笔顺畅、不顺畅还是部分顺畅。(内部的势)

字势不只是单笔画笔势的叠加,还包括这些单笔画笔势叠加所带来的纵势、横势,骨骼线,脉线状态等整字线条运行路线的综合效果。[59] 因此字势有一个更通俗的名称——体势[60]。它有以下两个考察方向:

方向一,整字的横势或纵势状态;
方向二,整字的脉线状态;

59.从这一点可以看出结体对于字势的重要性,这也是建议单笔化笔势和整字字势分开研究的原因所在。

60.也有人认为体势是指整个文字形体的轮廓形状,如小篆字形的纵势与长圆,隶书字形的横势与平扁,楷书字形的方正。但是这种解释中字形的横纵势属体势的内容,而字形的长圆平扁属字态,为避免混淆,就放弃了这种解释。

61.《书法三昧》，载《历代书法
论文选续编》，上海书画出版社，
1993年，第210页。

62. 张怀瓘《书断》，载《历代
书法论文选》上海书画出版社，
1979年，第166页。

方向一比较容易理解，它指字形整体趋向横或纵的状态。不过需要注意，体势是运笔状态的合成，并非表面外轮廓的呈扁或长。比如隶书有方、扁等外轮廓形态，但因横向笔画，尤其是挑法的横向态势，故呈横势。

方向二的脉线，指一个字内在的行气运行图，是线条运行路线顺畅情况的呈现。《书法三昧》说："盖一点微如粟米，亦分三过向背俯仰之势。一字有一字之起止朝揖顾盼，一行有一行之首尾接上承下之意。此乃古人不传之玄机，宜加察焉。"[61] 整字的行气，更注重整体效果，就走向而言，分横行气与纵行气两类；就连断的情状而言，有独立与牵连两种。这是体势极为重要的一环，它与是否讲究书写顺序有关。符合生理特点的书写顺序，脉络较为顺畅。文字学领域所提及的古文字与今文字，即可以从是否自觉地关注书写的生理性得以区别。

当然，体势更为重要的是它所蕴含的篇章气脉。正如《书断》中提到的"字之体势，一笔而成，偶有不连，而血脉不断，及其连者，气候通其隔行"[62]。

■ 图2-3-15　整字同类横向线条的关系处理。"断"字有明确的三条横向线条，左边构件二条，右边一条。①②左右构件的上部横线条设计在同一位置，方向一致，形成呼应。不过下一条横线条，因倾斜方向不一样，①横向线条间形成左窄右宽的形态，②形成左宽右窄的形态。③④左右构件的三条横线错开，右边构件线条在中间，彼此也借助线条方向的处理，形成不同的关系。其中④左边"丝"形提也形成无形的横向线条，并借助方向处理，参与了横向线条的节奏关系建构。⑤把右边"斤"的上一条线条写成横线，由此四条横向线条也借助不同方向处理建构联系。

项目	具体内容
字态	构件形态及其布局规范或艺术化程度。
	整字重心、中宫、比例等设置情况。
	整字的轴线设置。
	整字的线条交接方式、对比关系。
	整字的空白关系。

类似字势，字态一方面也是单笔画笔态的叠加，另一方面也着重考虑因结体因素带来的如外轮廓、内部组合等整字的整体效果。它主要有五个考察内容：

63.姜夔《续书谱》，载《历代书法论文选》，上海书画出版社，1979年，第385页。

内容一，构件形态及其布局规范或艺术化程度。

内容二，整字重心、中宫、比例等设置情况。

内容三，整字的轴线设置。

内容四，整字的线条交接方式、对比关系。

内容五，整字的空白关系。

内容一除了在构件形态、布局尚未固定化的时期，通常是字体书写个性化、艺术化的判断标准之一，前文已有相关论述。

内容二其实就是定形技巧应用的静态结果，正如书论里提到的"一字之间，长短相补，斜正相拄，肥瘦相混"[63]。字态中对这几个项目设置的考察，更多在于对这种效果艺术性的品鉴（图2-3-15）。

内容三轴线的设置有两种情况。第一种是整字的轴线，即整字的中心轴线。它不一定是垂直状态的，可能是倾斜的。第二种是文字各组成部分的轴线。如左右结构的字可以把左右各看成单独的部分，可以画出各自的轴线。上下结构的亦然。在字体设计领域，针对第二种情况提出了"第二中心线"概念，通过各组成部分中心线(也即轴线)的不同位置设置，调整中宫、字面。

64.考察线条粗细对比程度、曲直对比程度、长短对比程度、柔和与强烈对比程试等。

内容四的线条交接方式和对比关系比较复杂。它既包含交接线条出头大小、交接大小设置；也包含整字单笔最粗与最细笔画的对比程度，最大弧度笔画程度及其位置安排等[64]静态关系。

线条交接考察，形和体的考察点容易混淆。如已经的"已"和自己的"己"，笔画交接有没有出头，属于字形组织构造的差异；而出头多或少，才属于字态的考察。"大"字，撇的出头大小不同，就明确展现了不同书家的结体特点——颜真卿楷书体的这个出头处理（大《东方朔画赞》），明显短于柳公权楷书的处理（大《玄秘塔碑》）。这种字态差异与颜体的"直面性"、柳体的"奇侧性"相契合。

整字的静态笔画粗细、曲直的对比关系相对直观。同样以颜体与柳体为例。颜体单字中，无论是最粗与最细的笔画对比，还是笔画弧度之间的对比，都明显比柳体强烈。正因为这种差别，颜体即便选择平正式的结体，但借助笔画对比的丰富性，其字态也不会显得单调。而柳体则需要奇侧结构，以增加字态的丰富性。

■ 图 2-3-16　借助对比丰富字态。拆解弘一法师的字，发现其最长线条和最短线条对比很强烈。因此弘一法师的字，虽然主笔画如竖常是垂直状态的，缺乏变化，但借助线条长度的极端对比，字体并不显得单调。

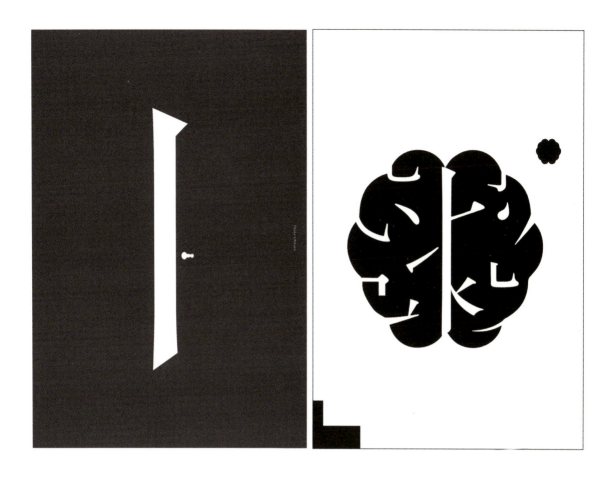

■ 图 2-3-17　后世的现代字体设计与图形设计都极为广泛地应用空白。左边在宋体字竖画（可表传统文化）上加一个门把锁，正负形巧妙地形成了一个开门见光的场景，意为传统的兴起。右边人脑与汉字笔画（负形）结合，营造出一种脑中全是文字的意象。皆李海平设计。

颜体和柳体的这种方式，其实正是大部分字体点画形态与结体配合的方式——以对比强烈的点画形态，配以平和的结体方式，反之亦然。当然，极端情况下，甚至只是点画长度具备强烈对比，但字态也不失丰富性。如弘一法师的字经常是短点和长线配合，静中有动(图2-3-16)。

65. 林散之著，陆衡收集整理《林散之笔谈书法》，上海人民美术出版社，2015 年，第 43 页。

内容五空白关系的考察呈现了字形内部负形的重要性(图2-3-17)。林散之先生曾说"字要写白的"[65]。对于这部分关系的考究，一方面要考察空白与非空白的面积比例；一方面要考察空白本身的节奏、层次，以及是群组化还是分散式的。华琳《南宗抉秘》说："务使通体之空白毋迫促，毋散漫，毋过零星，毋过寂寥，毋重复排牙，则通体之空白，亦即通体之龙脉矣。"通常

66.值得一提的是，金文多数是先制作模型，再浇铸，而材料有一定的壁厚，才能保证强度，因此每个字的各笔画之间需要留有一定的空间，避免浇铸时一些笔画因距离太近而出现粘连。这种工艺上的需求或许就是迫使字形关注内部笔画之间空白关系的推动力量之一。

67.释智果《心成颂》，载《历代书法论文选》，上海书画出版社，1979年，第93页。

68.汪挺《书法粹言》，载《中国书学技法评注》，上海书画出版社，2002年，第181页。

69.董迪《为张潜夫书官法帖》，载《历代书法论文选续编》，上海书画出版社，1993年，第138页。

70.书法学也有如"书家贵在得笔意"之说（董迪《徐浩开河碑》，载《历代书法论文选续编》，上海书画出版社，1993年，第131页），也提到"凡论书气，以士气为上。若妇气、兵气、村气、市气、匠气、腐气、伧气、俳气、江湖气、门客气、酒肉气、蔬笋气，皆士之弃也"（刘熙载《艺概》，载《历代书法论文选》，上海书画出版社，1979年，第713页），不过这些观点更多指向书写的技法或个人修养。

71.刘熙载《书概》，载《历代书法论文选》，上海书画出版社，1979年，第714页。

72.盛熙明《法书考》，载《中国书学技法评注》，上海书画出版社，2002年，第233页。

情况下，书写艺术意识越强的字体越注重空白处理[66]，尤其是空白自身分布方式及节奏层次的把控。书法领域所提倡的"潜虚半腹"[67]，"凡字如日月等，内有短画者，不可与两直相粘"[68]，即通过笔画的不相粘连，留出空白，以展现疏密虚实关系。

项目	具体内容	
字意	字体气质	情绪上，张扬还是内敛，拘束还是自由。
		风度上，雅还是俗。
	书者的情感。（具体字体分析时，以艺术性书写为主。）	

字意，从字体角度，体现为一种气质，是字体形态综合因素所呈现出来的一种视觉感受。不过，这种视觉感受，常被转化为一种情感体验。如书论上所说的"观书似相家观人，得其心而后形色气骨可得而知也"[69]。字体的解读过程，是情感的体验过程。也正因为如此，书写者书写时的情感状态，成为关注的要点。因此字意可以归纳为两方面内容：字体气质和书者情感。

字体气质，从情绪上有张扬或内敛、拘束或自由等不同感受；从风度上有雅、俗等不同格调。不过它主要是一种抽象的意境、情趣和精神状态。[70]我们在对其进行分析时更多是借助其点画、结体等具体形态。如笔画粗细、曲直等对比程度，带来字体的整体"刺激"效果等。它是需要感官介入的一种视觉性体验。除此之外，对于雅与俗的判定既需考虑字体自身形态，也需考虑社会约定所处的认识状态。字体的雅俗，除了包含历史时期的社会约定，如书法类字体通常对应着雅，而民俗字体对应着俗；也包含审美的变化，如原高高在上的台阁体、馆阁体随着时代变化，反而变成俗的代名词，而当代"大俗即大雅"的观念，促使原来被认为俗的民俗字体成为一种大雅。因此，雅与俗的判定需综合考虑。

书者的情感通常在分析具体字体的时候应用。它是蕴藏在字体中，书写者最希望"说的话"。正所谓"写字者，写志也"[71]，"夫书者，心之迹也"[72]。不过也正因为它含蓄，考察相对复杂，是字体视觉特征分析最难把握的。这也是文字学领域,在研究字体时通常把书法家书体排除在外的一个原因。不过可喜的是,如同钱锺书先生对"风气"的体验一样,"好比从风沙、麦浪、波纹里看出了风的姿态"[73],对书者情感的判断虽然困难,但也是有迹可循的,从一些书论中能找到可判断的痕迹。如《翰林要诀》里说:"喜怒哀乐,各有分数。喜则气和而字舒,怒则气粗而字险,哀则气郁而字敛,乐则气平而字丽。"[74]除了字丽,字舒、字险、字敛都可以从中宫设置、重心设置中得以判断。此外,《书法管见》也提到"字与人身相应"[75],把字比作人,从中去感受书者情感,也算是一种捷径。当然,即便如此,这种判断依然充满了主观性质,所以虽然也把它作为字意分析的内容之一,但通常用于书法家的字体特征分析,不作为一般类别字体分析时的内容。

(二)非常规书写类的视觉特征分析项目

非书写类字体是基本形基础上的进一步风格追求,不过因没有类似书写类字体对内在线条运行路线和运行细节的关注,其字体分析项目,虽然也是参照字形特点分析项目,但主要是静态的特征描写。

非常规书写类由于构造单位可能是线条,也可能是某些实块;构造单位组合方式上也经常直接物化、图案化,其项目基础上的细化分类,与书法层面的术语存在明显的差异,有自身特有的分析内容,可以列表如下:

项目	项目细分	内容
构造单位的具体形态	工整化、几何化、图案化	平整后的线,或某种图案式的线,或是某些实块。
	物化	构造单位的具体形态体现为直接仿形。
构造单位的组合方式	常规方式	与常规书写类类似的规范结体方式。
	物化、图案化	局部或整字,以物象或图案成形;也存在直接形成某种物象或图案的情况。
	动态化成形	如古代的字舞[76],当代的动态数字字体。
整字的体态特征	字态	整字的综合形态,往往呈规则化或自由化。
	字意	整字的气质。图画性、图案性或一定程度书写性。

73. 钱锺书《七缀集》,生活·读书·新知三联书店,2002年,第2页。

74. 见《历代书法论文选》,上海书画出版社,1979年,第490页。

75. 汪沄《书法管见》,载《中国书学技法评注》,上海书画出版社,2002年,第129页。

76. 如周密《齐东野语》:"州郡遇圣节锡宴,率命猥妓数十群舞于庭,作'天下太平'字,殊为不经。而唐《乐府杂录》云:'舞有字,以舞人亚身于地,布成字也。'王建《宫词》云:'罗衫叶叶绣重重,金凤银鹅各一丛。每遇舞头分两向,太平万岁字当中。'则此事由来久矣。"(详见《齐东野语》卷十,中华书局,1983年,第189页)这是古代典型动态成形的结体方式。

（1）构造单位的具体形态

常规书写类忌讳笔画"状如算子"，而非常规书写类则不排斥对齐平布，它通常没有常规书写类的"势"、行气等方面的讲究，书写顺序也不是考虑的重点。其实非写字类字体线条更多以摆、堆、涂等方式获得，其线条形态，不再以笔势、笔态等因素的动静结合为主，而是以静态为主，分为工整化、几何化、图案化三种（图2-3-18）。

这三种线条形态比较容易理解。工整化指平整性的线条，它其实是文字的一种"习惯性"美感追求，只是非常规书写类常更显极致。几何化、图案化指线条呈几何或图案形态（图2-3-19）。

工整化　新莽铜嘉量

几何化　上林铜鉴

图案化　福字木窗

■ 图2-3-18　文字线条的三种
不同形态

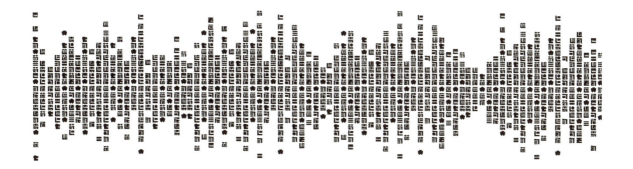

■ 图 2-3-19　非书写类字体的几何化、图形化。图为
武汉地铁 4 号线钟家村站出口风亭图形设计。把源自
汉字的古琴谱字形再次几何化（上），组成音乐波形图
（中），呈现伯牙子期音乐知音的故事。李海平设计。

（2）构造单位的组合方式

不同于常规书写类，非常规书写类并没有强调书写顺序，也没有强调结
体要完全遵循字形本身结构，因此非常规书写类结体的视觉特征考察，除了
常规结体方式，还存在物化、图案化、科技化等非常规的结体方式，它相对常
规书写类显得既"单纯"又"复杂"。

单纯，是因为它仅是一种简单的表面笔画"拼合"，没有类似常规书写类
对字形内在层面的追求。非常规书写类喜欢对基本形进行"随意"加工。有变

掀 開 第 一 頁

开 台 四 百 周 年 纪 念

■ 图 2-3-20 笔画直接物象化形成内涵的叠加。此为
台湾开台 400 周年邀请海报。作品以"一"为主形象，
右边装饰角形似翻开的书页。两者合一，正好表示"翻
开新的一页"。既表达了开台的开始，也呈现了新时
代的开始。李海平设计。

爱   生

命

■ 图 2-3-21 新合文手法 "爱就是生命 生命就是
爱"。"爱"由"生"和"命"两字组成；同样地，"生"
和"命"两字可以组成"爱"字。李海平设计。

形、拉长压扁，甚至拆合等手法，形成灵活的结体方式(图2-3-20)。为此非常规书写类字体，通常没有常规书写类所谓"妙在似与不似之间"[77]的审美追求。

复杂，是这种单纯又并非表面上看起来的那么随意。事实上把一个原本方块状的外轮廓，变成一个具体物象的形态，或某个几何形的形态并不容易。它通常需要变动内部构件形态并重新进行组合方式设置。比如瓦当文为适应其圆形或半圆形的书写面，开发了不少相应的技法。

值得一提的是，非常规书写类的字体，有时候并不局限于单字形体。现代字体设计对早期如合文手法的开发应用(图2-3-21)，使非常规书写类字体的组合方式更具开放性，这也是非常规书写类字体对字形美化的贡献。

(3)整字的体态特征

常规书写类虽然也提到"为书之体，须入其形，若坐若行……若虫食木叶"[78]，但这是种意象的类似，"隐隐然其实有形"[79]，不同于非常规书写类，更多是直观化的类似，因此非常规书写类的整体视觉特征也相对单纯，一般只有字态和字意两项。

字态主要体现为"绘画"性的效果，属于字形内部结构细节的考究较少，有两极分化的现象。或是工整秩序化，或是自由化。一种往往是图案式的平整华丽，一种则是挥洒式的自由发挥。

非常规书写类往往直接通过如吉祥文字字义本身，或是通过图案化、物化成形的图案、物象本身来传达字意，而非如同常规书写类，借助对书写过程的把控，以一种抽象的、往往需要转化才能感受到的情感表达，因此非常规书写类字体的字意通常直观明了，"接地气"。

四　几个代表性常规书写类字体视觉特征

(一)几个代表性字体的"代表性"所在

篆、隶、楷等代表性字体的"代表性"所在，学者们已有相关研究。如叶秀山先生认为书法艺术是"运动型"的艺术，而"运动"本身有多种形式，如迟缓的、凝重的、飞动的，于是有书法中正(即楷)、草、隶、篆等不同感受。[80]言下之意，这些不同字体正好代表了不同的"运动"形式。其实，如果结合汉字演变过程中主要书写载体的变化、主要书写工具的确定及书写的不同需

77. 齐白石语。见力群编《齐白石研究》，上海人民出版社，1959年，第19页。

78. 蔡邕《笔论》，载《历代书法论文选》，上海书画出版社，1979年，第6页。

79. 出自《笔阵图》。见《历代书法论文选》，上海书画出版社，1979年，第21页。

80. 详见叶秀山《说"写字"——叶秀山书法谈丛》，中国人民大学出版社，2013年，第25页。

81.姜亮夫先生认为小篆总结了汉字发展的全部趋向、全部规律，也体现了汉字结构的全部精神。详见姜亮夫《古文字学》，1984年浙江人民出版社初版，校订后载《姜亮夫全集》十七，云南人民出版社，2002年，第56页。

82.康有为提到古人论书，以势为先。而草书往往因势生形，达到势的顶级状态，因此常被认为是最具书写艺术性的字形。

83.邱振中先生认为其中一个关键因素是毛笔所有空间运动形式开发的完备。邱先生认为毛笔有三种基本运动，绞转、提按、平动，而"笔法空间运动形式的终结便意味着字体发展的终结"。见其《笔法与章法》，江西美术出版社，2012年，第45—46页。孙晓云对此也有相关研究，见其《书法有法》，文艺出版社，2001年，第102页。

84.草书从草稿得名，又称"稿书"。

求，从前文提及的最适合线条运行路线及其相应运行细节的选择出发，这四个字体代表了各自最合适的选择。如隶书体可以认为是竹简上最适合线条运行路线及其相应运行细节，偏向正体方向的选择结果，章草则是偏向快写方向的选择结果，后文对此有详细论述。

不过，这几个代表性字体的"代表性"所在，并非纯粹书写层面的，而是综合了其字体或所直接依托基本形，在某些方面具有引领、总结等不可替代的作用，可以简单列出：

篆文体 —— 代表汉字隶变前的文字形态，是早期字形特点的集大成[81]。

隶书体 —— 是汉字隶变后的第一个成熟的作品。虽然基本笔画不完备，书写顺畅度也没能达到完美，但其所代表的汉字全新字形及字体发展方向是不可取代的。

草书体 —— 是快捷书写极致的代表，也是在保留最基本理据的前提下，字形所能达到的最精简的代表，同时也是最能完美展现书写艺术性的字体[82]。

楷书体 —— 是字形、字体发展完备的代表，是汉字在其所依据道路上字形、字体所能达到的最成熟类别[83]。

行书体 —— 虽然常被认为是一种介于楷书体和草书体的"夹生"字体，但其却是最实用的日常书写字体。

值得一提的是，这五个字体，名称中有意增加了"体"字，这其实是应对目前字体名称困扰的一种无奈的方式。原因如下：

第一，字体名称依据不统一。历代形体关系认识呈阶段性，不同阶段对字体的认识并不一样，因此不同时期字体的命名不可能统筹考虑，各自为政是不可避免的。如隶书被认为来自隶的身份；草书被认为来自书写特点，也有认为来自书写用途[84]；楷书被认为来自其楷模功能。此外，隶书又有多种别称，如"八分""佐书"。

第二，名称之间重叠性严重，混淆不清。附录四中辑录的不同时期的字体名称，非常明确地呈现了这种交织不清的状态。字体的名和实一直是字体学讨论的话题，也是一个难以真正解决的难题。

第三，仅重视主线名称。秦汉时期已经有部分字体步入民间，虽然与主流发展保持密切的联系，但并不完全等同于主线字体。历来对这类字体的重视严重不足，对其命名也相对草率，多数以民间字体或民俗字体一言概之，显得比较草率。目前对这类字体有所重视，不过命名相对混乱。

此外，字形、书体与字体名称的共用也带来一定程度的困扰。目前的这种共用，由于没有严格的限定，很容易引起一种麻烦。比如用楷书风格书写小篆状的字形，是称为楷书还是小篆呢？对于字形、字体名称的共用，在阅读的时候必须有明晰的判断[85]。

针对上面的情况，为了便于统一，字体名称上是在现有的名称上有意增加了"体"字，以建立一种共同性。当然，这仅是一种权宜之计，对于字体的名称，需要学界的进一步研究。

（二）几大代表性字体的视觉特征

这五个代表性字体中除了篆文体，其他的书写性都非常明确。篆文体理论上是画字性质的，早期以仿形为主，倾向于非常规书写类，不过后期受书写顺序常规化的影响，同样讲究书写顺序，也常被归为常规书写类。这里为方便比较分析，把篆文体也套入常规书写类的视觉特征分析项目，以更清晰地明确它们之间的特征差异。不过，在对于这些字体视觉特征的考察中，偏向主观的书者情感方面的分析都略去了。详见下表。

项目	字体 / 分类	篆文体	隶书体	草书体	行书体	楷书体
点画形态	笔式	无明显起笔、行笔和收笔讲究。行笔中缺乏向背、曲直等搭配意识。	有明显运笔过程。行笔中有向背、曲直等搭配意识。	有明显运笔过程。书写迅疾，行笔中高度强调向背、曲直等搭配应用。	有明显运笔过程。书写速度介于草书体和楷书体之间；行笔中强调向背、曲直等搭配应用。	有明显运笔过程。行笔中强调向背、曲直等搭配应用。

85.不少学者采用"形体"这个概念，可是对字形与字体的这种关系往往不加辨识，致使字形和字体的研究混在一起。

项目	字体/分类	篆文体	隶书体	草书体	行书体	楷书体
点画形态	笔态	后期线条出现平直化。一类匀称化，有工整性讲究；一类粗细变化更强烈。	首次出现真正的点。静态的笔画能清晰地看到头、中段、尾等组成部分；其中笔画以波挑为最主要特点，出现燕尾式收笔。	形成一套独特的线条形态。"忌横直分明"[86]，以曲线为主，强调一笔书，笔画少有抬笔和落笔处，以线条流畅著称。	宋代以前，主要参照隶书体的特征，以转笔为基础。从宋代开始，受楷书体影响，以提按为基础。笔画虽然也有直有弧，但以弧为主，多圆角，且有一定程度的牵连。	对隶书体笔画进行了改造，运笔有提按变化。笔画出锋，有典型的"三过折"特点。"右肩上耸"[87]，笔画直中带弧，但以直为主，多方角。此外，点画形态进一步丰富化，如为适应不同方位而出现的侧点、竖点、平点。
	转折	圆转	方折	圆转	圆转、方折混用	方折
	行气	无行气讲究，不注重书写顺序。	有行气讲究，但没有达到完美程度，注意书写顺序。	强调行气，有些字体甚至把点画间衔接轨迹书写出来，高度讲究书写顺序。	强调行气，顺畅度介于楷书和草书之间，讲究书写顺序。	有行气讲究，讲究书写顺序。
结体	构件布局	一字多种方位设置，构件罗列式摆布，避让、穿插意识不强。	布局规则化，有"展促之势"[88]。应用避让、交错等技法。	布局规格化，形成一套独特构件布局方式。	布局规则化。	布局规则化，讲究避让、交错、穿插等技法应用。
整字	定形技巧	一类为外轮廓自由式，一类呈长形；中宫以内缩为主。	外轮廓扁或方[89]，中宫以外扩为主。	外轮廓方或自由式。	外轮廓以方为主。	外轮廓以方为主，中宫正常或内缩。
	字势	呈纵势，线条间不讲究行气脉线。	呈横势，线条间有一定行气脉线。	线条间强调行气脉线。	线条间不讲究行气脉线。	呈方势，线条间讲究行气脉线。
	字意	自由或内敛	奔放	自由	自由	内敛

86. 这句虽然是在讲草书书写时的注意事项，但非常明确地点明了草书笔画基本形态特点。出自盛熙明《法书考》，载《书学集成 元～明》，河北美术出版社，2002年，第37页。

87. 西川宁先生认为受"三过折"笔势牵引，必然出现笔画右肩上耸的结果。见［日］西川宁著，姚宇亮译《西域出土晋代墨迹的书法史研究》，人民美术出版社，2015年，第264页。

88. 宋米芾认为"篆籀各随字形大小，故知百物之状，活动圆备，各各自足"，而"隶乃始有展促之势，而三代法亡矣"。[见米芾《海岳名言》，载《古今书体汇编》一（六艺之一录），浙江人民美术出版社，2017年，第3990页。]

89. 《法书本象》提到"隶有古扁圆方四种体"[见陈绎曾《法书本象》，载《古今书体汇编》一（六艺之一录），浙江人民美术出版社，2017年，第3993页]，从外轮廓讲，古应指古代的自由形，四种外轮廓为自由形、扁形、圆形、方形。

　　需要重申，由于篆文体处于字体发展的早期和字形的未成熟期，它的视觉特征其实是以字形特点为主的，属于字体自身的视觉特征并非"主角"。从表格中我们就能清晰感受到这些视觉特征分类的讲究，它基本不具备，更是鲜少涉及这些分类的进一步细节考察。

90. 邓散木《篆刻学》，上海人民美术出版社，2015 年，第 128 页。

　　下面我们对这五个字体的视觉特征进行一个大致的描述。

　　篆文体(图 2-4-1)。线条运行细节意识不强，没有后世真正意义上的头、中段、尾等笔态；转折以圆转为主，线条之间衔接关系不强烈，也缺乏向背、曲直等搭配意识，是种平面罗列式的摆布，整体以"圆"为主要特征。后世即便用书法方式归纳篆书笔画，也"仅得直画、横画、左弧、右弧及圆形四种"[90]。后期线条出现平直化。一类匀称化，有工整性讲究；一类粗细变化更强烈，不过同样没有后来笔画化的笔态讲究。

　　结体上，篆文体通常一字多种方位，构件以自由罗列式摆布为主。后期避让、穿插意识增强，出现依据构件在不同文字间所处位置的不同，构件大小、写法都有相应调整的现象，不过尚没有形成规则化。中宫以内缩为主。

　　整字上，篆文体通常呈纵势。自由式或偏长方轮廓。前期字形放松自由，后期略显拘谨和内敛。

 春秋　蔡侯申钟

 秦　泰山石刻

 清赵之谦　许氏说文叙

 当代　汉仪篆书繁

■ 图 2-4-1　篆书体

隶书体(图2-4-2)。线条有了明确的运行细节考虑,实现了笔画化,首次有真正意义的点。笔画有明显的运笔过程,但行笔均匀,没有着意的停顿。在静态的笔画中能清晰地看到头、中段、尾等组成部分;其中笔画以波挑[91]为最主要特点。毛笔笔性应用上在平动方式上有了一定程度的提按讲究,开始明显地发挥汉字书写在垂直方向,即Z轴上的特点;笔与笔之间有衔接关系,不过这种衔接往往结合末笔的上挑方式,在空中运动的笔势有一个逆向的圆转过程,左

■ 图2-4-2 隶书体

■ 图2-4-3 楷书体

右开张趋势高于上下连贯之势,不同于楷书、草书的覆势圆转过程;转折处笔画方向发生变化时,由折笔替代了篆文体的弧线,类似方框的形态出现。

隶书常被形容为蚕头燕尾。波磔为其主要笔画特点,具有一些典型的特征,比如"横波三折"。即写一捺时,开头要束得紧,颈部要提得起,捺处要铺得满,波尾要拓得开。一笔之中要有三个以上的起落转折。不过对这种笔画方式的应用,有严格的控制。"燕不双飞""蚕不二设"。前者指捺脚要避免重复,后者指横画并列时,不可有两个以上的蚕头出现。

结体上,隶书体以扁方为主要形态。笔画、构件之间的避让是常态。重心平稳。构件布局经常"左右分驰""八字分背"[92]。不过也正因为这个特点,隶书结体特别讲究点画拱揖。平画的出现也是这个缘故,它与波画完美配合。

整体上,隶书体前期字形奔放洒脱,呈横势,左右开张,轮廓以扁方为主。后期逐渐收敛,轮廓也多呈方形。气质上也对应着从前期的奔放到后期的相对内敛。

楷书体(图2-4-3),重视线条运行细节,实现了完备的笔画化。运笔有提按变化。起笔、收笔、弯折处动作集中,有明显的延缓甚至留驻、停顿。笔态清晰可见。有时候甚至要求笔画上笔笔顿挫,高度讲究提按的应用。强化汉字书写在Z轴上的特点,改掉影响书写效率的运笔动作。笔画有典型的"三过折"特点,通常直多于弧,多方角。其实楷书相对于隶书,笔画做了不少调整。一方面改造了笔画形态。如改横笔为收锋,不再上挑;改撇为尖斜向下;改慢弯为硬钩;并增加了斜钩(隶书用波磔)、挑(隶书是横画斜写)、折(隶书是横画与竖画的自然结合)等基本笔画[93]。另一方面进一步丰富了笔画形态。如为适应不同方位而出现了侧点、竖点、平点。这是篆书体和隶书体都没有的现象,楷书体笔画的个性特征得到强化。不容忽视的是,楷书笔画的这些调整,也使笔画在字形中的状态相应变化。如楷书中的长竖通常比长横长,而隶书则相反[94]。这也使楷书体所有笔画之间有明显衔接关系,一改隶书体横向较深的特点,整字气脉连绵贯通,不过通常是意到笔不到,看不到笔画牵连的表象。

91. 对于"波","简缘云:'波者,磔也。今谓之捺也。或曰微直曰磔,横过曰波。'"对于"挑","简缘云:'竖趯曰趯,横趯曰挑。'"出自《翰林要诀》,载《翰林要诀·衍极·法书考》,北京师范大学出版社,2016年,第25页。

92. 翁方纲认为"八字分背"是隶书的根本法则,即指隶书的笔画呈八字形左右分背。见翁方纲《八分考》(载《两汉金石记》附载)。

93. 李运富《汉字学新论》,北京师范大学出版社,2012年,第122页。

94. 王平、郭瑞《中国文字发展史·魏晋南北朝文字卷》,华东师范大学出版社,2014年,第89页。

95. 萧衍《草书状》，载《书学集成 汉～宋》，河北美术出版社，2002年，第64页。

96. 祝枝山《祝氏集略》，载《古今书体汇编》一（六艺之一录），浙江人民美术出版社，2017年，第4009页。

97. 皇象本《急就章》有些字使用了与八分相似的挑法。见裘锡圭《文字学概要》（修订本），商务印书馆，2013年，第93页。

结体上，楷书体以方形为主，内部匀称，重心平稳。基本笔画的完备使笔画之间的避让关系更缜密，比隶书体紧凑。楷书能演绎完美的字形结构法。

整体上，楷书体轮廓方正，呈方势，上下左右的走势均衡，气质上端庄内敛，含而不露。

草书体(章草) (图2-4-4)。笔画有清晰运笔过程，但横直不分明。转折应用了使转方式，笔画之间强化了衔接关系，并以这种衔接关系来布局笔画。笔画随着运笔的轻重起伏，变直为曲，比弧线更进一步，点画之间自然产生流动感。在今草和狂草中，书写时通常会带出"牵丝"或"游丝"，"纵横如结，联绵如绳"[95]，由此形成波形线、回环线、蛇形线、连绵线等不同线条形态。

结体上，相对隶书，常进行结构省减。不过以章草为代表的草书体，有一套严谨的结体规则，"一点一画皆有规矩"[96]，轻易不可变动。章草字字独立，外轮廓尚清晰，笔画之间的连贯偶带有一定程度的横势，这或许与早期草书采用类似八分的挑法有关[97]。而今草与狂草打破字与字之间的轮廓界限，上下牵丝映带，以纵势为主，并随势生形，通常以组的方式结体。

整体上，草书体轮廓自由，气质奔放。不过章草奔放中有规则法度，一种约束性的自由；而今草和狂草虽然也同样有规则限制，但更恣意纵横，无拘无束。

行书体(图2-4-5)。点画形态比较特殊。宋代以前，行书体主要参照隶书体的特征，以转笔为基础。而从宋代开始，受楷书体影响，以提按为基础，笔势、笔态出现了变化。为此行书体分楷前行书体和楷后行书体两种。不过这两种不同基础上的体势，都强调笔画之间的衔接，追求行气。笔画直弧配合，弧多于直，多圆角，笔画间有一定的牵连，但主要是一种"偶相引带"，轻微的牵连。这能有效地减少抬笔和落笔的麻烦，在实际书写中更为快捷方便。此外，行书体的横、竖、撇、捺等笔画，虽然都有明显的起笔、行笔、收笔的过程特征，但并没有使笔画的起、结落入刻板的程式化，影响行书方便快捷的特点，反而在收笔时常折笔出锋，增加一些小勾、挑，强化这种笔画间的牵连感。另外，相对楷书，常以点代撇、捺，甚至代口、日等构件，形成自身的一套笔画系统。

结体上比较自由。由于字形的笔画可多可少，因此往往一个字就有几种不同的写法，外轮廓也可以根据需要相应变动。不过行书体笔画的省并很有限，基本结构与隶书、楷书没有本质的差异，这使其文字无须经过专门的训练就能识读。此外，行书体比较宽松的规则给书写者留下了很大的抒发空间。可以通过相离、相就、相侵，起伏、乖离、错落、依倚、虚实、萦带等经营手段，来调整字各组成部分之间的相对位置、相对大小。

整体上，行书体是一种各方面中和的结果，能看到自由、奔放、拘谨、内敛等各种因素，气质中庸。

需要补充的是，这里所描述的五个字体的视觉特征，是一种概括式的描述，但它们在具体字体视觉特征分析时的作用不容忽视。如行书书写中，一个笔画在常规行书书写基础上，有意地更多应用提按，出现多次波磔，即是黄庭坚个性鲜明的多折式独特笔态；而在定形技巧上有意地上松下紧、上疏下密，即是李邕行书典型的结体特点。可见，代表性字体，代表着一种基本视觉特征，它是字体视觉特征分析的基础参照，其实也常是书写者个性特征形成的起点所在。

吴皇象　急就章　　隋智永　真草千字文　　宋岳飞　悼古战场　　明王应华　千字文

■ 图2-4-4　草书体

汉钟繇　得长风帖　　晋王献之　授衣帖　　唐唐太宗　淳化阁帖　　宋米芾　苕溪诗帖

■ 图2-4-5　行书体

第三章

基于历代形体关系认识变迁的

字体应用

基于历代形体关系认识变迁的字体应用

一 概述

字体的应用是字体功能的应用,而字体功能的开发,又常需要字体应用的进一步推动,由此形成了字体应用和字体功能开发互惠互进模式。

具体运行中,这个模式还有几个不能忽视的要素——所依托基本形、应用需求,以及书写工具、载体、参与群体等体相关因素。

所依托基本形:其所打好的"基础"和所具备的应用潜力,是字体功能开发的重要源泉。

应用需求:是字体应用的具体呈现和字体功能开发的驱动力,也是字体应用多样化、字体功能百花齐放的根源。

体相关因素:是字体应用和字体功能开发的局限所在,也是突破所在。

它们共同构成了完整的字体应用框架。字体也是在这个框架中,实现了对原有应用功能的突破,出现了逾用,使字体的应用呈原用和逾用两种状态。

当然,字体应用运行的模式、应用的状态,同样与历代形体关系认识的变迁密切关联。形体关系中一些关键点的认识,与字体应用存在明确的对应关系。如体的功能认识从无意识到有意识的变化,才是字体基本职能真正有意识发挥作用的开始。没有这种意识,应用模式的形成、字体超越基本职能的应用都无从谈及。

1. 曹锦炎《鸟虫书通考》（增订版），上海书画出版社，1999年，第1页。

2. 王褒《京师突厥寺碑》提到"夫六合之内，存乎方册；四天之下，闻诸象教"。（见《全上古三代秦汉三国六朝文》，河北教育出版社，1997年，第九册，第177页。）另范晔《后汉书》也有提及（中华书局，1987年，第10册，第2922页）。

二 历代形体关系认识变迁对字体应用的影响

在历代形体关系认识变迁中，体功能的认识是一个逐渐深化的过程，由此，字体的应用也相应地呈阶段性特点。此外，这种体功能认识逐渐深化的过程，也使字体在应用实践中，逐渐明确自身所"承担"的"身份"，从而明确了相应的应用定位，在应用过程中不断调整，促使自身应用特色形成。

（一）应用身份的确定和自身特色的重视

字体对自身应用身份的认识有一个试探的过程。春秋时期，字体在一些载体中就承担了应用主角。如齐国差坫，素面，除了文字，没有其他图形或图像纹饰。（图3-2-1）文字成为装饰要素——此时汉字不仅是纯粹记录语言的符号，而且是兼具装饰作用的艺术品[1]。此后的钱币文字、封泥文字，尤其是极度优美的中山王三器铭文字体、诡异神秘鸟虫书字体的出现，字体更是在一定程度上替代纹饰，成为装饰主角。不过，纹饰、图像存在文字难以替代的功能。比如佛教初入中国有"像教"之称[2]，大幅度借助图像进行传播。在民间，尤其是一些民俗活动，图像的影响力往往更大。魏晋南北朝时期所

齐国差坫

■ 图3-2-1 齐国差坫，文字成为装饰的主角

谓的百体及明清时大兴的吉祥文字,其实大部分是图像性质的字体,它们即是对图像功能的一种肯定。于是,在碰撞、竞争中,文字、纹饰、图像彼此逐渐明确自身的应用特点和可能性,区别又互补成为彼此通用的应用设计定位。字体应用中也因此呈现以下几个特点:

(1)重视字体各种特有可能性应用潜力的开发。

(2)重视字体各种特有可能性功能的发挥。

前者促使字体重视基本形潜力、体相关因素潜力,乃至应用需求带来的可能性潜力。后者促使字体在具体应用时,重视其他类似应用,尤其是前文提及的同属视觉领域的纹饰、图像功能的区别和互补,有意强化一些功能的发挥,开发了基本形特有的加工方式,出现了大量超越本职功能的应用现象,形成自身的应用特色。

(二)应用的阶段性特点

历代形体关系认识变迁的阶段性,带来字体应用相应的阶段性特点。结合历代形体关系认识变迁具体情况,字体应用的几个阶段可以大致对应如下。

商至西周:

(1)体应用的美感意识初步呈现,相应应用意识萌发。

(2)对形体在规范文字中的配合性有一定的认识,形体配合的基本职能应用意识萌发。

此时文字被认为具有通神功能,拥有神秘力量。不过这种神秘力量更多是文字诞生时所附带的能量,严格来说,并非体有意识的一种应用能力开发,因此此阶段字体应用中所存在的神秘力量发挥,只能说是一种无意识的。

春秋战国:

(1)对形体在规范文字中的配合性有明确的认识。

(2)体的美感意识主动化,体美感呈现和情感表达功能应用主动化。

(3)与应用相配合的字体,其开发意识出现。对基本形篆文的开发潜力有初步认识。字体应用的基本模式初见端倪。

(4)参与群体、载体、书写工具三个体相关因素的重要性开始呈现,其中参与群体中的低层官吏首次发挥了重要的作用。载体呈现了其限制和潜力,而对毛笔重要性的认识,带来了对其形制优化的高度热情。

3.汉字的识读是形与体共同承担的"责任",形的主要责任是构造原理层面,体的主要责任是明确外形态层面,因此形是识读的关键,而体是重要的辅助。

4.汉字与汉语的配合,其中非常关键的一点是通过形的不同,能完美解决汉语因以单音节为主而同音字众多的问题,使发音完全相同的众多字,可以通过字形得以区别,不会造成混乱。也就是说字形在与汉语配合的过程中,非常重视每个个体之间的差异化。

此时体所具备的神秘力量被一定程度应用,出现了明确的超越本职功能的应用。如有不少学者认为鸟虫书的开发和应用与南方地区,尤其是楚的巫文化有重要关联。可惜这种神秘力量的应用,常被字体本身掩盖了。

秦至南北朝:

(1)应用需求与字体功能开发的关系都被充分认识,字体应用模式形成。

(2)基本形作用被高度认识,大幅度增强了基本形潜力开发意识及形体配合意识。此时多体并存成为常态。

(3)逾用开始大量出现。其中民间文字,相对文人群体,对字体应用能力的发挥更早显现。

(4)参与群体明确分流。不同体的地位也从汉的相对平等,至魏晋出现一定程度等级化。

其间形体的配合开发、代表性形体的相应成熟及体的应用方向试探乃至明确化,都呈明显的阶段性特点。

唐以后:

(1)基本形潜力被高度认识,甚至出现无明确应用需求的基本形应用潜力开发。

(2)书写工具和载体固定化。在民国之前,它们的潜力开发始终是字体应用开发的重点。

(3)字体以民间和文人两种形式发挥逾用功能,泾渭分明。

当然,以上只是一种大致的阶段性发展状态描写,其间具体的细化发展需要更深入地考察。

三 基本形所打好的"基础"

基本形与字体的关系,使基本形的发展状态,对字体的发展非常重要。基本形是字体应用的基础,也是字体应用的基本保障。

(一)识读

基本形是字体识读的基础。在主动追求某种风格时,字体能"毫无顾忌"地赋予某个字形某种风格,而不用"担心"它的识别度,其"信心"即来源于基本形本身所具备的识别度[3]。事实上,基本形也明确地担起了其中的责任,在发展的过程中通过各种方式，或是自我优化，或是借助他力，一步步地完善各种字形规则[4]，实现了字形的符号化、系统化和规范化。

基本形的这些"努力"[5]，可以表示如下：

  （1）简约思维常态化；

  （2）构件类化；

  （3）明确成形范式；

  （4）构件布局规则化[6]；

  （5）外轮廓规整化；

  （6）注重线条细节。

简约思维的常态化是期望用最精简的形，表现最多的义。其中也包含简约规则。如三表示多的规则[7]（图3-3-1），兽类二足鸟类一足的规则[8]。这种思维能有效地控制整个字形系统的繁杂度，尤其是每个常用字所用线条的数量之间的比例保持适中状态[9]，对识读帮助很大。

构件类化，着眼整体，能轻松建立不同字形之间的联系，而且是一种直观的联系，能有效地提高文字识读效率。这种方式常对构件形态进行重新归纳整理，实际上是一次次构件重新塑造的过程。它从整体上为构件构建了系统，避免混同，明确差别，往往能带来字形规则化、系统化的一次次飞跃。这

5.汉字识别度的成果有个有意思的例证。20世纪80年代《读卖新闻》刊登了当时国立博物馆长、日本大学者梅棹忠夫的废除汉字言论，结果遭到出租车行业工人的一致反对。其原因是汉字地名往往一目了然，如果换成罗曼式假名，不仅会多出几个字，而且不念到最后一个字母往往不知道是哪里，反应速度大打折扣，交通事故必将多发。

6.这里值得一提的是，汉字构件布局由局限性很大的场景图示法变为高度灵活的罗列式组合法（详见拙作《汉字字形学新论》，重庆大学出版社，2019年，第133页），不但影响了构件布局的一系列后续进程，甚至影响了汉字字形的整个外形态面貌。

7.关于"三就是多"的详细论述见拙作《汉字字形学新论》，重庆大学出版社，2019年，第117—119页。

8.现实中兽类为四足，鸟类为两足。

9.这或许也是有些字在演变过程中能大胆繁化的"底气"所在。

马	首	止
休盘	前 6.7.1	合 20221
周中	一期	一期

■ 图3-3-1　昭陵六骏（拍自陕西碑林的复制品）的马鬃数量都是"三"，早期马的鬃毛、首的头发、止的脚趾数量也都用三表示。

10.值得注意的是构件的表音功能在其中所起的作用，万业馨先生认为："形声字虽然是双部件字，但由于其中一个部件是有明确表音功能的音符而更有利于字形识别。"见其《从汉字识别谈汉字与汉字认知的综合研究》，《语言教学与研究》2003 年第 2 期。

11.值得一提的是，除了完全为快捷书写而产生的隶变外，还因汉字发展过程中存在构件类化、构件混同、形变等演变趋势，产生如赵平安先生所说的与表音、表义有关的隶变，包括省形、省声、换形、换声、增形、繁声，把表意部分改成音符，把象形部分改成表意偏旁。详见赵平安《"隶变"问题讨论（下）》，《历史教学》1992 年第 9 期。

为字体面对数量如此众多的不同形态时，能轻易把某类风格推而广之，提供了良好的条件。当然更重要的是，构件类化结合形声方式的大量应用，可以实现字形的识别脱离取形物象的束缚，使字形的识读通过构件本身功能（作为音符或意符）[10]，而非依靠字形与取形物象的相像，这是字形识读方式的一次重大的变化。这同时也为字形进一步改造奠定了重要基础，构件形态可以根据快捷书写进行相应改造，隶变得以产生[11]，使字形步入书写性简化时代，又进一步提高了字形识别度。

明确成形范式、构件布局规则化、外轮廓规整化都与构件类化有着同样的作用，并在此基础上，进一步加强和巩固这种字形之间的联系和系统化。成形范式不但加速了构件的类化，同时使类化的构件，成为一种"模件"，可以与不同构件组合形成新字，识字难度大大降低。构件布局规则化则使类化的构件更显规范性。比如小篆的规范打破了甲骨文、金文的一字多种方位的状态，一字只剩一种方位，对减轻识字负担很有帮助。此外，构

■ 图 3-3-2 禽簋上的"禽"字上下两部分分得很开，容易误为两个字。

件规则化结合构件类化和成形范式,也能降低字形记忆难度,使掌握文字的难度降低。

外轮廓规整化[12]可以使字形边界更清晰。铭文的一些字形,比如禽簋上的"禽"字上下两部分分得很开,非常容易看成两个字。(图3-3-2)单字轮廓清晰的,就不会发生这种现象了。轮廓规整了也可以使篇章布局更清爽,字形秩序感更好,识读时的视觉顺畅性更高。

以上的几点虽然加强了字形间的联系,也使字形变得有序,呈现系统化。不过它也使字形更为趋同,字形差异减少,出现了大量的雷同现象。有时候反而容易产生误读现象,因此"注重线条细节"成为一种解决手段。这里的线条细节一方面指线条之间的共性统一,如隶书挑法的统一;一方面指线条之间的区别特征,主要指组合方式的微妙差别,如线条的出头与否,相连、相交还是平行、断开等设置[13]。在类似的字形间,通过这些线条的不同设置强调区别性特征,以便快速认知字形间的差异。

值得一提的是,基本形这六点努力,其实是建立在原初字形基础上的进一步优化。也就是说基本形最初的字形形态选择,起了至关重要的作用。它不仅是识读进一步优化的基础,也是后续所有相关发展的基础。对字体而言,这种字形最初形态当然也是不可或缺的。就目前所见的最早成熟文字甲骨文、金文而言,汉字字体是幸运的——先民已经选择了一个具有先天美感和具有巨大的进一步开发潜力的字形形态。如天然的直线、曲线搭配,文字之间存在共性又有变化的形态[14]。

(二)书写

通常认为字是写出来的,其实不完全对。当代数字技术使字可以直接成形,而古代有些字体如民间字体是摆出来的。此外,早期文字的仿形特点,也使它更多是"画"出来的[15],并非"写"出来的[16]。这即是前文提及的字形成形方式差异,它直接促进了汉字字体书写类与非书写类两类字体的形成,也促进了汉字应用的多元化发展。

从"画"字转为"写"字的"任务"出发,基本形做出了几个极为重要的书写性探索:

12. 需要注意,我们常说的外轮廓方块化是多方面共同作用形成的,采用不同的线条方式是其中常被忽略的关键因素。详见拙作《汉字字形学新论》,重庆大学出版社,2019年,第217页。

13. 这种方式相对早期如"比""从"等靠字形上人手的上折和下肢的弯曲等特征来区别(见刘钊《古文字构形学》,福建人民出版社,2011年,第152页)要有效和方便得多,也为字形被赋予某种风格提供了极大的方便。

14. 相对同是古文字的古埃及文字和楔形文字而言,古汉字在这方面优势明显,笔者将在另一个课题中详细论述。

15. 后期也有些字形是画出来的,如摹印。有些学者在对其定义中就直接描述为画出来的。如唐兰先生认为摹印就是印的大小、文字的多少、笔画的繁简、位置的疏密,用规摹的方法画出来的。见唐兰《中国文字学》,上海古籍出版社,1979年,第159页。

16. 关于"画"字与"写"字的不同,详见拙作《汉字字形学新论》,重庆大学出版社,2019年,第23页。

17. 多数学者把书写顺序称为"笔顺"。不少学者对其原则做过研究，如张天弓先生提出三个原则，即右手执笔书写的便捷、思维逻辑的次序、视觉审美的规律。见张天弓《"右手执笔"与书法"笔势"》，《书法研究》2017 年第 2 期。

18. 有学者认为文字在书写实用过程中首先形成了书体，然后在被认同前提下，经过结构整合、形态规范，才被约定（规定）为字体。（详见秋子《中国上古书法史：魏晋以前书法文化哲学研究》，商务印书馆，2000 年，第 5 页。）这是对体在已经明显受到重视后的书体、字体关系的一种描述。其实体与体是同一个事物的两面，有形必有体，只是对此有没有关注而已。

19. 周有光先生把笔画化定义为从任意的线条曲折变成有规范的线条格式（周有光《比较文字学初探》，语文出版社，1998 年，第 18 页），强调的即是笔画化后线条从无序到有序的规范，而这无论是对字形识读还是字形书写都有重要的帮助，对书写规则建立和艺术化极为重要。

（1）去象形性，由线条化转向笔画化；

（2）书写工具多元与独尊；

（3）书写顺序[17] 生理化；

（4）依书写而关注体[18]。

基本形首先实现的是挣脱具体取形对象的束缚，对线条运行路线的把控意识逐渐增强，仿形特征一步步减弱，直至基本成为一种纯粹的符号。在线条层面表现为从有一定程度仿形的线条，到倾向于符号性的线条，再到归纳成有限的几个笔画。它是构造单位形态的一次变更。这个过程通常称为线条化和笔画化[19]。其中笔画化尤其重要，其线条运行细节把控意识的介入，使每个线条在常规书写过程中，就常具备粗细、方向、力度等方面的变化。且这种变化是可操作的，它是字体应用走出独特方向——书写实现艺术化的物质基础之一。

从多种书写工具并存到一种工具独尊，促进了对毛笔形制的不断改进和潜能的不断开发。毛笔成为后来书写技法的物质基础，盖过所有的书写工具，

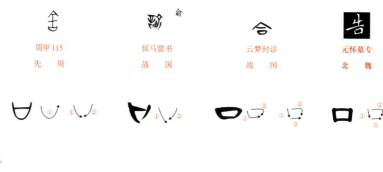

周甲 115　　　　侯马盟书　　　　云梦封诊　　　　元怀墓专
先　周　　　　战　国　　　　战　国　　　　北　魏

■ 图 3-3-3　书写顺序的生理化发展。"口"的字形演变呈现了书写顺序的生理化发展，"至"的字形演变呈现了书写顺序生理发展带来的字形结构变化。

云梦日甲　　　　马王堆帛书　　　　司马显姿墓志
战　国　　　　西　汉　　　　北　魏

■ 图 3-3-4　"右"字依书写顺畅需求的"逆理据"调整（右页图）。

奠定了后来字体主线发展的书写工具选择。其中常被忽略的是毛笔带来的特有书写线条形态，直接介入了对线条运行细节的把控，不但奠定了汉字字体最重要的基本形态，“笔软则奇怪生焉”，其所具备的对线条运行细节可操作性的粗细变化、方圆变化、顺涩变化，更是汉字字体开发的原点之一，对此后文有详细论述。

书写顺序生理化的发展则是一个转折点[20]，是对最适合线条运行路线把控的直接体现(图3–3–3)，舒畅书写成为一种必然追求[21]，书写生理需求被提上日程。理论上无论哪个字都是按照某种运行路线书写的，都有书写顺序，但是它与生理性的书写顺序有一个本质的区别：以字形为本，还是以人的书写生理特点为本[22]。这决定了是字形“服从”于书写，还是书写“服从”于字形的巨大差别。

以字形为本的，书写顺序依据字形而定，经常调整书写顺序，以便适应不同的字形特点，书写顺序是无序的。书写顺序以人的生理特点为本的，字形是“顺从”于书写顺序的，书写顺序是有序的。常因生理需求而调整，出现字形线条、结构等方面的改变，如分解长线条[23]，合理化一个字形里的长短线“配比”[24]，抑左扬右字形结体方式的强化[25]，等等。

汉字的演变过程，正是从以字形为本到以书写需求为本的转化过程。在推进过程中，书写需求在有些阶段，甚至盖过识别度需求，出现了字形理据让位于书写需求的现象[26]。比如“右”字(图3–3–4)。原来与“左”对应表“右

粹1113　一期　　山西洪赵　西周　　吴王光钟　春秋　　曾侯墓简　战国　　**说文**　　**马王堆帛书**

东库盉　战国　　**曹全碑**

20. 汉字书写顺序的重要性不仅在于它本身对字形书写具有重要影响，更不容忽视的是它结合书写工具性能、文化对汉字发展的巨大影响，使汉字从字体风格追求上真正地与其他文字体系区别开来。

21. 当然，后来也出现有意的逆生理书写，如何绍基先生“练就”的独特“回腕高悬”执笔方法。何先生自己形容：“通身力到，方能成字，行不及半，汗浃衣襦。”可见其书写顺序不是一种符合生理特点的舒适顺畅书写。

22. 平其凡先生也从右手生理机制出发，总结出作用于书写的“右手臂各部位协调一致的最佳运动状态”的运动方向。详见平其凡《右执笔的书写原理与笔势》，《新美术》2000年第4期。

23. 使字形不会出现如同小篆字形连续几折的长线条，除个别字形，同一线条基本保留一个弯折，这对书写的顺畅至关重要。

24. 除了线条直化，学者也提到“改断为连”“改连为断”“短笔改点”。见吴白匋《从出土秦简帛书看秦汉早期隶书》，《文物》1978年第2期。

25. 左紧右松既符合书写惯性，也符合视觉特点，是书写生理性追求的结果。当然，后来的“斜画紧结”等字形特征的形成，也应与这种生理性有密切关联。

26. 需要注意，这种符合生理顺畅的需求，一方面是一种符合生理性的广义上的统一，书写时并非每个人都会绝对一致（详见拙作《汉字字形学新论》，重庆大学出版社，2019年，第50页）。另一方面，在后来的书写艺术化

阶段，有时候会有意地插入某个不很顺畅的书写走向，以追求书写的戏剧性、新奇之美，制造某种"矛盾冲突"，如《自叙帖》中"成"字顺势流畅中忽然出现一个"反向"用笔。

27. 不过基本形并非"毫无准备"，其实早期字形形声造字法"分量"的增多，构件类化、趋同等都为构件可以无须考虑象形不象形，直接大跨度地书写性简化创造了基本条件。

28. 即造字观念上冲破取形物象的束缚。详见拙作《汉字字形学新论》重庆大学出版社，2019年，第26页。

29. 陈梦家《中国文字学》，中华书局，2011年，第98页。

30. 华人德《分析〈郑长猷造像记〉的刊刻以及北魏龙门造像记的先书后刻问题》，载华人德《华人德书学文集》，荣宝斋出版社，2008年，第89页。

31. 见[日]藤枝晃《汉字的文化史》，新星出版社，2005年，第126页。

手"的构件方向设计，调整为与"左"相同的方向。无视原有构造理据，但却顺应了书写生理特点[27]。正是在这种设计思想下，原来的取形依托现实对象特征等造字规则出现了变革[28]。由此，字形的线条获得了真正的解放，为书写追求艺术性及更高层次的心理追求奠定了基础，汉字应用也由此进入了新的时代。

（三）流水作业

我们发现从甲骨文起，汉字字形就存在"流水线作业"的"基因"。学者对此有过精彩的论述，以陈梦家、华人德、藤枝晃三位学者的研究为例：

陈梦家《中国文字学》："有些甲骨刻了直画而缺刻横画的，可知古人有时先把整章的直画刻完，再刻整章的横画，并非一字一刻。"[29]

华人德《分析〈郑长猷造像记〉的刊刻以及北魏龙门造像记的先书后刻问题》："一般是依照书丹好的字，按每一字中相同方向笔画一起刻成，然后再刻其他相同方向的笔画。如先将某一字的所有横画刻好，再刻所有的竖画以及撇捺，而不是按每一个字的书写笔画顺利来刻。"[30]

藤枝晃《汉字的文化史》："第一位匠人先只刻竖线，第二位匠人只刻横线，第三位只刻横线尾部的三角等点画，第四位只刻曲线。横格竖格都完成后，再进行底部清理，最后由师傅进行全面加工、修整。"[31]

■ 图3-3-5　汉字字库字体设计时所设计的笔画样式规范

三位学者都论述了汉字字形流水线作业的状态。这种"流水性"基因展现了汉字笔画、构件和整字三方面的高度系统性,汉字形态"简单",容易操作。对于体来说,这种简便带来很多优势。一方面,风格赋予"省力"且方便。某种风格要推广至所有汉字变得相对容易。当代汉字字库字体设计,通常先对一些基本笔画进行某种风格化尝试,进而直接推广至所有的汉字(图3-3-5),而其他文字如"平假名和片假名各个文字间没有相同的元素","不可能像汉字那样,把笔画拼贴上去就能完成一个字"。[32] 另一方面,字体特征化变得容易。如汉隶,可以认为是借助之前相关字体尝试所具备的笔画、结体典型特征,程序化而来的。

这种"流水性"基因也带来汉字字体装饰应用的一些特点。比如中国古代书籍正文没有出现过如同欧洲书籍正文中某个字母(通常是段落首个字母)单独华丽装饰的现象。即便是书籍封面需要对几个文字进行装饰,也通常是统一装饰的。当然,字体对这种系统性也并非没有"微词"。比如这种系统性很容易带来一种应用的僵化。馆阁体、台阁体被诟病,古代活字的不兴盛[33],也可以说是对这种流水性作业方式的一种反动和抗争。

(四)定形技巧

汉字演变过程中,字形形成了一些定形技巧。有了体的概念后,这些定形技巧被字体通用,并进一步优化完善,在"体"的风格追求中起重要的作用。

定形技巧有广义的和狭义的。广义的把形和体的所有有关定形技巧都涵盖在内,而狭义的主要指基本形的三个定形技巧,即重心、中宫和比例。[34]这三个定形技巧决定了文字的基本面貌。比如通过中宫的不同设置,可以决定一个字体的气质是内敛还是外张。后世的不少书论中都蕴含着这些技巧的应用。如"作字所最忌者,位置等匀"[35]"点画编次,无使平齐"。[36]此外,定形技巧对文字识别也有影响。如中宫内缩或外扩,识别度差异很大。中宫内缩的字形,往往因笔画相对内聚,整个字形挤在中间,识别度劣于中宫外扩的。中宫外扩形态,如果结合笔画起伏较小的字体,如黑体[37],这种识别度

32. 转引自[日]雪朱里著,日本Graphic社编辑部编,陈嵘译《文字部:字体设计的这些与那些!》,东方出版社,2021年,第14页。

33. 对于古代活字印刷不兴盛原委的探讨详见拙作《中国古代活字印刷"边缘化"原因新探》,《湖北美术学院学报》2018年第3期。

34. 对于定形技巧的详细论述见拙作《汉字字形学新论》,重庆大学出版社,2019年,第149—161页。

35. 董其昌《画禅室随笔》,载《书学集成　元~明》,河北美术出版社,2002年,第561页。

36. 潘之淙《书法离钩》,载《书学集成　元~明》,河北美术出版社,2002年,第642页。

37. 这种没有大起伏的笔画在照明不佳或远距离情况下,它的模糊是整体的模糊,所残留的线条轨迹比有大起伏线条所形成的点状式线条轨迹识别度更高。

会更高。这也是中宫外扩的黑体,其识别度往往优于其他字体的原因所在(图3-3-6)。

鉴于基本形打好的这些基础,为了更好地应用这些成果,历代都极为重视基本形的规范。不曾中断的正字活动即是其中的代表。当然,书法领域历代对《草书诀》的不断修正也可以认为是对基本形的重视。近代于右任先生《标准草书千字文》的问世,其目的即是避免草书基本字形的无序,致力于草书基本形的标准化。

四　各种应用潜力的开发

字体应用是字体各方面潜力的发挥,根据字体应用的关联因素,最重要的有三方面潜力的开发。一为所依托基本形潜力的开发,二为如参与群体、载体等体相关因素的潜力开发,三为历代各种应用需求带来的无形潜力开发。

■ 图3-3-6　几种中宫方式不同的字库字体,视觉层面给人的大小感受不一

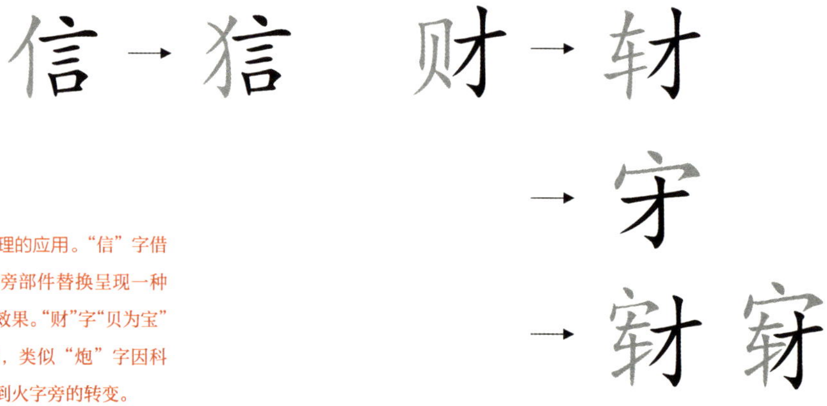

微软雅黑中宫很大,因此同等字号下,比其他黑体视觉上显得大。

汉仪大黑体中宫正常,同等字号下,视觉上比微软雅黑显得小。

汉仪细圆体中宫很大,因此同等字号下,比其他黑体视觉上显得大。

汉仪细等线体中宫正常,同等字号下,视觉上比微软雅黑显得小。

信 → 狷　　财 → 轩

→ 守

→ 轩 窜

■ 图3-4-1　汉字构造原理的应用。"信"字借助汉字构形原理,单人旁部件替换呈现一种"人言为信"丢失的讽刺效果。"财"字"贝为宝"到"有车有房"的改变,类似"炮"字因科技发展,从原来石字旁到火字旁的转变。

（一）基本形潜力的开发

字形是字体的依托，因此基本形所具备的应用潜力，常可以直接被体"拿来"用，成为字体应用开发的主要源泉之一。基本形的应用潜力主要来自两个层面：字形构造层面和字形造型层面。

先看字形构造层面。

汉字字形构造最典型的特点是表意性的存在。汉字的义，常有可延展的特点。"文义不专属一物，而字形则画一物。"[38] 如"虎"字，字形是虎的外形勾勒，但字义上指称一切的虎，不分南北、公母、大小，并非简单的物象对物象。此外，还包含虎所具有的威严、庄重、好斗、凶残、惊恐等特性。这是汉字构义的特质所在。它使汉字的义，既有纯粹的本义存在，又常具有可塑性——除了本身固有形象，还可以进行意象性的联想。如"王"的"天地人""一贯三为王"就是儒家文化介入后的解读。通过结合结构，还可以对字义进行更丰富的再开发。如甲金文时代，"逐"字就通过追鹿、追牛等不同形象，表示不同字义。"沉"字也通过沉入牛、羊、玉等不同动物或物体，来展现其中的意义差别。而隶变后的字形，这个"功能"依然存在。比如"人言为信"的"信"字，可以把单人旁构件调为反犬旁，表示动物更为可信，构成新的字义（图3-4-1）。后世双喜字的出现，即是这种字义（喜的叠加）结合结构（结构上添加一个喜）的手法。

体可以直接应用字形本有的表意性，也可以借助相应的设计处理，使这种表意性外化、进一步深化，或产生新的联想。前者如自古即存在的吉祥文字应用。它是一种典型的字形本有字义的灵活应用。先民们巧妙地借助一个字形无论其呈现什么样的形态，其字形本有字义是不会随意变动的特性，灵活地在不同时代根据应用需求"无所顾忌"地改变其字形的颜色、造型、成形方式、应用载体。常见的"福""吉"等字即是其中的代表，这种现象也成为汉字字体应用的一大特色。

后者如民间常见的某类文字解读。以南北朝时期陈朝宣帝所铸的太货六铢为例。该钱币上的字体优美，被认为是南朝最精美的钱币。可惜，"六"字（图）非常类似一个叉腰站立的人，加上"太"（图）、"铢"（图）两个字的点很多，类似眼泪，形似一个人叉着腰哭的场景。于是，该钱币发布后被民间

38. 出自清代学者陈澧《东塾读书记》，转引自《沈兼士学术论文集》，中华书局，1986 年版，第 23 页。

戏称为"叉腰哭天子",成为不祥的预兆。(图3-4-2)(历史中宣帝铸太货六铢不出十年,其子就变成了亡国之君。当然,其根本原因是铸行此钱时,陈朝处于经济凋敝、政治腐败的时期,而且此钱本身造价过高)中国钱币发展史上类似的这种解读很多。三国时期所铸的太平百钱,"太"字的"大",有的写得像帐篷,被称为"篷篷太平";"百"字的上部横线,有的两头翘起,被称为"鹿角太平"。当代字体设计存在类似应用。比如"周大福"和"周生生"中"周"字中间的"土"形设计。前者上下两横保持规范字形的上短下长形态,依然是"土"形(周土);而后者有意改变上下两横的长度,变为上长下短,"土"变成了"士"(周士)。两个标志字形实际上因"土"和"士"的差别而形成不同的品牌调性感受,设计微妙而意义深刻。

■ 图3-4-2 左为"太货六铢"钱,右为公式女钱

　　字形造型层面的应用潜力更不容小觑，它展现了相对构造层面更多的可能性。清代王筠高度肯定了造型层面的这种潜力，认为是"六书之外"的一种"文饰"[39]。字体"觉醒"后也是对这种潜力的"发现"和开发，大幅度扩展了字体的应用可能性。

　　造型层面的潜力，有两个角度值得关注。一个是相对其他文字体系，汉字造型特色带来的字体应用潜力；一个是从汉字自身出发，不同特点字体，开发潜力差异不小。

　　先看相对其他文字体系，汉字造型特色的潜力。

　　其一，线条丰富，可塑性强。

　　首先，线条本身具有天然的美感。所选择线条之间的曲直搭配，即"点画有纵横曲直之殊"[40]，具有天然美感优势。相对楔形文字的单调，古埃及文字的太复杂，古代汉字的适中具有不容忽视的美感优势及美感开发潜力。

　　其次，线条继续加工的可能性很高。除了工整化、几何化等修饰，还可以在书写过程中，根据书写动作、书写力度、书写速度等，对线条运行细节进行动态式的把控，形成丰富而细腻的变化。换言之，字形的线条是可以灵活设计的。如对线条粗细的不同设置，带来对应字体的不同感受。古代有些铜币因线条特殊，而被直接当作某种有神圣力量的物品。王莽时期的"布泉"，其义字形线条壮实，加上钱币本身直径比较大，被称为"男钱"或"宜男钱"，相传孕妇佩戴可生男儿。至唐代，段成式的诗中还有"私带男钱压鬂低"的诗句。与之相对应，梁武帝时铸造的无边廓五铢钱，轻薄小型，字形线条瘦弱，被称为"公式女钱"（图3-4-2），相传孕妇佩戴可育女孩。再如笔画有意地同化，或个性化处理，形成某种特殊风格的字体形态。前者如"梁宫"瓦当[41]。为了达到横向线条类化所形成的节奏感，"梁"字没有少费功夫，大胆且巧妙。（图3-4-3）后者如唐代颜真卿作品，笔画上常有意强化顿挫，"挑踢"，形成特有的笔画姿态。在书法领域，这些有意的人工行为，形成某种相对固定的形态后，常能发展为书写者的"个人标签"，成为其字体作品的代表特征之一。如宋代黄庭坚在书写过程中，有意多次提按，出现了多折法，形成颇具特色的"荡桨笔法"。米芾在书写钩和捺时，并非常规式地直接钩出或捺出，而是增加了一个弯转的动作，钩和捺由此巧妙地多了个隐形的"折"部。由此形成了自身特有的"二段式钩"和"二段式捺"。（图3-4-3）

39. 清代王筠《说文释例》提到了"文饰"的概念："古人造字，取其'百官以治，万民以察'而已。沿袭既久，取其悦目，或欲整齐，或欲茂美，变而离其宗矣。此其理在六书之外，吾无以名之，或强名曰'文饰'焉尔。"详见清代王筠《说文释例》卷五《文饰·序》，武汉市古籍书店1983年影印本，第219页。

40. 张彦远《历代名画记》卷八记载："文字之学有三：体制，谓点画有纵横曲直之殊；训诂，谓称谓有古今雅俗之异；音韵，谓呼吸有清浊高下之不同。"

41.《文物》1963年第11期。

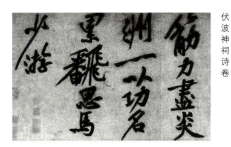 

伏波神祠诗卷

 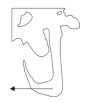

苕溪诗帖

梁宫

■ 图3-4-3　全点的个性化处理。《伏波神祠诗卷》中，黄庭坚书写时有意多次提按，出现了多折法；《苕溪诗帖》中，米芾书写钩时，增加了一个弯转的动作，形成了自身特有的"二段式钩"。"梁宫"瓦当中，"梁"字横向线条大幅度类化，形成强烈的节奏感。

■ 图3-4-4　内部构件的复杂性也带来字体设计时内部需要调整内容的增多。比如图中源之角黑体设计时，西塚凉子的修改：左边"怀"字细体重心位置的设置；"概"字细体中间构件的大小调整；"慌"字细体竖心旁右点的避让；等等。

笔画数量　　CAPITAL　capital

汉字单字笔画数量不高不低，即便外形方正，借助字形内部笔画之间的对比，也能实现丰富的变化，不会显得单调。

CAPITAL LETTERS HAVE REGULAR APPEARANCE, SIMPLE INTERNAL STRUCTURE, AND LIMITED CHANGES IN THE FONT ITSELF, WHICH IS EASY TO APPEAR MONOTONOUS.

The small letters increase the contour change, the height is scattered, and effectively overcome the monotony of the font.

■ 图3-4-5　汉字与英文形态方面的对比。英文内部笔画数量少，单调。大写字母借助外轮廓左右大小不一增加丰富性。后出现小写字母，进一步在外轮廓上下方增加变化。不过即便如此，英文字母在字数较少时，依然容易出现单调感。汉字则因内部笔画数量相对较多，且形态不一，即便外轮廓呈单一的方块形态，也天然具备丰富性。

其二，构件组合和线条组合布局科学，可塑性同样很强。

（1）多方位拼合方式的可开发性强。西文仅有左右拼合方式，而汉字有上下左右多方位的拼合，开发可能性更大。这种布局，在上下左右的分布上，把平衡和变化的思想高度发挥。永字八法除了展现几种不同的笔画形态，其实也展示了一个汉字在以方格为框架的范围里，如何匀称地在四面八方分布笔画及在局部进行灵活微调。也就是说，汉字在布局上天然就具备工整匀称，又有灵活变化的特性。可轻松地对字形进行中宫调整、内部比例调整、重心调整等。文字可平静，可活跃；可个性，可中庸。字形气质和特点很容易根据需求灵活设计（图3-4-4）。

这种拼合也包含了可拆解，可拆解为笔画和构件，形态都很丰富。这结合汉字庞大的字数，使汉字垒字成篇后，天然就存在丰富的变化，促使后来的字形外轮廓可以"毫无顾忌"地越趋单一性质的方块化。而西文大约60个单位（大小写加数字）就组成了一整套字，垒字成篇后，一页中相同字母大量重复，容易显得单调。西文在大写字母之后之所以出现了小写字母，大写字母的单调弊端应是原因之一。小写字母设置上伸部分、下伸部分，垒字成篇后的句子有错落感，在一定程度上消解了这种重复式单调感。不过就丰富性而言，与汉字没有可比性。（图3-4-5）

42. 周有光《比较文字学初探》，语文出版社，1998 年，第 5 页。

（2）外轮廓形态多样。周有光先生认为文字有三类书体：图形体、笔画体和流线体[42]。图形体有大篆、小篆，笔画体有隶书、楷书，流线体有草书、行书。而其他文字如钉头字只有图形体（古体）和笔画体（钉头体），缺少流线体；圣书体只有图形体（碑铭体）和流线体（僧侣体、人民体），缺少笔画体；拉丁字母只有笔画体（印刷体）和流线体（手写体），缺少图形体；而阿拉伯字母仅有流线体，缺少图形体和笔画体。

这种外轮廓形态还可以"自由"调整。通常是结合构件进行相应设计，形成很多有自身风格特点的字体作品。方式很多，常见的有：

调整构件比例，如扁化字形的构件对应性比例变化。如条印文为"都统河东路军马安抚使司"的南宋抗金札文中，"都"字因"者"部被压扁拉宽，原来穿过"土"部中间一竖，从右上角贯穿至左下角的一撇，只出现在左边，没有穿过中间一竖，非常特别。"都""统""河""抚""使"等字左右偏旁都被压缩了，造型奇特。"路"字，或许是考虑压缩偏旁"足"，右边的"各"压扁拉宽后不好处理，个性化地压缩"各"部，而拉宽"足"部。这种扁化的比例有时候数值很惊人。比如条印文为"鄜延路经略安抚使"的南宋抗金札文

鄜延路经略安抚使

都统河东路军马安抚使司

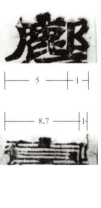

■ 图 3-4-6　构件比例的调整。条印文"都统河东路军马安抚使司"中，"都"字左右偏旁压缩，左右构件的比例将近 9：1，造型奇特。"鄜延路经略安抚使"中，"鄜"左右构件的比例约为 5：1。

永奉无疆

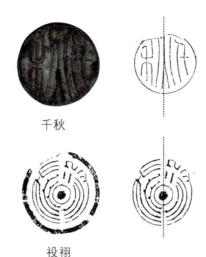

千秋

祋祤

■ 图3-4-7 文字间的对称化设
计。"永奉无疆"瓦当中,"疆"
字"弓""畺""田"的形态处
理,都是为了与对角线的"永"
字相呼应。"千秋"瓦当中"秋"
构件"火"的处理,完美解决
了"千秋"先天存在的笔画数
量差异过大问题。"祋祤"瓦
当中,设计者有意地增加竖向
线条的长度,并尽量减少其他
线条的分量,在视觉上实现了
对称效果。

中,"廓"左右构件的比例约为5∶1;而前文的"都统河东路军马安抚使司","都"字左右构件的比例将近9∶1,差别很大。(图3-4-6)

对称化。如"千秋"瓦当[43]巧妙地把"秋"字中有对称特点的构件"火",放在圆形当的正中央,"千"字靠右,整体形成左右对称态势。它不但完美解决了"千秋"两字先天存在的笔画数量差异过大问题,而且因中间"火"的对称及左右"千"和"禾"的微妙差异,使这种对称并不死板,充满活力。陕西地区出土的"祋祤"瓦当也同样精彩。"祋祤"两字虽然左边偏旁相同,但右边部分差异很大。为了形成对称性效果,瓦当文设计者有意地增加竖向线条的长度,并尽量减少其他线条的分量。"祤"字"羽"部的非竖向线条,甚至被减成几个小点状的线。也正因为这种极端的设置,两字在视觉上实现了对称效果。此外,还有一种对角线式的多字对应对称性的处理也异曲同工,在偶数字数的瓦当中很常见。内蒙古地区出土的"单于天降"瓦当,对角线的两个字笔画数量差不多,字形笔画处理方式有意类似,形成了非常明显的对角线文字特征类似的对称性风格。当然,在大部分情况下,为了实现这种对角线式对称效果,对字形需要进行一些特意的加工。比如"永奉无疆"瓦当[44]中,"疆"字左边"弓"的形态选择,右边"畺"三横的动态化,以及两个"田"的椭圆形态设计,都是为了与对角线的"永"字相呼应。同样道理,"无"和"奉"两字的风格也很相似。(图3-4-7)

43.《问陶之旅——古陶文明博
物馆藏品撷英》,紫禁城出版社,
2008年,第258页。

44.《问陶之旅——古陶文明博
物馆藏品撷英》,紫禁城出版社,
2008年,第254页。

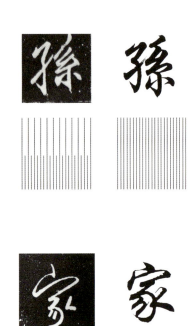

■ 图 3-4-8 文字内部疏密设计。
《李思训碑》中，字形都有意地
上疏下密，造型奇特。

■ 图 3-4-9 文字线条的弯曲程度控制。
左为"永受嘉福"瓦当，右为上林铜鉴。

　　内部疏密变化。如在结体上，有意地上下疏密不同处理，而形成特定的字体特征。具代表性的是唐李邕的行书。它一改初唐建立的结构均衡状态，反其道地有意地上疏下密，即字形上部写得宽松，下部写得紧凑。(图3-4-8)这种独特的结体方面，不但呈现了行书一种特殊的面貌，也为字形结体打开了一扇窗，是一种新的尝试方式，宋之后的不少字形尝试都来自这种思想的启迪。

　　汉字自身不同特点字形的造型潜力，相对微观。下面以五个代表性字形为例，论述它们的造型特点与应用开发的关联。

　　根据字形的特点，五个代表性字形可以分为两类：一类为篆文字形，一类为隶楷字形。

　　篆文字形的潜力，一方面是本身所具备的描绘性特点应用，优美的线条是其不可多得的优势所在。篆文线条匀称化后，即能出现优美的字体形态。如春秋时期的蔡侯盘，铭文只是相对此前略呈规整，其线条柔美感就得以呈现。

　　篆文的这种线条优势，还体现在处理方式的多样化。

　　比如线条弯曲程度可以灵活控制，可以高度曲线化或直线化。"永受嘉福"瓦当，把其中文字的线条，尽可能地曲线化，并布满所有空间。为此，出现了完全被填满，几乎看不到一条直线的奇特作品。而上林铜鉴，其铭文所有线条尽可能直线化，只有少量的弯曲形态线条，与"永受嘉福"瓦当是两路完全不一样的线条设置方式，独具特色。(图3-4-9)

　　再如线条多寡相对放松。线条可以相对轻松进行增减设计。先看减省，以汉代瓦当为例。对比两个"永奉无疆"瓦当，发现其中一个"疆"字的右下部分进行了局部笔画减省，有效增加了构件空间感，缓解了字形笔画数量大带来的空间拘束感，非常微妙，是减省功能的良好反映。除了笔画减省，有时候会直接省去构件，改变文字的构成部分，非常大胆。对比澄城良周汉代宫殿遗址和西安三桥北高堡子村汉太液池遗址出土的两个"与天无极"瓦当，可以发现前一个瓦当的"极"字省略了"木"构件，"极"字也因此变成笔画稀少的字形，让人出乎意料。

　　再看增，它通常应用在笔画较少的字形上，以"千"字为例。图3-4-10中竖向第三列，上一个"千秋万岁"瓦当的"千"字，采用类似双钩描边的方

永奉无疆　　　　　　与天无极　　　　　千秋万岁　　　　　与华相宜

■ 图3-4-10　瓦当文的几种线条处理方式

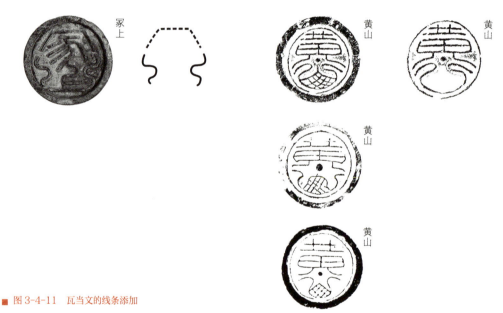

■ 图3-4-11　瓦当文的线条添加

45.《问陶之旅——古陶文明博
物馆藏品掇英》,紫禁城出版社,
2008年,第260页。

式,使"千"的笔画无形中增加了一倍,手法非常特殊。另一个较为常见的增
的方式,是繁化字形本身的结构或线条。竖向第三列下"千秋万岁"瓦当中
的"千"字,通过对线条起笔和收笔增加宛曲,而使"千"字的笔画在视觉上
显得不那么稀少。

　　当然,增和减的技法本质上没有区别,只是在实际应用中通常因字而
异。《问陶之旅——古陶文明博物馆藏品掇英》中收录的"与华相宜"[45]瓦
当,四个字都进行了一定程度的减省,但有各自明显的特点。"与""年"整

体结构完整,减省并不特别明显;"相"字"木"少去了四分之一,是减省幅度较大的,而最明显的是"宜"字,它的过分减省,其实已经有了误读为"回"字的可能性。(图3-4-10)

篆文另一方面的潜力是形体可添加外物的应用。篆文通常不会因为外物的添加,而失去基本形特点。

有添加线条的。如"冢上"瓦当,有意地添加了两条曲线。既有效解决了相对"冢"字,"上"字因笔画较少,容易导致笔画疏密不相称、内部空白太多等问题;又借助添加的线条与"冢"字秃宝盖的笔画衔接,使两个字融合为一体。此外,外形也由此形成一个奇特的对称性图形。

有添加相对具象纹饰的。如陕西地区出土的三件"黄山"瓦当。它们都有意地在"山"字内部添加了一个网状的纹样,有效解决了"山"字笔画较少带来的内部空白较大的问题。此外,呈曲线形态的网状纹饰,也能增加字形的生动性。对比去掉网状纹样的"黄山"两字,会有更深刻的体会。(图3-4-11)

篆文的这种特点,使它形成了一种"可修补式"的风格开发方式,很早就成为描绘式装饰的代表。可惜,这种修补的方式,审美深度常不够,技法也很快达到极致,虽然丰富多彩,但后劲常常不足,后文对此有进一步论述。

隶楷类字形,字形表面直接装饰化的局限性相对较大。比如其线条很难类似篆文进行随意的曲线化、直线化,或是添加外物,否则就不是笔画了。这迫使文字更多只能从笔画本身的变化及结构的安排去关注美感,无形中促进了对这种纯抽象性线条背后可能性意蕴的追求,从而进入更高层次的美感追求。事实上,也因为这种局限性所呈现的单一性,而不得不把这种单一性发挥到极致,带来字体风格开发的全新高度,超越其他所有的文字体系风格开发,比如对书写因素的重视和开发。不易添加外饰的劣势,迫使隶楷类字形的笔画更注重自身的微妙变化,促使与书写直接关联的书写速度、书写动作、书写顺序等书写性因素被重视和开发。书写用笔的提按、轻重,被用于表现线条方圆、粗细、直曲等形态,或是刚柔等力感;书写用笔的迟速、擒纵,被用于表现线条纵留、断连等运动状态。于是字形笔势、笔态、笔意也相应地成为关注对象,最终演化成汉字书写最重要的成果——书法艺术化。因此我们所谓的线条艺术,其实发轫于笔画化字形,而后又反哺此前的线条化字形。

46.要真正划分历代字体发展的参与群体是非常困难的。比如汉简书手身份以地方郡、县等级别的属吏为主，较少中央公卿府官员及其属吏，此外还有一部分书手则属底层平民、戍卒、佣书等人群。其中佣书指被雇佣的抄书者。秦汉佣书者，其来源有掾吏系统（属吏之落魄者）、有文化素养较高的贫寒士子、有通文墨的平民百姓，或者来源于其他。（见王晓光《秦汉简牍具名与书手研究》，荣宝斋出版社，2016年，第154—156页。）事实上，因民间教育普及，汉代普通百姓识字用文比较普遍，百姓上文是当时常见的现象。（见王子今《汉代社会识字率推想》，载其《秦汉文化风景》，中国人民大学出版社，2012年。）老百姓和文人不可避免出现交叉现象，因此这里及后文所出现的参与群体分类都只是一种大致的划分。

47.邢义田先生猜想古代中国有一个由画师工匠主导的、具有相当自主性的造型工艺传统。见其《画为心声：画像石、画像砖与壁画》，中华书局，2011年，第235页。

48.类似的，如梁培先先生认为刻石刊刻表现出来的毛笔锥锋极为微妙的运动变化，也即毛笔笔锋三维起伏的特点，并非来自石工对书写的细致观察或专业训练，而是可能来自刀刻的职业传统，是职业习惯。见梁培先《刀笔相仍——汉碑之于中国书法史的意义》，载《秦汉篆隶研究》，荣宝斋出版社，2013年，第23页。

当然，隶楷类字形的线条也并非完全不能进行与篆文类似的设计开发，在民间民俗文字应用、器物文字装饰等一些场合中，它也可以直化、曲化、物化、空心化、空心填物等。不过相对篆文而言，它在字形结构层面的局限性相对较大，应用场所也常有所限制。

（二）体相关因素潜力的开发

体相关因素本身与体密切关联，它们成为应用潜力的主要来源之一顺理成章。其中载体、书写工具还在一定程度上决定了应用设计的最终视觉效果呈现。

体的相关因素很多，除了前文提及的制度、名称等，具代表性的还有参与群体、载体、书写工具。下面以这三个为例，论述其应用潜力的开发。

（1）参与群体

前文提及了字体应用在官方、文人群体和老百姓层面的差别，不过这种差别更多指向对形和体的态度，即在字体规范化与风格化方面的矛盾，这里主要论述他们在体应用层面的潜力。另外，官方、文人群体和老百姓并不是同一角度的参与群体分类，这里统一角度，借助传统"文人"与"非文人"群体差别，把参与群体分为一般老百姓群体和文人群体[46]。

一般老百姓群体的特点是"放得开"，在文字传承、文字审美等方面的顾忌较少，因此应用的时候，常在开拓性方面呈现更多可能性。如我们发现中山王铭文的优美和铜器纹饰的优美如出一辙，也发现鸟虫书的宛曲环绕与不少青铜器纹饰的宛曲，乃至青铜器本身造型的宛曲也是高度相似。曾侯乙尊的外形即与鸟虫书雷同。器物造型审美、器物纹饰审美在此时直接嫁接到文字装饰的尝试中，是前所未有的一种尝试。究其原委，或许正与工匠群体本身的审美有关。受文字应用大幅度下移影响，此时从事青铜器铭文装饰的群体，应该就是此前从事青铜器铸造的群体。这个群体有数千年的技术积淀和美感积淀[47]，而当这个群体有机会掌握其上文字成形机会的时候，"顾忌"较少的他们，不可避免地会把这些已有的装饰美感思想和习惯带入文字装饰中，这是一种职业习惯[48]。（图3-4-12）

■ 图 3-4-12 文字装饰的繁荣。春秋战国时期，文字应用的大幅度下移，带来工匠群体参与文字装饰机会的大增。这些工匠具有高超的纹饰装饰能力，诸如越国越王州勾剑剑格铭文纹样式的图案化，应与此有极大的关联。

当然，老百姓群体在字体应用方面，更惊人的潜力是民间无限丰富的字形成形方式和载体应用。前者如民间的文字应用除了写，还有印、刻、铸、烧、摆、镶、嵌、打、烤等，可谓无所不能。后者如民间文字应用超越了载体，被应用在几乎所有的可能性载体上，如砖、石、陶、瓷、木、玉、铁、金、布乃至食物等，汉字字体的应用也由此沾光，不但字体形态多样繁盛，应用载体、场所也因此大幅度扩展，步入民众生活的方方面面。

文人群体的特点是文化修养较高，其中高层贵族还掌握着话语权，因此常能完成其他群体难以企及的任务。大致有以下几个方面。

一为肩负传统的承继任务，有时候还兼有厘正字体、字体楷模的作用。《宋人书论》中就把东坡、鲁直、元章的作品也叫字书[49]。

二为字体演变方向的引领任务。文人群体常常以作品实践引领审美追求方向，促使字体风格开发不断向前推进。并以身作则，对书写艺术化始终保持热情，带动全社会，形成全民式的字体风格探索热情在保持字体发展旺盛生命力方面，厥功至伟。

三为相关理论的构建任务，这方面文人群体有先天的优势。书写艺术化，明代印章文字艺术化的实现，有一个非常重要的因素是文人群体把它们理论化了——在技法、审美标准、品鉴等方面构建了一套完整的理论体系，实现了实践和理论的有效统一，这是一般老百姓群体不可能做到的。

49. 见《宋人书论》，载《历代书法论文选续编》，上海书画出版社，1993 年，第 166 页。

（2）载体

载体最重要的潜力体现在两个方面。

一为带来成形方式的差异，进而促使字体开发多样化。这是载体选用必然顺带的一种"福利"，汉字也常没有落下这些"福利"。以织物文字的几个不同成形方式为例，除了直接书写，织物上的文字成形方式还有织成、刺绣、缂丝、夹缬，都带来字体应用的不同景象。

织成在汉代就被织物文字广泛应用，可惜受这时期织机技术的限制非常明显。

其一，文字排列只能局限于纬向，经向长度的有限极大影响了文字的大小设置。比如新疆尼雅出土的五星出东方锦护膊，长18.5厘米，宽12.5厘米，每组组花花纹的循环宽度为7.4厘米。填充于上下两组循环花纹之间的文字，宽度不足2厘米。除了文字本身不是主角，显然也受到了技术限制。事实上，所有出土的汉锦，文字宽度通常只有1～2厘米。这种情况直到南北朝时期，因西亚纬线显花技术传入，能生产出经纬两个方向幅宽较大的纹样，有机会织造出较大的字，才有所改变。

其二，编织的特点影响文字的成形方式。比如弧线很难完美地呈现，大部分笔画的细节还原更是无从谈起。为此，织成方式的文字常进行了几种设计调整。首先，字形通常不得不直线化，类似当今的像素字。"永昌"锦的"昌"字就是两个长方形的叠加。其次，鉴于所能编织的文字并不大，对一些笔画繁多的字形，在不影响识别度的基础上，常进行减省。"延年益寿"锦的"寿"字即减省了不少笔画。最后，因文字常被"塞"在纹样间隙里，个别字形有意地调整外轮廓形态，

■ 图 3-4-13　早期织物文字的成形特点

永昌锦

延年益寿锦

五星出东方锦护膊

五星出东方锦护膊

以适应间隙的特点。五星出东方锦护膊中，"国"字有意地压扁，而"东"字则拉得很长。由此，汉代织物文字出现了非常有特色的"像素式"字体应用。(图3-4-13)

刺绣则是另一种应用状态。刺绣是手工活，不同于带有机器性质的织机织布，具备"亲自动手""完全自主完成"的含义，而这种含义非常契合佛教所需的态度——虔诚，一针代表着一句诵经，刺绣的过程成为积福的过程，关注字数的佛经文字刺绣成为织物文字应用的一大特色。南北朝时期，民众常不惜费力费时，用刺绣方式，完成刺绣佛像及配套的大篇幅文章。敦煌莫高窟的北魏广阳王元嘉供奉的刺绣佛像，上面有佛像、发愿文、名款等相关信息。至唐代，这种情况更盛。《杜阳杂编》有这样的赞叹："永贞元年，南海贡奇女卢眉娘，工巧无比，能于一尺绢上，绣《法华经》七卷，字之大小，不逾粟粒，而点画分明，细如毫发。"1尺的绢上绣近8万字的《法华经》，并做到了点画分明，一方面是技术之高，另一方面是态度的虔诚。宋代这种虔诚在数据上也有明显的体现。《存素堂丝绣录》载有宋绣《金刚般若波罗蜜经》，绣有文字5996个；《女红传征略》记载宋代孝女周贞观花了二三十年，发绣《妙法莲华经》7万字。发绣即以头发充当绣线，其工作量可想而知。元代也没有落后，上海博物馆藏的《元代刺绣妙法莲华经》，其所绣的内容，把序文、题名和经文合在一起，有9122个文字；北京故宫博物馆藏的《元代刺绣佛经》，字数则有10752个。

缂丝是唐时出现的新方式，目前发现的最早缂丝作品是唐代几何纹缂丝带。而有文字的，据学者考证，属于五代时期，藏于辽宁博物馆的《金刚经织成锦》应是缂丝作品。宋代的缂丝向装饰方向发展，成为一种独立的欣赏品，制作品常是绘画和书法，即书画织物化，或者说织物书画化。缂丝由此成为书画作品长久保存的一个载体。朱启钤《丝绣笔记》说："所取为粉本者，皆当时极负时名之品。"缂丝成为书写字迹的"复制"。也正因为如此，更细致地成形成为缂丝发展的主要方向。比如为了弥补横竖笔画形成的裂缝，诞生了仿竖缝技法——元代发明单子母线，明代中期又发明了双子母线。而为了解决书法特有的枯笔锋芒，还原笔画之间的细微连接关系，劈丝拼线技法越来越精细，字体色线从被劈成二分之一丝、四分之一丝，直至八分之一丝。

夹缬，是一种印染技术。理论上有个印版，刻上文字就可以印上去，但实际上夹缬是把所要染的织物先折起来，夹在印版中间，再进行染色。这种具有对称性的工艺特点对文字显然有特定要求——必须是对称性字形。如果不是对称性字形，那么必定在另一面出现反向的字。辽出土的实物即是采用的这种方式，文字"南无释迦牟尼佛"，左边正向，右边反向。值得一提的是，六朝时期曾有一段时期流行这种正反对称字，不过主要被用于阙或神道等场所。对于讲究吉祥含义的织物，显然是不合适的。这或许是唐未见夹缬文字，而在当时非中原文化统治的辽有出土，但也仅有一例的最根本原因吧。

■ 图 3-4-14 瓦当文的"因地制宜"式字形设计。左"右将"，右"齐圆"。

■ 图 3-4-15 毛笔本身的形制存在很大的开发潜力。笔管手握位置不同可对应不同字体书写。虞世南《笔髓论》："笔长不过六寸，捉管不过三寸，真一行二草三。"握笔管一寸、二寸和三寸对应楷书、行书和草书。笔头也有类似的潜力，通常一分笔叫蹲锋，二分笔叫铺毫。当然更重要的是，因这些潜力，带来相应书写姿势、书写动作的灵活性[50]，这些都是硬笔所不具备的。

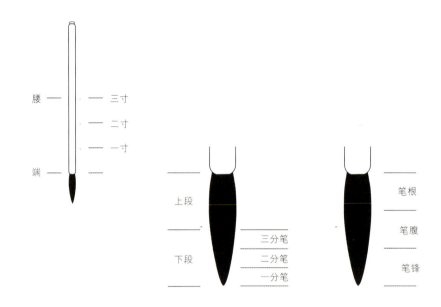

50. 详见拙作《汉字字形学新论》"汉字字形设计的影响因素四：毛笔"一章的论述。《汉字字形学新论》，重庆大学出版社，2019 年，第 189—200 页。

载体的另一个潜力是书写范围的不同，带来造型的多样化。它同样是任何一个工具选用顺带的"福利"。

书写范围形态的限定，指这个书写范围，形状上与文字字形本身形态的适合度如何。历史中被大量应用的钱币、铜镜、瓦当等载体，都存在与汉字字形固有方块轮廓不符的情况，在这些载体上的字体应用，不得不想方设法根据这种形态，进行"因地制宜"式的字体设计，带来字体造型的多样化。比如汉代瓦当就因此出现了很多字体设计精品。咸阳汉长陵出土的"齐园"瓦当，有意地把"齐"字的上部笔画拉长，甚至把"园"字的大部分都涵盖在内。

由此形成了特有的圆状字体。前文提及的"右将"瓦当,"将"字构件位置移动,左右结构变成上中下结构,以适应圆形的书写范围,非常大胆,让人印象深刻。(图3-4-14)

此外,简和纸对字体的影响也不容忽视,其书写范围的限定,带来书写最适合线条运行路线的调整,促进对相应运行细节的关注,进而推动新字体的诞生,带来全新的字体应用方式,是字体演变过程中更重要的影响因素,后文对此有进一步论述。

需要注意,汉字字体虽然没有落下这些载体所顺带的"福利",但是因载体本身在实际投入时所处地位的不同,应用广度的差异等,每个载体在字体演变过程中所带来的影响是不尽相同的。而如果载体书写范围特点与字形外轮廓特点出现冲突,这种影响力将更弱。如瓦当、铜镜等载体,本身书写范围限定导致字形外轮廓的异化,不符合汉字字形外轮廓的基本特点,加上载体应用场所、广泛度等因素,故不可能出现真正广泛流行的字体。

(3)书写工具

书写工具一方面是主流工具——毛笔潜力的极致发挥,一方面是其他非主流工具的增辉。后者在后文非书写类演变模式将有相关论述,这里主要论述最主要的书写工具——毛笔的潜力开发。

邱振中先生认为毛笔有三种基本运动,即绞转、提按、平动,并指出字体演变最重要的发展阶段正是来自毛笔这三种基本运动的不断开发。"笔法空间运动形式的终结便意味着字体发展的终结。"[51] 不过,实际字体应用中,结合毛笔的形制特点,对这些基本运动的开发是多元的(图3-4-15),比如明代对毛笔书写动作的开发,出现线条运行细节把控方式的进化,带来字体新形态的出现。

宋元时期通过毛笔书写时的多次提按,使一个线条从起笔到收笔,内部变化变得非常丰富、细腻。可惜,它如同一辆车在一条崎岖的道路上,起起伏伏地行走,只是一种上下左右的晃动变化,时间长了,不可避免地觉得单调。明代的书者应是感受到了这一点,于是在动作上增加了变化。解缙《春雨杂述》载:"若夫用笔,毫厘锋颖之间,顿挫之,郁屈之,周而折之,抑而扬之,藏而出之,垂而缩之,往而复之,逆而顺之,下而上之,袭而掩之,盘旋之,踊跃之。沥之使之入,衄之使之凝。染之如穿,按之如扫。注之趯之,擢之

51.邱振中《笔法与章法》,江西美术出版社,2012年,第5、46页。孙晓云对此也有相关论述,见其《书法有法》,文艺出版社,2001年,第102页。

指之,挥之掉之,提之拂之。空中坠之……" 书写不仅是写上去,而且夸张为撞击、切入、关上、打开,速度、力度、角度千变万化。也就是说,这辆车在崎岖道路上,出现了横行、跳跃、飞翔等不可思议的行走方式。这其实是书写观念的突破。于是,炸裂状的、刷状的等此前常规运行不可能获得的线条新形态出现了,纯看线条,仿佛能看到一段毛笔动作的舞蹈,前所未有的多变和生动,可以说是姿态万千。此时对毛笔作为一种书写工具的驾驭可谓炉火纯青。

与之相配合的是,毛笔应用和字形结构也有了新的进展。此前的书写,毛笔笔头与纸的接触通常控制在某个区域,并且因这个区域的不同有相应的名称,一分笔叫蹲锋,二分笔叫铺毫。而此时突破了这种笔画和纸的接触范围,根据动作需求,可蜻蜓点水式的,可暴力按压式的,笔头与纸的接触方式由此进入了新的发展状态,开创了新的应用方式。

字形结构方面,也顺应,甚至强化了这种动作多样带来的线条多变,带来的结构新姿态。比如祝允明《前后赤壁赋卷》中的"昌山川相","昌"和"相"螺旋式的构件形态都极为奇特;"下江流"则更为夸张,直接变成十三个点。结构变化之胆大不可想象(图3-4-16)。

(三)应用需求的无形潜力

前文提及,自春秋战国起,字体应用需求出现了大幅度扩展现象。自秦至南北朝阶段,这种应用需求性开发更是争先恐后式地带来了字体发展的大爆发。这里再次提及应用需求,除了进一步强调这种潜力的重要性,也是为了呈现应用需求与基本形、体相关因素方面的互惠互进。

一方面,应用需求使基本形和体相关因素的潜力开发获得更多的机会,探索更多意想不到的可能性。其中后者是汉字字体多样性的重要因素之一。比如印章字体的开发,本无所谓阴文或阳文,两者都可行,但是早期烙马和封泥的不同应用需求,促进了各自对应性印章字体的开发,个性分明。

烙马的印,是直接在马身体上烫出来的。为减少受伤面积,接触面越小越好。而且与表皮接触面较小,字形线条也会比较清晰。阳文显然是最佳选择,为此形成了一种特有的纤细字体——烙马印类别印章字体。而封泥,主要应用在早期的"信件"上。阳文印盖在泥上,字凹下,常显得臃肿,而阴文

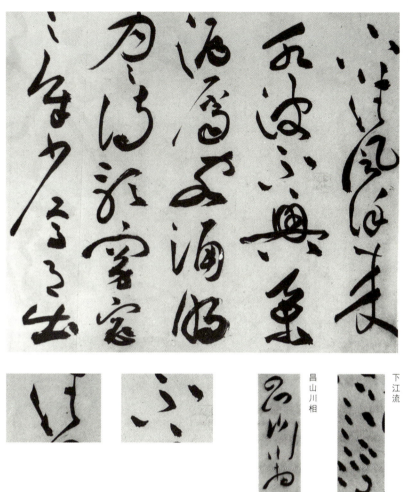

■ 图 3-4-16　祝允明《前后赤壁赋卷》，毛笔
　　书写动作开发带来了字形结构新姿态，其字形
　　结构变化之胆大不可想象。

印盖在封泥上，字凸出，线条清晰劲挺，而且不易修改作伪。因此在封泥时代，阴文是绝对的主角，字形线条也相对粗壮，出现了与烙马印风格迥异的印章字体形态。

　　再如一般老百姓和文人群体的吉祥文字开发。前文提及一般老百姓无限丰富的字形成形方式和载体应用，其动力即是来自民间日用，或民俗活动的各种字体应用需求中。可以说没有这些需求，一般老百姓的这种"放得开"的潜力，可能就没有发挥的余地了，历代汉字字体的丰富性和多样性将会大打折扣。当然，文人群体也存在类似的应用需求，从而带来特殊字体的开发，比如花押。在唐玄宗《鹡鸰颂》上发现的花押，是一种签署凭信，类似文字，但实际上无法辨识，或许是此时在某些应用中替代玺印的一种方式。而宋以后，花押发达。此时花押形式更

唐玄宗《鹡鸰颂》上的花押

宋高宗 玉押

明思宗 由检御押

■ 图 3-4-17 不同朝代三位皇帝的花押

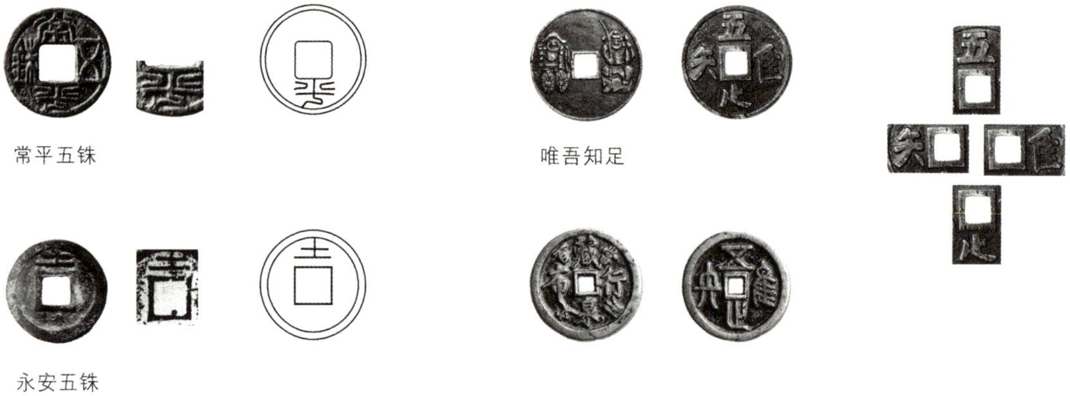

常平五铢

永安五铢

唯吾知足

■ 图 3-4-18 古代花钱字形与方孔的几种共用设计。北齐文宣帝所铸"常平五铢","平"字最上部一横与圜钱方孔下一横共用;北魏孝庄帝所铸"永安五铢",被称为"大吉钱",其"吉"字"口"部与整个方块共用;明代所铸(或有认为是清代出现的)"唯吾知足""唯吾知足"四个字的"口"部,都与整个方块共用,民间称为"借口钱",它有楷书版本、篆书版本。

为自由和个性化,民间也常把它作为一种凭信。有些可能被作为商铺的标记,类似我们现在的品牌标志,比如北宋的"济南刘家功夫针铺"铜版,上有"认门前白兔儿为记"的字样。宋代皇帝也非常喜欢这种方式,南宋赵构有玉押传世,花押甚至可以称为文人的日用品。(图3-4-17)

可见,正是借助应用需求的这种多样性,诸如符箓、复文、杂糅性字体、几何化字体、物象化字体等出乎意料的字体才被开发出来,基本形和体相关因素的潜力得以展现更多可能性。

当然,基本形、体相关因素方面潜力的开发,也反过来促进了应用需求的进一步繁荣,两者可以说是一种互为途径的关系。比如正是在早期钱币文字上展现了基本形和载体的潜力,才促进了压胜钱(花钱)应用的繁荣(图3-4-18)。后来的庙宇钱、撒帐钱、打马钱、春钱乃至冥钱,都是在此基础上的进一步发展。东魏时期出现的婚嫁仪式中,用在新房床上撒花果使用的一种仿钱形物品——撒帐类吉语花钱,其"五子登科""早生贵子"等祝词至今依然在沿用。

五　原用和逾用

字体应用和字体功能开发的互惠互进模式,使字体应用和功能开发都彼此受益非凡,字体应用实现了基本应用功能的突破,存在不少超越基本功能的应用情况,出现原用和逾用两种应用状态。

(一)原用

字体的原用是字体本职功能的应用,可以分为两类:一类与字形配合,实现作为文字的基本应用功能发挥;一类借助本身隶属视觉层面的特点,存在美丑方面的视觉美感功能,以及良恶方面的情感表达功能,进行相应的美感呈现和情感表达方面的应用。

与字形配合,主要体现在识读、书写两个层面,使文字能够实现信息传达,进行相应的文字规范,也保证字形构造特点所具备的流水性作业等特点能正常发挥。当然,字形和字体本身隶属不同的层面,以各自不同的出发点和支撑点,在识读和书写两个层面发挥不同的作用。识读方面,字形出发点为文字字义的明晰性,重表义的同时兼顾表音,它的支撑点是字形结构;而字体的出发点是保证文字呈现的清晰度,重文字的视觉形态特点,支撑点是字体的体态风格。书写方面形和体的各种功能发挥也基本类似。

值得一提的是,汉字字体在识读方面还具备的一些特有的标识功能,是本职应用功能的一种延展。比如早期封泥文字的应用,除了字形本身内容层

52. 段成式《酉阳杂俎》前集卷十一，中华书局，1981 年，第 106 页。

53.《历代书法论文选》，上海书画出版社，1979 年，第 507 页。

面的信息功能，更重要的是其上字体形态所呈现的未被开封的信息。毕竟当时的很多送信者、收信者并不一定能识读这些字形的字义。此外，封泥字体的形态，有时候也具备发信者身份的标识功能。此前族氏铭文字体、后世官印篆文类字体的专用，都有这种字体特有标识功能应用的意味。借助特殊字体，这种标识功能还包含某种加密防伪功能。段成式《酉阳杂俎》曾记载这种现象："召奏用虎爪书，诰下用偃波书，为不可学，以防诈伪。谢章诏板用蝌脚书。节信用乌书，朝贺用慎(一曰填)书，亦施于婚姻。"[52] 明代丰坊《书诀》也记载："叠篆，今官府印信所用，礼部铸印局所掌，亦宜习知，以防诈伪。"[53]

借助字体所呈现体态风格的特点，使观者产生视觉层面的审美体验和心理层面的感情体验，也是字体的常态功能应用。出土的甲骨文即存在作为文字练习的龟版，反映了对字体写得匀称、工整、流畅等审美效果，以及其所对应的或优美、或庄重等审美感受的应用和追求。前文提及李峰先生认为青铜器铭文带有"公众性"和"可读性"，兼具书体欣赏功能，也是字体这方面功能的良好体现。而至战国时期，这种字体应用艺术已经非常熟练。任何使用了文字的载体，无论是官用还是民用，大型还是小作，易书写还是难成形，创作者都没有落下对其视觉审美和情感表达功能的应用。

需要注意，虽然汉字字体因自身造型特点、应用需求而在原用中存在一些特别之处，如特有的瓦当文、铜镜文。不过原用是文字本职功能的发挥，每个文字的字体都具备，这种特色并不明显。

（二）逾用

字体逾用，是原用基础上的功能升华，它除了汉字本有造型特点、构形特点所带来的一些特殊功能的开发和应用，还有几个不容忽视的推动力量。

（1）应用本身的多元。除了具体需求的多元，也包含背后群体、审美等方面需求的多元。这些多元需求的兼顾和调和，促使字体应用在具体执行上"不得不"相应地多元化，由此出现了超越本职功能的应用。

（2）与其他同类功能应用的区别和互补。比如同样都是进行表面装饰，图像、纹饰和文字如何区别呢？这迫使文字开发出自身的应用特色，超越本职功能的应用常由此而生。

（3）文化的无形推动。如特有阴阳辩证观念带来的书写技法讲究，它是风格追求进入内在意趣非常重要的一环。

正是结合这些推动力量，汉字字体构成了具自身特色的应用方式。可以表示如下：

某基本形——基本形或加工成具有某种特殊体态风格的字形——借助某种应用方式——展现其超越原用的功能

54. 汉代即出现这种现象。汉人为获得文字古奥的色彩，以自己掌握的蝌蚪文摹刻印章，往往出现对字形结构的改变，经常误导识别。详见张世超《"汉人作古文"之发见》一文的论述，载《古文字研究》第 31 辑，中华书局，2016 年，第 507—512 页。

这个过程包括几个关键要素：选择什么基本形，基本形如何加工、如何应用、发挥哪个功能。下面就这个关键要素做简单论述。

基本形的选择，理论上任何字形都可以。不过实际选用时，需考虑字形正形或辅助形的差异及应用时的具体需求，各有侧重。（图3-5-1）通常情况下，文人群体的应用，几个代表性字形都在选用范围内，不过他们对古文字常情有独钟。在不同时代出现了一些有意选用古文字的复古现象，如明末的奇字书法，其基本形常是很多人并不熟悉的古文，出现"今人作古文"的现象[54]。这或许与古文字所具有的传统身份、远古神秘气息等优势有关。民间层面的选用则相对实际。除了如寿、福等一些常有固定基本形的范式，通常与正形发展同步，并遵循多形共存原则，如雷书，基本形或篆，或隶。《墨薮》卷一提到刘宋元嘉年间，"京口有人震死，壁上有篆，似八分也。今曰雷书"。雷书是篆。宋郭象《睽车志》卷六记载："常熟县（今江苏省常熟市）破山寺僧堂，李唐新建，柱有雷神书，凡三处。盖昔人所传谢仙火之类，字皆作隶体。"其雷神书，则是隶书体。民间层面基本形选择的放松与前文提及的一般老百姓群体"放得开"的特点是相契合的。

基本形加工，指对基本形的改造。根据改造程度，可以分为两种方式：一种为保持原有字形结构的加工；一种是改造了原有字形结构的加工。

第一种方式不改变字形的原有结构，只是从字形线条、结体本身的造型优势去寻找改造可能性。正好是前文提及的线条、线条组合、构件组合可塑性潜力的发挥。书写过程中运笔动作、方向、力度等方面的细微把控也成为最具代表性的方法。书法领域的字形加工方式通常都可以归为此类。

■ 图 3-5-1　字体有时候会通过笔画共
用、负形等方式来巧妙地体现一些特殊的
含义，是其超语符功能的一种形式。它可
以认为是字体图形能力的一种反映，在传
统绘画中我们能看到不少这样的例子。上
清石涛《黄山八景》册页之一"天都峰"
人与山石、山峰共形，中左明丁云鹏木刻
版画《华山图》左边的山石形成了一个负
形的手，中右明王履《华山图册》之一有
个负形的大手，下清戴本孝《华山图册》
之一也有个负形的大手。

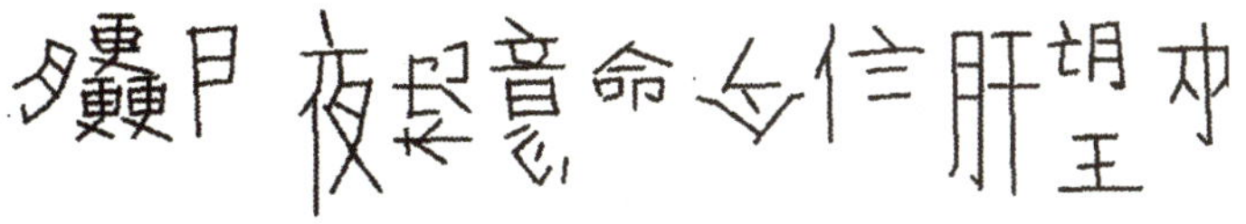

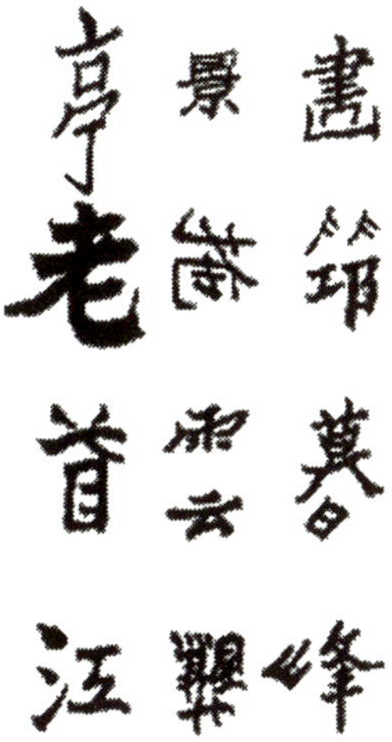

55.陆锡兴《汉字民俗史》，商务印书馆，2019年，第184页。

■ 图 3-5-2　古代的字形诗，是一种利用字形外轮廓的长扁，字形线条的粗细，字形构件的断连、倾斜或减省，字形书写的正反等手法来寓意于形的一种字体应用。上为《闺怨》诗，相传为潮州才女尤孟娘因心上人外出久不归，且没捎过口信，思念心切而作，解读为：斜月三更门半开，夜长横枕意心歪。短命倒（到）今无口信，肝长（肠）望断没人来。下相传为苏东坡因辽使挑衅而写的《晚眺》诗，解读为：长亭短景无人画，老大横拖瘦竹筇。回首断云斜日暮，曲江倒蘸侧山峰。

　　第二种方式改变了字形的原有结构，其实是一种字形的异化，方式相对多样。

　　或是构件挪动、构件重复等微变形式的异化。如宋沈括《梦溪笔谈·异事》记载："近岁秀州华亭县亦因雷震有字在天王寺屋柱上，亦倒书，云'高洞扬鸦一十六人火令章'凡十一字。内'令章'两字特奇劲，似唐人书体。"字形只是倒书，能明确读出内容。再如道家复文，也叫复字，常对局部构件进行重复，虽然字形很熟悉，但不一定能完全识读，算是一种"秘字"。

　　或是省、破、拆，甚至打散重组、多个基本形杂糅等较大程度的异化。（图3-5-2）陆锡兴《汉字民俗史》中提到了"变篆体"："武帝之后日光镜和昭明镜的文字一变篆体，出现了奇谲的文字形体，形体浓缩省减，并且重新组织，与原来字形拉开了距离，变成了一个新的形体。"[55] 这类通常比较难识读，如同《云笈七签》卷七中所记载的鬼书："鬼书，杂体微昧非人所解者也。"

　　基本形加工后的应用，方式很多。

　　在作品层面，可以是最后的字迹，如我们熟知的各种法帖、碑刻。也可以是成形的过程，如杜甫《饮中八仙歌》中描写的张旭书写表演："脱帽露顶

56. 杜甫诗《饮中八仙歌》，载葛晓音撰《杜甫诗选评》，上海古籍出版社，2002 年，第 12 页。

57. 转引自毛万宝、黄君《中国古代书论类编》，安徽教育出版社，2009 年，第 8 页。

58. 陆锡兴《汉字民俗史》，商务印书馆，2019 年，第 5 页。

59. 详见吕品田《中国民间美术观念》，湖南美术出版社，2007 年，第 64—65 页。

王公前，挥毫落纸如云烟。"[56]《通典》记载字舞："《圣寿乐》，高宗、武后所作也。舞者百四十人，金铜冠，五色画衣，舞之行列必成字，十六变而毕。"

在场合上，可以是日常常规书写，如欧阳修《学书消日》所说的书写消日："至于学字，为于不倦时，往往可以消日。"[57]可以是民俗活动，如我们节日中贴"福"字。也可以是会试、会客等特殊场合。前文杜甫诗中的张旭书写表演即是一种特殊场合的应用，它成为艺术史上的传奇。欧洲第二次世界大战后才有表演性的绘画、雕塑出现。

行为上，除了常规的写，还有很多特有的方式(图3-5-3)，如各种符箓，有佩戴、吞、投、贴等方式，最有趣的是吃。民间把写有文字的符咒烧成灰，化水喝下去；饼上印"囍""寿"等字，然后直接吃进去。

应用中发挥哪些功能，指加工后的基本形所呈现的体态风格具备哪些功能。前文提及字体在装饰中不可避免地与图像、纹样等元素形成竞争，由此形成了区别和互补的应用定位，强化自身特有功能的发挥。汉字主要体现为以下几个方面：

(1)神秘力量。如陆锡兴《汉字民俗史》说，道教符文"通过秘密传授，不让外人知晓。符文壁垒森严，把世俗挡在外面，莫名其妙的字形，深不可测的含义，诱发了人们的恐惧心理，符文的法力针对鬼神，倒不如说针对世人"[58]。它其实就是吕品田先生《中国民间美术观念》中所论述的"民间美术"神秘力量："大量的民俗材料表明，中国老百姓并不单纯为审美目的而从事艺术活动，也不单纯出于审美要求而热衷民间美术。就民间美术而言，那些造型形象，在民间大都关联着一定的风俗或风俗活动，而且，它们在老百姓的心目中，似乎联系着一个神圣的世界，负载着具有某种特殊功效的神秘力量或性质；似乎一种追求形式化的过程和结果，可以使人和某个神圣的世界发生关系，以至可以确立或把握带有某种指向性的神秘力量或性质。"[59]

这些神秘力量具体而言，通常与生活直接关联。如符箓的驱魔、招祥、治病等功能。《七修类稿·辩证八·呼鼠召鹤》甚至记载了符箓的招鼠能力："世有能呼鼠召鹤者，予尝求之，乃以蟹黄和生漆，假以书符焚之，则群鼠自至，盖鼠性喜其气也。"

■ 图 3-5-3 现代设计中,汉字的笔画常被作为一种中国文化符号,甚至中国文化之根的象征。
武汉地铁 4 号线宏图大道站出口艺术风亭的图形设计,即是运用了不同字体笔画所具有的
这种文化之根象征意义。李海平设计。

■ 图 3-5-4 汉字的应用通常都会与文化扯上关系，尤其是一些长期留存的字迹。紫禁城内匾额上的"门"字通常不带钩脚。据《茶香室三钞》引《马氏日钞》说，是因南宋临安玉牒殿火灾，殿门也被波及，认为"门"字有钩脚，带火笔，乃至招灾。于是，此后写门额的时候，"门"字都不带钩脚。而部分带钩脚的，都是乾隆年后写的，或许乾隆并不相信钩脚与火灾有关系吧。图片拍自故宫。

值得一提的是，常规的、非这种特殊加工的字体，有时候也同样被认为具有神秘力量(图3-5-4)。宋人洪迈《容斋随笔》中记有两个这方面的故事：

　　其一：严州"分水县"故额，草书"分"字，县令有作聪明者，谓字体非宜，自真书三字，刻而立之。是年，邑境恶民持刀杀人者众，盖"分"字为"八刀"也。
　　其二：徽州之山水清远，素无火灾。绍熙元年，添差通判卢瑢，悉以所作隶字换郡下扁榜，自谯楼、仪门，凡亭榭、台观之类，一切趋新。郡人以为字多燥笔，而于州牌尤为不严重，私切忧之。次年四月，火起于郡库，经一日两夕乃止，官舍民庐一空。[60]

两个故事都发生在宋代。一个把草书换成楷书，"分"字因此有"八刀"的形态，进而导致该县此年出现很多持刀杀人事件；一个将隶书换成某种榜书，字体因此多燥笔，导致此年该州郡库起火，官舍和民庐被烧毁。

(2)进一步情感传达。即原用基础上更进一步的情感呈现。如前文提及的刺绣文字诚心表达。此外还有崇拜、情感宣泄等。前者如何九盈先生认为龙书、虎书等字体是图腾崇拜神话思维的产物[61]。后者如书写的情感凝聚和喷发。《墨池编》收录的雷简夫《听江声帖》有生动的描写："近刺雅州，昼卧郡阁，因闻平羌江瀑涨声，想其波涛番番，迅驶掀搕，高下蹴逐奔去之状，无物可寄其情，遽起作书，则心中之想尽出笔下矣。"

这种情感传达还包括自身修养呈现，书论中有文采、性情等说法。如赵孟頫评欧阳公书，居然见文章之气；评苏子美，如古之任侠，气直无前。[62]不过，其中最值得一提的是品格呈现。如"右军人品甚高，故书入神品"[63]，颜真卿字迹"望之知为盛德君子也"[64]，书写字迹成为品格的代言人。

(3)进一步美感呈现。其最大的特点是激发联想参与，呈高度意象性、意境化，引起相应的美感体验，"无音却透露心声，非乐却有旋律节奏"[65]。它主要体现在字形书写艺术化应用方面，一类出自字体本身，一类出自个性化加工后的字迹。

前者常出现在书论对字体的描述中。如《四体书势》对隶书体的描述："或穹窿恢廓，或栉比针列，或砥平绳直，或蜿蜒缪戾，或长邪角趣，或规旋矩折。"书体变成了一种既有意象又直观的物象场景体验了。

60. 洪迈《容斋随笔》，上海古籍出版社，2015年，第211页。

61. 何九盈《汉字文化学》，商务印书馆，2016年，第166—167页。

62. 详见赵孟頫《评宋十一家》，载《历代书法论文选续编》，上海书画出版社，1993年，第181页。

63. 赵孟頫《松雪斋书论》，载《历代书法论文选续编》，上海书画出版社，1993年，第179页。

64. 董逌《鲁公祭侄文》，载《历代书法论文选续编》，上海书画出版社，1993年，第127页。

65. 陈方既《中国书法美学史》，河南美术出版社，1994年，第145页。

66.曾国藩《求阙斋书论精华录》，转引自毛万宝、黄君《中国古代书论类编》，安徽教育出版社，2009年，第15页。

后者也常出现在书论中。如传为蔡邕的《笔论》载："夫书，先默坐静思，随意所适，言不出口，气不盈息，沉密神采，如对至尊，则无不善矣。"其中的"默坐静思""沉密神采"等都是意象参与前的一种必要准备。而要成为真正的"体"，需"纵横有可象者"——"若坐若行，若飞若动，若往若来，若卧若起，若愁若喜，若虫食木叶，若利剑长戈，若强弓硬矢，若水火，若云雾，若日月。"这是完全借助意象的一种审美体验。

当然，前文所论述的神秘力量的应用，在某种程度上也可以说同样有联想的参与，带有意象化的特点，不过其更多借助改造后字体的密码化，形成认识层面的障碍，倾向于神秘化，引发的是一种敬畏、恐惧的心理感受。如道教符箓常是一种长线条、长轮廓的体态，带给人一种似识非识，熟悉与神秘、优美与奇异、敬畏与恐惧等多种感受共存交织的特殊体验。

值得一提的是，体的这些逾用，并非完全都是字体的独立应用，事实上常是一种体、形、音、义的综合运用。如书法领域常说的书能养心、养气，消遣日子，"写字时心稍定，便觉安恬些，可知平日不能耐，不能静，所以致病也。写字可以验精力之注否，以后即以此养心"[66]。其中或许有所书字体的功劳，但必然也存在所选字形、所写内容，乃至所选内容带有的韵律美等方面的功劳。

第四章

基于历代形体关系认识变迁的

字体演变过程描写

第 四 章

基于历代形体关系认识变迁的字体演变过程描写

一　概述

对字体演变过程的考察是对字体推进、更替过程的描写，也是对这些字体所呈现的演变路线、演变模式、演变规律的归纳及其背后原委的探讨。

汉字字体的演变过程同样与历代形体关系认识的变迁密切关联。对历代形体关系的认识不仅是对形和体关系的认识，还包括对体功能的认识、基本形功能的认识，以及对自身与形配合，在文字体系中乃至社会中所处"身份"的认识。有了体的觉醒，对体功能的认识和相应的对其有意识的开发，字体的演变路线、演变模式才得以真正地发挥作用。因此对字体演变过程的考察，应相应地突破原有的研究方式。

(1)对演变路线、演变模式、演变规律的考察，突破以基本形构形层面推进，或字体实际应用便利与否为主的惯性思维，强化不同风格方向追求、审美志趣变化、功能认识和应用变化等相关因素的观察，关注其间实用与美化、表面装饰美化与内在意趣追求等冲突性关系的调和。

(2)对具体字体演变过程的描写，重视夹在几个代表性字体间的过渡性字体的考察。厘清它们尝试的目的、彼此的争辉、最后的"胜负"等具体情况。

二　历代形体关系认识变迁对字体演变过程的影响

（一）演变路线、演变模式和演变规律共性和个性并存

体现在两个方面，一为形和体，一为字体本身。

形和体在演变过程中，彼此配合，但又呈一定的独立性，因此，形和体的演变路线、演变模式和演变规律既存在共性，又具有个性，并随着历代形体认识关系变迁而逐渐清晰。其中最典型的是演变路线和演变规律。

形和体演变路线主要呈共性特点，在很多方面出现明显的重叠现象。如古代字形规范和字体(书体)规范往往被认为是一回事[1]，正形常和正体重叠，由此带来字形层面的标准形、辅助形与字体层面的标准体、辅助体路线存在相似现象，有些演变方向一致。

形和体演变规律则是共性和个性都很明显。记录语言的基本需求，使形和体都具备简明化、规范化演变规律；而形和体不同的考察侧重点，又使它们的个性也同样突出。字形对构形的侧重，使它的演变与造字法直接关联，相应地具有声化、分化等演变规律。而字体对风格追求的侧重，使不同风格追求方向特征化成为其典型的演变规律，独具一格。

字体本身共性和个性共存主要体现在演变模式上。前文提及成形方式的不同，促使字体分为书写类字体和非书写类字体，带来视觉特征分析项目的差异，呈各自特点。事实上，这种成形方式的差异，也使字体演变模式在共有的规范化模式基础上，出现了两个区别性明显的演变模式：描绘式模式和书写式模式。

（二）字体开发呈阶段性、非线性特点

在历代形体关系认识变迁中，"体"的认识经历了从不自觉到自觉的演变过程，因此对字体具体演变过程的描写，除了关注代表性字体的推进、更替关系，也需要关注"体"的这种觉醒过程所呈现的演变特点。

一为阶段性特点。一方面，对形体彼此关系的深入认识需要一个过程，不可能一蹴而就，也不可能一下子就到达极致。另一方面，字体功能的开发也同样是一个渐变的过程。其间带有相应的试探过程，并呈典型的与时俱进特点，常与具体的应用需求相结合。这结合每个不同朝代常进行的正字活动、正音行为等，使字体的开发、应用的阶段性特点非常明显。

一为非线性特点。字体演变过程总体是一个从觉醒到开发的常规线性式演变过程，但是其间并非一个字体取代另一字体的简单直线式发展，而是呈相对复杂的多方向交融、"有胜有败"的演变状态。

（1）字体开发是多种可能性的尝试。如战国时期就出现了草书、隶书乃至楷书等字体特征的发端，其中也隐含了大量非书写性质字体的尝试，是一种百花齐放、百家争鸣式的开发状态。

（2）这些百花齐放式的开发存在"胜败"的情况，也就是并非每一个尝试的字体方向都获得发展的机会。

（3）即便不少开发方向没有获得发展，但常留下试探的痕迹。因此字体的演变过程中，实际上不仅有我们熟知的一些书写类字体和非书写类字体的并存，还包括某个时期内后来并没有被继续开发的各种字体并存的发展状态。由此才构成了相对完整的字体开发状态。

可见，字体的具体过程描写，不仅是几个代表性字体的简单更替描写，其间各类尝试性字体也是描写的重点。

三　字体演变内外力量的推动

汉字字体的演变是多种因素共同作用的结果，它既涵盖书写具有的载体、工具等客观条件，全社会对汉字字体发展的需求，也包含文字自身的内在驱动力量[2]。因此我们可以说，字体的演变不但是客观条件、自身发展的一种选择，同时也是社会民众的最终选择。

（一）字体演变的内外力量

字体演变的内驱力一方面来自一些基本需求，如文字系统化的需求。它促使字形程式化发展，带来字形发展的秩序化、工整化，是文字进行装饰化追求的动因之一。另一方面来自一些矛盾的冲突，如文字形体与日常书写的矛盾、实用和美化的冲突。前者是早期形和体配合推进的主要动力之一，是字体书写化模式形成的基础；后者是字体演变路线多样化的原因之一。

字体演变也存在一些外来动力。所处的发展环境是其中的代表，尤其是中国一些特有的人文环境。比如民国前基本没有强烈的商业性交流、记录的压力和逼迫，汉字可以在很大程度上顺着自我的特点演化。再如上至皇帝，下至不识字的老百姓都对汉字体现了极大的热情，有制度保证，有身体力行，可以说汉字字体发展是一种全民式的共同扶持[3]。

2. 有学者认为汉字形体变动出自两种原因：文字的识别和文字的书写。见王平、郑蓓《汉字的形态》，大象出版社，2007年，第124页。

3. 自西汉后期开始，上至皇帝、贵戚，下至官吏、儒生，都把书法作为自己应有的修养。见华人德《中国书法史·两汉卷》，江苏教育出版社，2009年，第25页。

4.当然，这个发展并非一帆风顺的，如文人阶层最初对书写艺术的矛盾心态。我们知道汉代"善史书"的制度使书写有强烈的功利性，汉晋书论初兴，哲学介入，翰墨之道生焉，陈遵书写的尺牍被收藏。但是对于以书写成名，有些文人并不觉得荣耀，萧子云叹自己"文章弘义，自谓可观"，可"以笔迹得名，亦异事也"。王褒也悔恨："假使吾不知书，可不至今日邪？"（颜之推《论书》，载《历代书法论文选续编》，上海书画出版社，1993年，第28页。）最"严重"的是《采古来能书人名》里所载韦诞的事："魏明帝起凌云台，误先钉榜而未题，以笼子盛诞，辘轳长絚引之，使就榜书之。榜去地二十五丈，诞甚危惧。乃掷其笔，比下焚之。乃诫子孙，绝此楷法，著之家令。"（上海书画出版社《历代书法论文选》，上海书画出版社，1979年，第45—46页。）架空题榜，成为一种羞耻。其实对书法的这种矛盾一直存在于文人阶层中，比如北齐颜之推对韦诞家令的呼应，"深有以也"（见其《论书》，载《历代书法论文选续编》，上海书画出版社，1993年，第28页）。

（二）字体演变内外力量的现实表现

在字体的实际演变中，这些内外力量会转化为一些发展现实，涉及发展机会的把控、各类矛盾激发后的调和、审美的转向、参与群体的变更、标准的建立、书写工具和载体等客观因素的制约等方面。

（1）第一次文字应用大幅度下移契机的把控

春秋战国时期汉字出现了第一次应用的大幅度下移，字体的发展完美把握了这次契机，有了大量体的实践，是促使字体名称和字体制度出现的关键因素。

首先抓住契机的是字形的表面美化，带来字体美化追求的常态化。文字大幅度应用下移是一种文字使用权的下放，使实现不同意愿的文字装饰追求成为一种可能，由一种天然式的反映转变为一种主动行为，并呈不同地域性质、不同装饰手法的百家争鸣势态，后文详细论述的工篆体、鸟虫篆都是这股主动追求下的代表性成果。

同时抓住契机的是字形美化方式的新革命，即书写式装饰美化的兴起。各种方向的大尝试热火朝天，各类辅助性质的形与体不断涌现。所谓不破不立，被冲垮的保守字形实现了一次字形的变革，进入字形发展的新阶段，而美化追求则"意外"地获得了一个更具"前途"的发展方向——通过配合字形改造的线条运行细节把控，出现了书写艺术性追求，这也是字体演变的一个重要的转折点，带来汉字字体发展真正不可取代的风格追求[4]，成为字体发展的主要方向。

（2）审美标准的转向

字体演变过程中出现了几个与审美直接关联的转向：

其一，从关注静态线条到关注笔势、行气；
其二，从字形表面装饰到内在意趣的追求；
其三，为书写寻找哲学依托。

这三个转向其实是文字应用大幅度下移后保守字形、快捷书写及美化追求三者矛盾调和在审美方面的反映。它们是连带的，是对原有审美心理定势的突破，也是真正的从书写层面，在书写过程中实现对线条运行细节的把控，从书写生理向书写心理的跨越，尝试把简单的书写转化为一种艺术行为的努力和实践，带来汉字风格追求方式的分流，是汉字描绘式模式和书写式模式形成的原点。

当然，更重要的是，这些转变不仅最终实现了书写层面的艺术化，同时也为书写艺术追求的持续繁荣奠定了扎实的基础。比如笔法神授观的建立，使毛笔书写技法不易掌握的劣势反而成为展现士大夫身份的一种方式，神奇地变为一种优势，为书写被包含历代帝王在内的高层贵族所喜好立下"汗马功劳"，确保了书写艺术的长盛不衰[5]。

再如哲学介入带来汉字与文化结合的新阶段。虽然汉字与中国文化的关联历来既有，春秋时期《左传·宣公十二年》出现了"止戈为武"，孔子也有"一贯三为王"的以中国哲学思维释字的名言。不过在这种形式中，汉字与中国文化的联系更多体现在字义上。而至毛笔笔性的开发和掌握，汉字书写与中国文化才由此真正地挂上了钩。传为东汉蔡邕的《九势》记载："夫书肇于自然，自然既立，阴阳生矣，阴阳既生，形势出矣。"蔡邕成功地把中国哲学导入文字书写中，为这个时期字体尝试提供了重要的思想保障，也是后来字体开发的思想原点[6]。

（3）参与群体的变更

字体演变过程中参与群体出现不断变更的现象，表现为这些群体主角地位的变动，可以表示如下：

高层贵族——中低层贵族、平民——高层贵族——全民

当然，这里的"主角"是相对于某个时期对字体演变起关键作用而言的，就话语权而言，高层贵族一直占据着绝对性的优势，如早期的文饰，后来的书写摆脱实用束缚步入书写艺术化都离不开高层贵族的认可和参与。下面我们简单论述这个参与群体主角地位的变动情况。

5. 当然，这也同时带来了弊端，如认为"机巧必须心悟，不可以目取"（虞世南《笔髓论》），书写艺术从此玄妙起来，成为一般民众难以企及的高峰。

6. 梁培先生对于外界因素在书写艺术化道路上的作用有明确的论断，他说："我们认为，有必要澄清一个认识上的问题，就是宋以前的古人在使书法成为我们后来看到的书法的时候，来自视觉的因素并不是最重要的。或者说，如楷书走向成熟的历史一样，在每一种书体成形的过程中，不是古人朴素的视觉修正能力或曰对于'视觉美'处理能力的提高使之走向成熟，而是另一种貌似与书法不相干的因素的作用，启发了古人使用'物象流类'的思维，将之改造性地比附于书法之上，从而推动了书法史的前行。"见其《"笔阵"之殇——"笔阵"一说的观念来源、变迁以及历史中可能失却的记忆》，载《晋唐楷书研究》，荣宝斋出版社，2011年，第1—20页。

7. 详见刘志基《〈左传〉中所见汉字早期应用状况的考察》，载《中国文字研究》第二辑，广西教育出版社，2001年，第330—353页。

8. 当然这种"物勒工名"的"工"应是工头，有一定的社会身份。详见何琳仪《战国文字通论订补》，江苏教育出版社，2003年，第123页。

9. 这个推测前文已有论述，更详细的论述见拙作《汉字字形学新论》，重庆大学出版社，2019年，第184—185页。

10. 李学勤《简帛佚籍与学术史》，江苏教育出版社，2001年，第4页。

11. 丛文俊《关于魏晋出土文字遗迹的性质与学术意义的分析》，载《揭示古典的真实——丛文俊书学、学术研究文集》，中州古籍出版社，2003年。

12. 隶书的得名是东汉初年的事（班固所提出的，也有认为是刘歆所创的），而在西汉，隶书已经是通用的主要字体，当时的名称是"今文"，因此我们也可以认为贵族阶层接受隶书为标准体与隶书的名称并没有直接关系。此外，有学者认为隶书命名与"徒隶"等含义有关，是出于对秦始皇严刑酷法的痛恨，是一种有意杜撰的卑称。详见鲁国尧《"隶书"辩》，载《鲁国尧自选集》，大象出版社，1994年，第23页。

13. 这里的"堡垒"更多针对民俗类的装饰手法，一些民间的简化字形不可抗拒地进入文人的用字当中。如《宋代雕版楷书构形系统研究》所测查的文人资料中，来自民间的简化"来"字，独立

初期文字掌握在高层贵族手上，他把控着文字的一切发展。而且这种使用范围比我们想象中的还窄小。刘志基先生曾对春秋时期成书的《左传》文字使用情况进行考察，发现《左传》时代的汉字绝不介入中、下阶层人群的社会生活，仅为统治阶级上层所用。而且这些应用，与人们的日常生活无涉，即便是统治阶级上层也不例外。[7]

这种情况在第一次文字大幅度应用下移时出现了变化，大部分中低层贵族和一些平民也开始参与字体的发展，尤其是一些低层官员或平民身份的工匠、书手群体，这是前所未有的现象。"物勒工名，以考其诚"其实就是一种文字应用下放的信号[8]，从中山王三器等最具代表性的工篆体不难推测出都蕴含着大量工匠的审美意识[9]，战国时期的精致化字形之风与这些工匠有很大的关系。而日常书写方面，李学勤先生曾推想马王堆部分文帝初年的帛书是马王堆3号墓的墓主专门请来的抄手为他抄写的，以供收藏。当时已有职业抄手存在。[10]这些抄手直接参与了字体重要变革时期。

另一个平民群体参与字体发展的时代是南北朝时期。南朝士人的"不屑碑志"[11]和北朝的实用文字观念，使南北朝的碑文、墓志等成为工匠在一定程度上可以把控的阵地，后人所说的魏碑体、北凉体等字体风格的形成都与这时期工匠群体密切关联。

可惜这种具有一定程度全民参与意义的黄金时代在此后就基本消失了，即便是出现对字体产生一定影响的，也难以再现如高层贵族不因隶书体含有"徒隶"性质而不喜[12]，反而正体化，成为标准体的情况，取而代之的是话语权"专一化"，审美标准"霸道化"，树立了形体间的堡垒[13]，民俗类形体鲜少出现在如刻本、石刻等文人专属载体中。字体演变的话语权再次回归到高层贵族手中，事实上这个阶段高层贵族在书写艺术过程中，借助书写过程中对线条运行细节的深入探索和哲学介入，已经完成了书写艺术的门槛化、等级化，并一定程度地神秘化。尤其是后者如笔法的神授，不可言传等理论的出现，把线条运行细节把控神秘化，使书写艺术在一定程度上变得高不可攀，此后历代的书论更是从各方面对这种理论加以巩固和延展。这虽然建构了书写艺术化的崇高地位，并保证了其长盛不衰，但是同时也把控了书写艺术的话语权，无形中划分了书写艺术的参与群体。因此从这阶段起留给一般民

众参与字体发展的,可以说仅有副线上的民俗字体,但民间的性质和地位使这些参与鲜少能对主流字体发展产生真正的影响。

可喜的是,步入现代,尤其是当代,又出现了这种全民参与的趋势,不同参与群体的区别被淡化,字体的演变又迎来主角的大变动,未来的发展指日可待。

当然,对于这些参与群体在字体具体演变过程中的角色分配及所采用的"手段"也是值得一提的。

高层贵族通常有两个角色代表,即政府及最高领导者皇帝。前者的常用手段是利用政治优势进行相关制度的制定,有直接的,也有间接的。直接的如秦的字体选用制度化。秦代明确规定了不同字体的使用场所,这对后世影响至深,此后各朝代官方几乎都用一定的制度明确了字体的选用。这对某类字体的推广和发展具有重大的推动作用,隶书、楷书、行书等几大代表性字体的被接受及迅速的推广,都在很大程度上得益于这些制度。间接的比如战国时期秦的侵并中,每攻占一地便在那里推行秦律的制度,秦的篆隶体就是在这个制度中不断被推广到各国的。前者当然在某种程度上也可以认为是后者所采用的手段之一,不过后者还常"亲力亲为","以身作则",如唐太宗的尊王、唐玄宗的喜隶等,都对字体发展影响不小。

高层贵族之外的中低层贵族、平民角色就很多,或为底层官吏,或为书手、写工,甚至是不识字的平民百姓,是个庞大的群体。不过他们所采用的手段相对单一,通常是以破坏字形,产生异形、异体的方式。这种方式是把双刃剑,虽然能冲破束缚,带来字形的大变革,使字体尝到"甜头",但是同时也能出现不可估量的俗体、异体,是字体混乱、恶俗的主要源头。

(4) 书写工具和承写物的配合与发展

其实书写工具就涵盖书写使用的工具和承写物,这里为了避免误会,就分为书写工具和承写物。这两者的配合和发展都促进了字体风格的相应变化。

先看书写工具。毛笔是古代最主要的书写工具,学者们更关注的是它三种基本运动所带来的影响。前文对此已有相关论述,这里做进一步补充。

（接上页）成字 7 次,充当构件 19 次。详见王立军《宋代雕版楷书构形系统研究》,上海教育出版社,2003 年,第 123 页。

14. 并非历史中存在的每一种毛笔都能有效地发挥这三种基本运动，实际上这三种基本运动的挖掘一方面伴随着毛笔自身的用料、形制等方面的不断开发完善，另一方面也伴随着书写载体变化带来的新需求和挑战。

15. "简"字从竹，竹、帛并用屡见于先秦古籍，而"牍"字的使用至汉代始见于文献。竹简的使用应先于木牍，木牍可能是竹简的代用品，为汉代在公元前后通行的书写材料。详见钱存训《书于竹帛》，上海书店出版社，2003年，第73页。

16. 秦汉简牍一般是由长23厘米、宽1厘米、厚0.2～0.3厘米的竹木材料制成。

17. 需要重申，这里"划"和"挑"是相对窄小竹简和当时写姿的。此外，"划"和"挑"也容易使该笔画成为字形中最突出的一笔，对此刘凤山博士有另一种解释，他认为简牍的容字量需求带来字体的扁化轮廓处理，但文字视读的要求又永远高于对单位面积文字数量的要求，这种矛盾的解决方法就是使每个字都有突出的一笔，这样就不至于出现把一个字读出两个字的现象。（详见刘凤山《隶变研究》，首都师范大学2006年博士学位论文，第33页。）或许，这突出的一笔本就是这多种需求共同作用的结果吧。

18. 刘志基先生认为楚简文字出现的文字"缺边"现象是为了降低竹简重量，增加竹简容字量带来的结果，并引起了一系列楚简文字形体的相应变化。详见刘志基《楚简文字缺边现象刍议》，载《古文字研究》第31辑，中华书局，2016年，第404—410页。

邱振中先生认为字体演变最重要的发展阶段正是来自毛笔绞转、提按、平动三种基本运动的不断挖掘[14]。字形结体、字形笔画形态都与此有关，比如点画的兴起原因，在甲骨文中我们常见类似点的短线，而篆文中却鲜见，后人总结的篆文基本笔画不含点，但是在隶变过程中的竹简文字中点却开始被大量应用。甲骨文的契刻基本没有这三个运动的讲究，因此短线、长线皆可，但是毛笔书写的篆文，如果类似短线条的点状形态太多，以平动方式为主。结合不重视书写顺序的"画"字方式，写短线条状的点远不如写长线条的横等笔画来得轻松。而隶变过程中挖掘了绞转，并开始少量应用提按的竹简文字，结合其注重书写顺序的"写"字方式，写起短线状的点反而非常轻松，这或许就是篆文干脆消灭超短线条，而竹简文字开始大量应用点的原因所在吧。

不过当我们分析早期出土的毛笔笔迹，不难发现其间有一个不容忽视的因素，就是毛笔这几个基本运动获得的开发顺序与承写物之间的配合关系。

早期出土的毛笔笔迹都出现了毛笔几个基本运动的发端，但是并没有得到同步发展，最先获得开发的是平动，之后是绞转，最后才是提按，这与不同承写物的特点及发展更替有重大关系。

平动是毛笔最简单的技巧，适用于任何承写物，因此早期无论是在甲骨、简牍还是帛书上，我们都能看到它的熟练应用，这也是篆文体形成的一个主要因素。

当竹简成为承写物的大宗[15]，又面临快捷书写的急需时，仅有平动技法明显是不够用的。而且竹简除了重量，还有两个天然的限制：

> 限制一，窄[16]；
> 限制二，有天然的肌理。

后者通过整治可以大幅度缓解，而前者则是不可更改的，因此当竹简成为主要书写材料时，这种窄小的影响是巨大的。以当时的写姿：

首先，线条转折处明显地以转笔比较方便，收笔则以直接"划"出或"挑"出更为舒适[17]，不大可能出现很难"写"的钩和楷书式细腻的捺[18]。目前出土竹简文字所见的钩,严格来说更像一种圆弧画出的竖弧线,捺也少了真正楷书的顿笔后捺出,更像弧形的粗线条。

其次,更"喜欢"横向笔画,而最"不喜欢"竖向笔画。竹简的左右限定,是竹简本身宽度的限定,并非一个大空间里特意划定某个范围的限定,因此无论是编成册还是不编成册,意象中,左右实际上是有广阔的空间,可以直接书写出界的,书写时并没有左右限定压力,毛笔摆动起来很舒畅。而书写竖线时,虽然理论上没有上下限定,但左右的限定使书写必须控制书写的力度,以把控笔画的粗细,避免过粗而占据太大空间,书写时反而有一定压力。(图4-3-1)早期楚简字形中横向线条通常很长,而竖向则常曲线化并非常短促,就是竹简这种"喜好"的直接反映,换言之,竹简所"喜好"的线条运行路线是隶书体挑画形成的关键因素之一。

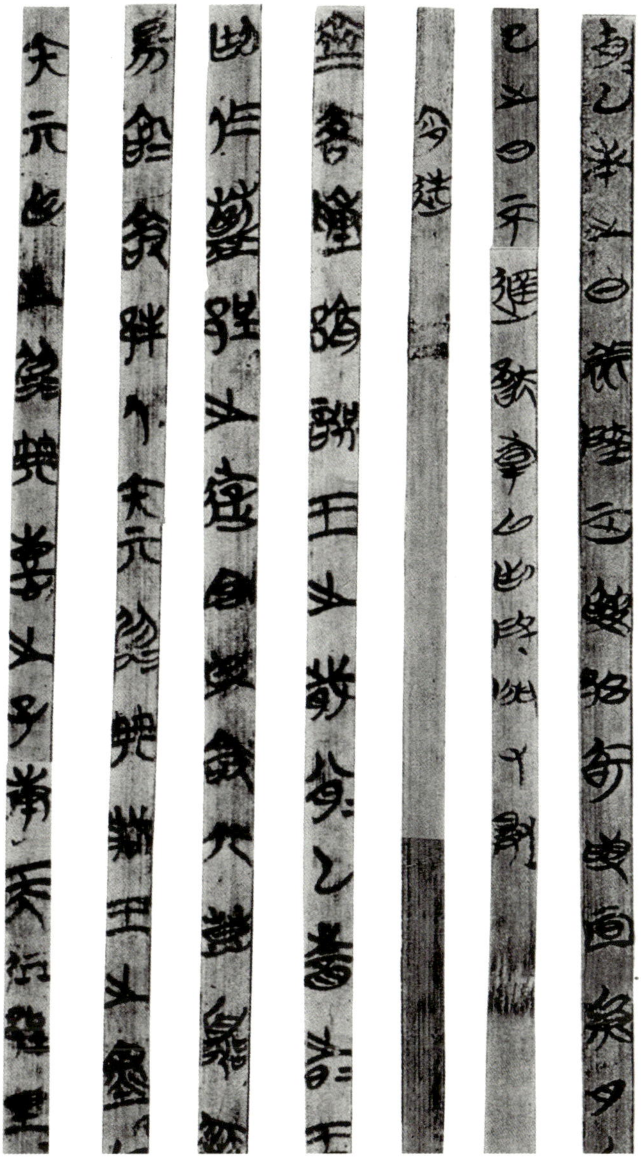

最后,迫使书写时关注起笔、收笔[19]。在跪坐方式下的窄小范围内书写,非常容易写成两头尖中间

■ 图4-3-1 书写时心理因素影响。从包山楚简上的文字能明显感受到横向书写的放松,不少笔画直接左右出界。而竖向笔画则显得小心翼翼,写得很短。

肥或是起笔肥收笔尖的钉头状笔态[20],这两种笔画都不利于所构成字形在窄小范围里的良好显示,整个字形容易挤成一团,对文字成形、字形美感、识别度都有影响。因此在竹简的广泛应用过程中,起笔、收笔开始被重视,并被不断尝试,书写过程中线条运行细节本身自此真正被书写过程所关注,细微

19. 持简书写与在一张宽纸上画出同样宽度的几行空列,心理和视觉感受是不同的。

20. 与这时期所使用的毛笔笔头中空的形制也有一定的关系。

21. 比如后世的设计师桥本先生曾说:"做字体设计的人,没必要去写书法。"但他也说,还是需要理解毛笔书写原理的。(转引自[日]雪朱里著,日本 Graphic 社编辑部编,陈嵘译《文字部:字体设计的这些与那些!》,东方出版社,2021 年,第 14 页。)

22. 当然,对于汉隶的规整严谨,我们不能忽视碑刻对文字的端庄严谨、规范等需求在其中所起的作用。

23. 事实上据目前出土字迹,成熟的隶书,即汉隶,早期也是出现在左右距离较宽的木简、木牍(敦煌汉简)或帛书(居延汉帛书)上的。承写物的左右距离对书写时字形的取势也有很大的影响。

24. 需要注意,虽然我们能在一些较宽的简牍上看到楷书字形的一些尝试,但魏晋南北朝时期的简牍上之所以有很多楷书形体的字形,更重要的原因是石刻、纸等书写载体上字形的冲击。

25. 需要注意,碑也有改变这两个限制的条件,它也因在特定时期里的广泛应用而对字体形成起了一定的作用。如有学者认为碑与刀刻的配合促使提按笔法被大量应用,对楷书体形成有重要推动作用。详见梁培先《刀笔相仍——汉碑之于中国书法史的意义》,载中国艺术研究院中国书法院编《秦汉篆隶研究》,荣宝斋出版社,2013 年,第 1—31 页。

26. 这与纸的形制逐渐变大也有一定的关系。初期纸都不大,书写范围其实没有得到大幅度的扩大。当然,纸初期的这种幅面控制也与初期的写姿有很大的关

的书写动作也受到关注。我们可以认为这是真正有意识地控制书写笔画细节的开端,使书写从注重外物形态转向书写本身,是汉字书写艺术化的真正开端,也是孕育后续几个最主要字体的原点,意义非凡。毛笔也因此成为汉字不可或缺的书写工具,毛笔特性成为汉字造型的事实依据[21]。

体现在毛笔技法上,除了适用性广的平动,毛笔最先获得开发的是转笔,而运笔细节上藏锋、露锋等技法也开始被广泛实践,毛笔的性能被逐渐挖掘出来,与之"配套"诞生的"竹简"字体就是古隶、汉隶[22]、章草等字体。

不过需要注意,简有木简、竹简的不同,由于材料的原因,木简宽度灵活性较大,甚至出现了方简,因此它有时候不存在窄小的限定,楷书体、行书体等笔法也获得了尝试的机会。[23] 在一些较宽的木简中,能看到楷书体、行书体的字体视觉特征都已经显现,可惜早期宽简的应用远不如竹简广泛,这些已有楷书体、行书体字体视觉特征的字体没有如同隶、草那样成为主角。真正推动楷书体和行书体繁荣的是纸的大量应用[24]。

纸具有改变前文两个限制的条件[25],在漫长的简、牍、纸共用的阶段,纸的优势逐渐发挥出来[26],它使书写时字形大小、上下左右范围都得到了解放[27],也使关注不同结体方式与追求运笔细节变得容易,获得极大的发挥空间。在书写过程中,线条运行路线出现了微调,线条运行细节的把控也相应地出现了变化,笔画中段受到重视,提按被广泛应用[28],各种试验不断涌现,新体草书(即今草)、行书、楷书等形体都得到真正大开发的机会,奠定了大部分汉字字体类型。由此可见,虽然根据目前出土的早期字体资料,有些学者从西周,甚至商代找到了隶、草、楷等字体点画形态出现的端倪[29],但它们真正获得发展与书写工具的更替及相互间的配合有极大关系。可以说,隶书体、章草主要是毛笔与竹简配合的成果,而楷书体、行书体、今草、狂草[30] 主要是纸与毛笔配合的成果[31]。

当然纸也带来毛笔由在竹简上书写时刚(简)柔(毛笔)相济的完美配合变成柔(纸)对柔(毛笔)的尴尬状态。这一方面使纸张书写在一定程度上没能迅速推广,但另一方面也带来汉字书写进入更高层次的契机,使毛笔书写技法探索进入更高层的内在意味阶段,即从表面物理层面的刚柔进入内在哲学层面的刚柔,出现"筋""骨"等内在"刚"的书写艺术追求,成为书法艺术向前

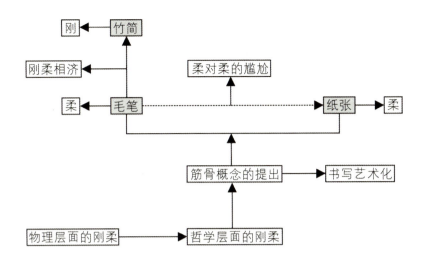

■ 图4-3-2　毛笔与纸张"柔与柔"的对照，促成了书写筋骨概念的提出

跨越的一种推动力量[32]。（图4-3-2）毛笔作为一种书写工具的应用，此时远远超出了使用和驾驭的范畴，达到了一种升华的状态。

　　汉字演变过程中，还有两对值得一提的书写工具与承写物的奇特配合。一为毛笔、刻刀和石头的配合。它从极力对字形的还原，到把石刻技法融入字形中，对篆文字体、魏碑体及楷书体特征的形成都有很重要的贡献。一为毛笔、刻刀与木板的配合。这是印刷术带来的产物，它一方面因速刻需求带来一种全新字体——宋体的诞生；另一方面如同摄影发明促进了绘画了艺术的发展一样，不是使之消失，而是促使文字艺术观进一步深化，从另一个方向带来书写更深层的艺术发展，强化了书写风格特征及理论依托，对宋以后书写艺术的发展影响深远。

　　（5）楷模的建立和贡献

　　楷模不仅是作品本身，同时也是作品所蕴含的技法、审美、观念，甚至人格等多层面的叠加在字体演变中楷模起了非常重要的作用：

　　　　　　首先，它建立了重要的书写范式；
　　　　　　其次，它建立了重要的书写传承。

（接上页）系，并非跪姿伏案书写或坐姿持纸书写的方式都不适合大幅度纸面。由此我们也可以认为纸的广泛应用对写姿的更替也有很重要的促进作用。笔者曾在《持单纸书写姿势的实用性商榷》（载《汉字字形学新论》，重庆大学出版社，2019年，第237—239页）一文中提出对持单纸书写姿势实用性的质疑。持纸书写非常麻烦，但是把纸铺在桌面上书写则非常方便。魏晋时期纸在文人群体里已经非常普及，常被用于艺术性书写，因此高坐写姿的接受应是顺应这种需求的。也就是说纸张载体上的书写艺术需求在其中起了非常重要的促进作用。当然也有学者依据纸完全替代简牍的时间与持纸书写到伏案书写的更替，两者相差数百年，而认为其并不是决定性因素，真正起决定作用的是高案高桌。（见马怡《从"握卷写"到"伏纸写"——图像所见中国古人的书写姿势及其变迁》，载《形象史学研究》，2013年，第72—102页。）

27. 也有学者认为这种书写范围的扩大在宽幅度的木牍、木简使用时已经具备，并直接催生了翻折、提按、绞转等变化丰富的笔法，迫使篆书的圆弧状笔势走向解体。（详见梁培先《竹简、木简、碑刻的"形"与"质"》，《中国书法》2009年第3期。）

28. 对于提按的广泛应用，有些学者提出碑刻在其中发挥了作用，前文已有提及。

29. 李学勤甚至认为龙山文化的丁公陶文就有连笔出现："丁公陶文布局很清楚……同时，它有连笔。甲骨文没有连笔，可是殷墟出土的陶文有连笔，江西关域的陶文也有连笔。这些连笔的，可以说是行草的祖先了。"见其

（接上页）《中国文字从起源到形成和书法同时产生》，《中国书法》2001年第10期。

30. 侯开嘉先生认为狂草与题壁唇齿相依，是题壁书法促进了狂草的兴盛，题壁的衰落也导致了狂草的衰落。（详见侯开嘉《中国书法史简论》，上海古籍出版社，2009年，第83页。）其实说的也是书写范围与狂草之间的关系。

31. 有学者也观察到毛笔与碑配合对魏碑体特征形成的作用。华人德先生认为对着石壁书写将笔画敧斜，比在平放的载体上书写，会更觉得顺手顺势，是魏碑体斜画紧结的结构特征形成的原因之一。详见华人德《论魏碑体》，载其《华人德书学文集》，荣宝斋出版社，2008年，第76页。

32. 拙作《汉字字形学新论》对此有过讨论。（重庆大学出版社，2019年，第202页。）不过需要注意，早期形成的"若书虚纸，用强毫；若书强纸，用弱笔"观念在清乾嘉时被打破，既出现了很多书家开始风行的长峰羊毫配生宣的弱笔虚纸，也出现了刘墉个性化的紫毫配蜡笺或高丽纸的强笔强纸的现象。这说明不仅书写层面毛笔内在"刚"技法高度成熟及普及化，而且已经完全脱离了材质之间的刚柔限制。

33. 张怀瓘《玉堂禁经》，载毛万宝、黄君编著《中国古代书论类编》，安徽教育出版社，2009年，第292页。

34. 黄道周《石斋书论》，载毛万宝、黄君编著《中国古代书论类编》，安徽教育出版社，2009年，第319页。

这两者对于主线上字体演变来说，缺一不可，他们往往代表着主线上字体演变中一个个重要的节点，通常是风格追求的转折点、汇集点，事实上汉字字体的主线演变可以用这些楷模直接串联起来。

楷模也肩负着字体书写教育作用。书论中提到"夫人工书，须从师授"[33] "书未有不摹古而能佳者"[34]，一个强调老师的不可或缺，一个强调作品的重要性。在古代，书写的楷模有老师和作品的双重意思，都代表着权威，是社会性的向心规范和价值标准。不过最初的字体书写方面的楷模只有作品，通常依附于文字规范，如西周的《史籀篇》。但是随着文字观向字体观的转化，字体书写的楷模替代了文字规范的楷模，并扩展到书写的人，作者与作品一起成为字体书写教育非常重要的一项。

不过对于楷模，需要区分它的几种不同情况：

其一，广义上的楷模，也就是中国传统思维中的"万事皆当师古"[35]，即崇古、尊古的思维，如李瑞清提出的"求篆于金、求隶于石"[36]。

其二，文字学上的楷模与书写艺术上的楷模并不相同。文字学是一种规范性质的楷模，如小篆的《说文》、隶书的《隶辨》。而书写艺术是一种风格特征的楷模，尤其是书写过程中线条细节把控方面的示范，楷体中欧、颜、柳、赵四体的差异，其实就是线条运行细节不同控制方式的反映。

其三，楷模通常指某个名家或名家的某个作品，极端式的是一统性，比如王书的统帅。后来的很多名家本身是楷模，但他们整体又是可以追溯到王书一派的。此外，也存在自成体系的楷模，如写经体的习字范本[37]。除此之外，也有民间民俗字体的楷模。它以某种固定的字形装饰范式存在，通常以装饰精致度（包含工艺、施工等方面的精致度）为最高标准。

其四，文字规范上的传承不同于书写艺术上的传承。一种是字形的有序延续，一种是风格特征的传继。字形如对理据保留的坚守，这是汉字被认定为表意文字或意音文字的关键所在。风格上如清代中晚期的碑学运动，被认为是反传统的，其实更多是一种借鉴，类似历史中的复古运动，借古革新，是原有体系的优化，根基仍在于传统，这与文人阶层的既定立场是分不开的。

其五，楷模演变过程中形与体的变化关系。早期的楷模是以形为主，强调文字规范，它与此时形不定，尚无体的概念有关。后来体的概念逐渐被重视，形、体并重，楷模通常就是字形规范与书体规范合一的模式。但这并非唯一的模式，在后期基本形和代表性字体都发展稳定，字体风格成为一种追求后，楷模常以书写性楷模为主，比如前文提及的《宋人书论》中把东坡、鲁直、元章的作品也叫"字书"。当然这也与善书必须明字，论书亦必先称述文字，即文字观是书法观的基础有关系，也就是说形的楷模是一种必需，无须特意强调。

四 两条并存的字体演变路线

标准体、辅助体路线[38]和主线、副线路线，是字体应用视角和字体风格特征视角下，两条并存的字体演变路线，代表了字体演变过程中，对字体应用和风格追求两个重要方向的把控。前者借助形体规范，以及对美化、快捷书写等应用需求的兼顾，呈现字体演变没有脱离以文字本职功能需求为基础，以调和不同群体、不同应用状态乃至不同载体下各种应用矛盾为主要任务的特点。后者借助风格追求方向的更替、其间字体的改造变更，呈现字体演变中实用和美化这一对最重要矛盾关系的冲突和调和。

（一）标准体、辅助体路线

任何通用文字在演变过程中，都会出现标准字体和辅助字体，这是一种常态。不过，汉字从未间断的发展，以及历代形体关系认识的阶段性，使汉字的这条路线相对复杂，变化多样。

（1）标准体路线

标准体路线，即正体路线。指把形体规范性放在第一位的字体发展路线。这里的形体规范性，包含形的规范和体的规范。不过字体层面对于形的规范，主要关注基本形组织构造方面，通常不涉及字义规范[39]。

字体方面的形体规范性，涉及几个因素：范围、时间长短、参与群体性质。

范围，一方面指区域范围。如秦代统一前和统一后，一个属于地方区域，一个属于全国范围的。另一方面指群体范围。它可以大至全社会，小至个人[40]。

时间长短，指规范后标准体被使用时间的长短。如小篆的标准体时间与汉隶比较就短很多；而如果与楷书体比较，其时间则更是短暂。

参与群体的性质，指他们是官方的还是民间的。其中后者常指传承性质的规范，是社会默认的、不言而喻的一种规范。标准体路线通常表现为第一

35.黄庭坚《山谷论书》，载《历代书法论文选续编》，上海书画出版社，1993年，第70页。

36.转引自吴白匋为《胡小石书法选集》（江苏美术出版社，1992）所撰写的前言。

37.抄经人大多为寺庙僧尼或以抄经为职业的经生，这些人一般是看不到名家手迹的，因此不可能与士大夫阶层的文字追求同步、同方向。抄经人的习字范本一般是前人抄写的经卷，当他们抄写的时候通常依照旧本，不参入己意。这样的结果是魏晋时期的写经书体被一直沿袭下来，南北朝后期，虽然写经的隶书笔意越来越少，但总体特征并没有改变。这种定式也在版式规格上有同样的体现，如通常先画好乌丝栏，每纸的行数、每行的字数（通常每行为17字）都是有一定规格的。详见华人德《论魏碑体》，载华人德《华人德书学文集》，荣宝斋出版社，2008年，第73页。

38.王凤阳和郭绍虞两位先生曾就字体类别各自在通常所说的正、俗，正、非正（出自张参《五经文字》）或正、通、俗字体（出自颜元孙《干禄字书》）提出了独特的见解。王先生提出了标准体和应用体（王凤阳《汉字学》，吉林文史出版社，1989年，第180页），可惜其所提及的标准体，从应用层面讲也算是应用体的一种，概念容易混淆；郭先生提出了正体与草体（郭绍虞《从书法中窥测字体的演变》，《江苏教育》2017年第45期），这是建立在文字全是书写而成前提下的概念，但有些文字如民俗文字都用摆、剪等手法而成，不在书写范畴里。不过，两位先生的分类富有启发性，这里"标准体"和"辅

（接上页）助体"概念正是在吸收了两位先生成果的基础上而提出的。

39. 这方面属于正形的内容，这是形与体不同的一个重要体现。

40. 从狭义上来讲，一个公司，甚至个人也有标准体方向和辅助体方向。前者如现代品牌设计为公司专门设计的标准字体；后者如一个人遇到重要的正式文件填写，通常会把形体规范性放第一位，这时候所用的字体可以认为是当时的一种标准体。当然，这不属于本书研究的范畴。

41. 周国林主编《魏书·世祖拓跋焘上》，汉语大词典出版社，2004年，第52页。

42. 小篆的标准体化比较特殊，它可以理解为对文字字形的一种回归式的规范整合，可惜在真正推广应用上并不成功，后来更多是一种政治性的象征；而汉隶则是对早期的平民式破坏解构字形的整合，具体应用和后续发展都大获成功，成为字形继续演化的最主要关注点。

43. 需要注意，这里提及的几种标准体是大类别，在实际演变过程中它会表现为更细化的字体。如从历史中官方通行的标准体书迹看，先秦为篆书体，西汉为草篆，东汉为八分，两晋南北朝为方笔隶书或方笔隶楷。见殷宪、殷亦玄《北魏平城书迹研究》，商务印书馆，2016年，第101页。

种性质的规范，不过它离不开第二种规范所做的"铺垫"，事实上它往往就是在第一种规范后的"确定"或"巩固"，因此常有滞后的情况。

汉字字体标准体路线，范围以国家或区域性为主；时间、长度多样；参与群体以官方性质的为主。这是汉字演变时间漫长，用字环境复杂多元的一种对应性演变特点。下面从形体规范性所涉及的执行方式、实质内容、相关标准字体等方面做简单论述。

执行方式，一为制度的建立，一为制度执行的保障。真正标准体的确立是在秦代。秦"书同文""八体"的出现，使汉字的字体选用首次制度化，标准字体也由此深入人心，并得到多方面的支持。历代官方、士大夫，或是通过行政手段，或是通过著书等方式为相关字体选用制度的执行，尤其是标准字体的地位保障做出了不懈努力。即便是如南北朝等俗字泛滥的时代，也有《字林》《字苑》《玉篇》等著作问世和"今制定文字，世所用者，颁下远近，永为楷书"[41]等字体应用规范的颁发。正是历代这些锲而不舍的付出，从宏观上看，自汉至清，虽然不时受到俗体滥用的冲击，但整体上汉字标准字体的应用是比较乐观的。

字体是需要借助具体作品呈现的，因此标准体路线的实质内容，常会被指定到某些具体的作品或文件中。前者如秦李斯书写的刻石铭文形体，后者如1965年政府认定的《简化字总表》。不过就对应字体而言，汉字字体的标准体路线大致如下：金文、小篆[42]、隶书、楷书[43]。

除了形体规范性，因字形美化、快捷书写两方面需求的不同，排序存在差异。标准体路线内部演变并不单纯，理论上有三种情况：

情况一：形体规范性第一位，字形美化、快捷书写并重。
情况二：形体规范性第一位，字形美化第二位，快捷书写第三位。
情况三：形体规范性第一位，快捷书写第二位，字形美化第三位。

汉字字体的标准体路线通常体现为情况一和情况二。前者如隶变后，日常书写需求普及化，字形美化也常态化。在标准体路线中我们很难分清，在形体规范性需求之外，其更侧重哪一个，但其实是并重的状态。后者如汉字早期没有快捷书写的压力，但有字形美化的自然意识，因此常采用情况二，以秦代小篆为代表，它除了字形规范，工整性追求远胜对快捷书写的追求。

需要注意,代表性字体只是字体演变中几个重要节点,在它们基础上还存在相应的过渡性字体,或进一步开发的字体。因此,标准体的对应字体可以相应地细分。如唐以后,广的层面都可以认为楷书体是标准体,但是细化一点,还可以得出唐初欧阳询楷书、明末馆阁体等更细分的标准体。

(2)辅助体路线

辅助体路线,指没有把形体规范性放在第一位的字体演变路线,其实是把除了标准体以外所有字体的发展路线都涵盖在内。辅助体的实际演变状态极为复杂多样,存在多种可能性:

　　可能性一,第一位,存在字形美化、快捷书写、文字神秘化的不同选择,以及某两者并重的情况。

　　可能性二,第一位选择中,字形美化本身存在几种不同情况。在方向上,存在装饰性美化方向和字形艺术化方向;在参与群体上,存在贵族阶层的和一般老百姓的。

　　可能性三,其他第二位、第三位的选择也存在并重、忽视或侧重某一个的多种选择。

以上三种可能性,结合汉字字体的具体演变情况,可以归纳为以下几种相对具体的方向:

第一位的选择		第二、三位的选择	代表字体
快捷书写		形体规范性、字形美化并重。	日常书写字体
		不重视或忽视形体规范性、字形美化。	
		形体规范性第二位,字形美化第三位。	
		字形美化第二位,不重视或忽视形体规范性。	
字形美化	装饰性美化	形体规范性第二位,不重视或忽视快捷书写。	贵族方向的装饰类字体
		不重视或忽视形体规范性、快捷书写。(贵族阶层参与)	
		不重视或忽视形体规范性、快捷书写。(老百姓参与)	民间装饰字体
	字形艺术化	快捷书写、形体规范性并重。	历代书法类字体
		不重视或忽视快捷书写、形体规范性。	
		形体规范性第二位,快捷书写第三位。	
字形艺术化与快捷书写并重		形体规范性第二位。	
		不重视或忽视形体规范性。	
文字神秘化		快捷书写第二位,不重视或忽视形体规范性。	早期甲骨文、后来道教符咒类字体
		不重视或忽视快捷书写、形体规范性。	

■ 图4-4-1　商代以前繁多的族
　徽。装饰追求有悠久的历史，
　与汉字有密切关联的族徽，即
　是装饰的一种代表。

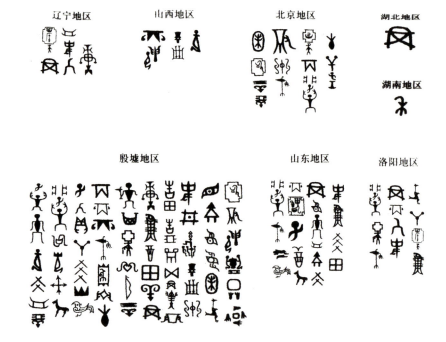

44. 也有学者如胡抗美先生认为
作品的装裱、纸张的做旧、纸张
颜色加工都是这种字体外饰的延
续。（见其《中国书法艺术当代
性论稿》,荣宝斋出版社,2012年,
第13页。）这如同早期甲骨文刻
完之后的涂朱涂墨，或是金文铸
完之后的一种错金，其实是扩展
到书写材料的装饰，与字体本身
的装饰还是存在一定的差异。

45. 项穆《书法雅言》,载《历代
书法论文选》,上海书画出版社,
1979年，第513页。

当然，表格中只是各种可能性的列举，并不意味着所有的方向都是整齐划一地向前发展。在实际演变中，除了并行，也有先后。其间存在彼此竞争、交流合并等现象。地位也有高低之分。在内部形成含有主辅性质的演变路线。以字形美化内部、装饰美化方向和字形艺术化方向的争辉现象为代表，相应字体也在其间起起伏伏。

首先登台的是装饰方向(图4-4-1)。它发端于先民的自然审美，从尚无体概念的文字初期，到战国时期以鸟虫书为代表，达到第一个高峰，出现了大量装饰性字体尝试。此后因汉时灵帝的喜好而得到一定程度的延续，持续发酵了一段时间[44]。

不过装饰方向，实际上在战国的鸟虫书之后就呈衰弱趋势。秦之后其实已经失去了主角的地位。它的装饰呈表面性，不符合当时文人群体的字体审美追求。字体发展的注意力，更多地转向了字形艺术化方向。虽然我们能看到后来如北朝王愔《古今文字志目》、唐代韦续《五十六种书》总结了大量的装饰字体，也能看到高层贵族如汉灵帝对鸟篆的喜好，唐郇国公韦陟创制了郇公五云体；但前者如同项穆《书法雅言》里所说的"未见真迹,徒有虚名"[45]，

46. 张怀瓘《文字论》，载《历代书法论文选》，上海书画出版社，1979年，第209页。

后者则只是种花押印，昙花一现，已经不可能挽回在主线上衰弱，逐渐消失的发展态势。

接替装饰方向的是书写艺术化方向，即书法方向。书法领域常喜欢用"觉醒"来形容它的固有存在。其实书法方向真正至汉才有实质性的推进，有了理论意识。"加之以玄妙，故有翰墨之道生焉"[46]，借助书写过程中对运行细节的把控和哲学化，赋予了书写不可思议的"光环"，触及了内在意趣。书写由此与书写者性情、志趣、才识、学养甚至人品产生关联，受到上至高层贵族，下至平民百姓的全民性喜好，很快占据主角地位，长期统治着汉字字体的发展路线。狂草及各书家代表性字体，是这条路线最直观的发展成果。

这种情况到了现代，尤其是当代，受书法式微和现代艺术思潮的共同冲击，两条路线之间的界限松动，某些方面出现了合流的现象。这些路线及其后续发展，可以初步归纳如下：

装饰方向——祭祀用品或日用器物——现代书法、现代品牌字体

书法方向——书法——现代书法、现代品牌字体

不难发现争辉的两个方向，最终都被现代书法、现代字库字体和现代品牌字体所包容吸收，出现了意想不到的合流现象（图4-4-2）。

对于汉字字体的标准体、辅助体发展路线，需要补充两点：

其一，我们所提及的形体规范性、快捷书写及字体美化排序是一种选择意识。当选择意识出现变动的时候，往往一个字体的身份就发生了变动。两条路线所获得的字体，实际上仅代表某个时期内，相对稳定的一种选择而已。也就是说，如同辅助体路线内部的争辉、交融，标准体路线和辅助体路线之间，也同样存在这种现象。如战国文字的百家争鸣，事实上就是标准体方向中，立于第一位的形体规范性，被快捷书写或字形美化所取代了，原来的标准体向不同方向的辅助体发展。

其二，字体的风格追求方向，并不构成标准体路线和辅助体路线的判断要素。比如汉隶和唐隶，同样有出挑笔画的追求，但不能因此判断汉隶和唐隶哪个是标准体，哪个是辅助体。

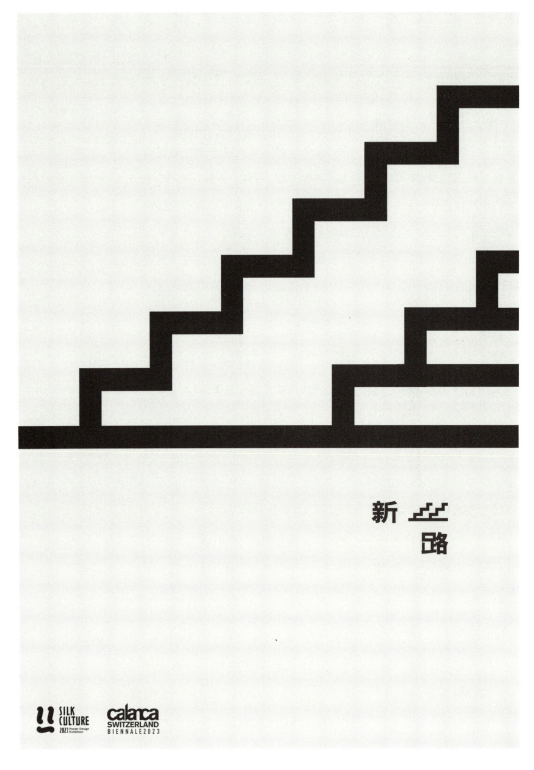

■ 图 4-4-2　现代字体作品对字形的直接物化。把"丝"物化为两个
不同方向的台阶，表现"新思路"方向多元，一直向上。李海平设计。

（二）主线、副线路线

从字体所呈现或所追求风格在字体演变过程中的地位出发,汉字字体演变有主副两条路线。它也是字体路线演变的常态,同样因汉字演变的不间断及历代形体关系认识的阶段化,而呈复杂多样的态势。

⑴主线

主线指汉字字体演变的主流路线。字体关注风格特征,因此它的"主流",体现在对某类风格主角地位的确立和对风格主要演变方向的把控上。

其一,主线意味着字体演变的最主要审美追求。如从表面装饰走向追求内在意味,即书法艺术道路,这与前文提到的辅助体字形美化内部、装饰美化方向和字形艺术化方向的争辉,有部分重叠的情况。

其二,主线意味着在字体演变过程中面对各种挑战时,最具成效的解决办法。如第一次文字应用大幅度下移时,面对日常快捷书写需求的挑战,各国兴起了各种字形改造尝试,其中隶变的解决办法最具成效,其全新线条运行路线选择及相应运行细节的控制方式成为字体演变的主流。这也是出自官方层面的标准体小篆,其所形成的标准体路线,并不能称为主流路线的原因所在。

其三,主线也意味着面对各种机遇时,最高效方向的把握。如面对承写物从竹简到纸的变化带来书写范围变大的机遇,由竹简字体——隶书,向纸张字体——楷书推进,良好地把握契机,最终成为字体演变的主流。

正因为如此,主流路线即代表了汉字字体演变的发展方向。当然,因文字实用和文字美化天然存在一定的对立因素,在实际字体演变过程中,主流路线通常展现为实用方向和美化方向之间的争夺。

实用方向总是期望汉字能在实际生活中,非常方便地被使用。而在实用的同时,又总是期望所选用的字体足够优美,甚至能在其中表达一定的情志。由此,汉字的字体演变主流路线,既表现为实用字体发展路线,又表现为美化需求层面字体路线,是两者地位起伏的一种反映。

实用方向根据官方或日用的不同,可以细分为两个应用方向:官方性质的规范应用和日常书写的方便应用。官方层面的实用主要体现在它的规范性上。不过,就字体发展方向而言,它相对保守,具有明显的被动性。它一般是从主流日常书写用字中选出某类字体,规范而成。官方规范方面的实用,在

47. 即求区别、求简易、求美观。详见李寿奎《汉字学论稿》，人民美术出版社，2016年，第91页。

某种程度上可以说是一种因地位关系的"花架式"的主线，对字体演变的真正推动并不明显。当然，并不能因此而否认官方规范方面的实用，对字体演变主方向的把控作用及对新字体身份认定后带来的各种影响。官方规范字体的地位，决定了它对其他字体所具备的规范作用和参考价值，因此它总会在一定程度上影响日常书写字体的字形选择、风格追求等。如隶书在演变过程中从小篆中吸取了养分，后来有些隶书体的字形，即是直接来自小篆字形。

日常书写的方便应用，其字体发展则是另一番景象。它充满激情，是典型的多个方向试探。比如因日常快捷书写与形体规范之间对立矛盾，而带来字体发展方向的争斗，可谓百花齐放。战国时期出现的各种前所未有的潦草形体是倾向于日常快捷书写的成果，而汉代《乙瑛碑》《礼器碑》所呈现的端正形体，则是倾向于形体规范的成果，甚至具有官方规范字体的功能。

美化方向，体现为一种普及性。李守奎先生认为文字推进有三股动力[47]，美观是其中之一。理论上，美化意愿体现在所有的字体应用当中；但在实际演变中，它是随着美化追求的主动化而日趋显现的。从早期与日常书写规范需求同步的工整等常规需求，向自主美化方向推进。此后挣脱了文字实用的束缚，对专属美化字体提出了期望。并因参与群体的地位，而与日用层面的主流方向争辉，真正成为主流路线重要的组成部分。狂草的出现可以说是这种争辉的顶峰。

由此可见，汉字字体演变的主流路线，随实用方向和美化方向争夺的起伏而起伏，既是阶段性的，又是动态式的。

(2)副线

副线是非主流的路线，理论上主流外的所有路线都属于此类。汉字漫长的历史及应用的丰富性，使副线的演变异常丰富多样(图4-4-3)，有两个非常典型的特点：被动和主动兼备，实用与娱乐并存。

先看被动和主动兼备。

被动指字体应用时，字体相关的很多因素只能是被动接受。比如字体选用上，通常只能被动接受已有的字体类别；审美特点上，通常只能被动接受主流的审美意趣。作为不占话语权的副线只能如此，但有趣的是在这种被动下，反而因没有各种额外负担，极为放松，呈现更多的主动性。主要体现为如下三方面：

■ 图4-4-3　现代字体装饰。是借用文字的字义和保留的象形特征，
有意形成的文字画。两幅皆为日本"人间国宝"工艺家芹泽銈介的
文字绘作品。

其一，虽然只能接受既定的基本字体，但却可以天马行空地开发字体。由此，瓦当文、铜镜文、货币文等各类载体性字体，符箓、复文等各类神秘用途的字体，龙书、雷书、麒麟书等各种意象中的字体，都如雨后春笋不断涌现，为汉字字体类别的丰富性立下了汗马功劳。

其二，虽然无法撼动主流的审美意趣，但却可以自由地挖掘自身的独特审美。如秦代玺印文字的洒脱，汉代瓦当文的犷美，唐代织物文字的严整。汉字字体审美的多样化，也有副线演变不容忽视的贡献。

其三，虽然无法撼动主要书写工具、书写载体及相应成形方式、装饰手法的地位，但却可以自由地选用工具、成形手法、载体，延展和应用各种特有的装饰手法。于是，目中所见的事物，都可以成为潜在的书写工具、书写载体；刷、涂、摆等成形方式的出现顺理成章；吞、投、烧等行为式的字体应用也不是奇怪的事了。

相对被动和主动兼备的对立式调和,实用与娱乐的并存,则是一种和平共处。

副线字体演变也常是目的性明确的。如琵琶半字谱、古琴减字谱,都是非常实用的变异式字体发展路线。不过,这种目的性通常相对放松,功利性较小,常存在相应的娱乐心态。如至今存在的各种剪字式窗花,更多是一种自娱自乐式的添彩活动。也正因为如此,副线的各种发展方向虽然百花齐放,但彼此之间没有主流路线式的抗争。

可见,副线虽然不占话语权,其所出现的字体尝试大部分也没能真正地独立成体,但这些尝试所呈现的大胆和放松,相对主流路线,反而更具活力和探索精神。

此外,主副线也存在与标准体、辅助体类似的,彼此关系变动的动态性发展变化。如战国时期兴盛的装饰字体活动,也曾短暂占据字体演变的主流方向。据此,主流路线其实可以细分为长时主流路线和短时主流路线。可以把书法艺术路线等长期把控字体演变方向的发展路线,称为长时主流路线,而把在某个时段占据字体演变主要方向的路线,称为短时主流路线。

五 非常规书写类和常规书写类字体的演变模式

字体因书写类和非书写类的分流,而形成了描绘式模式和书写式模式。风格形成时所采用的不同成形方式,即是两个模式的区别所在。前者借助的是描绘式方法,后者是书写式方法。不过,它们更重要的区别,是与这两个手法相关的,如风格追求、审美志趣有、功能发挥特点等方面的不同。

当然,同为字体,书写类和非书写类两类字体都具有视觉特征统一化、实用等方面的需求,因此在各自对应的描绘式模式和书写式模式外,还拥有一个共同的演变模式:规范化模式。

(一)非常规书写类模式:描绘式模式[48]

描绘式模式,以描绘的方式成形,因此就美感追求而言,呈现的是表面性的装饰,其应用中除了本职功能,常强化神秘力量的应用,可以表示如下:

强调表面装饰 —— 强化神秘力量的应用

■ 图 4-5-1 月中有兔。《艺文类聚》卷一引汉刘向《五经通义》:"月中有兔与蟾蜍何?月,阴也,蟾蜍,阳也,而与兔并明,阴系阳也。"宋俞琰《席上腐谈》卷上:"愚谓兔自属日,所谓月中兔者,月中之日光也……世俗遂谓月中有捣药兔,妄矣。"作品把"兔"字融在"月"字中,"月中有兔",即月中有阳、有光。月是思念,月中有阳、有光即是思念中有阳、有光,如同心中有阳、有光。李海平设计。

描绘式模式的表面装饰,手法很丰富,是一种非常自由的模式。

49. 马国权《缪篆研究》,载《古文字研究》第五辑,第 374、375 页。

成形工具:理论上所有可成形的工具都可被选用。

成形载体:理论上所有可承载文字的都可被选用。

成形方式:理论上只要能出现字形的方式都可被选用。

审美特点:理论上接受所有方向的审美追求。

正因为如此,描绘式模式,一方面常突破基本形限定,很自由地对基本形进行相应改造。(图 4-5-1)如有意无视字形的轮廓规则,字形拉伸或压扁;有意地不选用纯线条的方式成形,字形物化或图形化。马国权《缪篆研究》一文中提到了四种写缪篆的方法:屈满(笔画少的字形,把有些笔道故意盘屈)、减省(笔画多的字形故意减省笔画)、挪让(竖或横等笔画多的故意上下左右伸缩所占位置)、穿插(字形局部笔画数量多的,笔画穿插互让)。[49]这其实是四种为了字形匀称工整的美化手法。另一方面,呈现了一种特有的,可以反复修改的"修补式"装饰。它要实现如线条对比、线条呼应的装饰效果,通过修补,显然比较容易,因此描绘式模式,最先获得关注,技法最先得到开发,并很快取得成效,很早就发挥了对字体演变的推动作用。

50.书写式模式的代表是书写艺术化，即形成书法。书法也成为这种视觉动态感的代表，叶秀山认为书法是"看得见的音乐"，是"运动型"的艺术。书法艺术是把"运动"储存起来的一种方式，当观者欣赏书法艺术时，这种"运动"就"释放"出来，激起观者运动的知识。详见叶秀山《说"写字"：叶秀山书法谈丛》，中国人民大学出版社，2013年，第24—25页。

串白蓝色米珠纽扣

串米珠珠料纽扣

■ 图4-5-2　清代宫廷服饰小配件，文字装饰非常精美

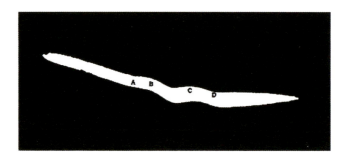

■ 图4-5-3　黄庭坚"遗"字捺笔展现的对书写过程的把控。A、B、C、D四处是变化的主要节点。

当然,描绘式装饰也有明显的短板。

短板一,审美深度不够。直接去修补形本身这种方式,使其装饰审美常停留于表层,深度不够,技法也很快达到极致。因此描绘式模式虽然开端轰轰烈烈、丰富多彩,但后劲不足。

短板二,成形时情绪介入较难。描绘式装饰可以反复修改,相当于情绪被反复调整,趋于平稳。这使成形时个人情绪介入的可能性被降低。

这种特点使描绘式模式的应用,在功能层面,通常是本职功能的发挥。而超越本职功能的,主要体现在神秘力量的应用。如道教的符箓、民间的吉祥文字。在应用场合方面,以民间为主。描绘式模式的成形手法和装饰特点,更契合民间的技法特点,更符合老百姓的审美需求。正如同前文提及的,佛教初入中国被称为"像教",民间图像的力量远胜纯文字的力量。当然,描绘式模式成形方式的自由多样及可反复修补的特点,使作品更容易实现细密装饰,呈富丽堂皇的状态,契合某些特定的审美需求,如在清代宫廷的生活用品中能见到大量的这类模式下的字体作品(图4-5-2)。

描绘式模式这些特点的形成,表面得益于汉字本身造型的高度可塑性,工具、载体选择的多元化,以及汉字字体应用的多元,参与群体的多样;内在则是中国文化包容性、多元化的一种呈现。

(二)常规书写类模式:书写式模式

书写式模式,以书写的方式成形,因此在美感追求方面,除了表面装饰美感,还存在内在意趣层面的追求,其应用方面,除了本职功能,常追求更深入情感的应用。可以表示如下:

内在意趣 ——追求更深入的情感表达

描绘式模式和书写式模式,都可以认为是对汉字字形的加工,是一种人为的加工。不过描绘式模式,如同对一个静坐的模特进行精心搭配,是一种静态中的美化,停留于二维平面的视觉感受;而书写式模式,则是一种动态中的美化。它关注线条的运行路线和运行细节,注意书写过程中笔触的细腻变化(图4-5-3),字的各部分由此常加入了一种力的较量,走向了一种视觉层面的动态感[50]。姜夔《续书谱》提及的"点画振动,如见其挥运之时"即是一种非常形象的体验。除此之外,更重要的是,这个动态感还具有三维特点,前文笔势中已经提及了这种力除了来自平面的X轴、Y轴,还有立体面的Z轴。

书写式模式	书写动作	书写姿态	书写姿势
			执笔方式
		动作执行	下笔轻重（运指、运腕方式）
			书写方向
	书写速度	书写节奏的控制	
	书写顺畅度	书写范围的控制	
		书写简易程度的控制	
		笔画之间、字之间衔接程度的控制	

51. 胡抗美《中国书法艺术当代性论稿》，荣宝斋出版社，2012 年，第 22 页。

52. 李煜《书述》，载《中国书学技法评注》，上海书画出版社，2002 年，第 2 页。

53. 项穆《书法雅言》，载《中国书学技法评注》，上海书画出版社，2002 年，第 315 页。

54 周星莲《临池管见》，载《中国书学技法评注》，上海书画出版社，2002 年，第 5 页。

55. 陈介祺《簠斋尺牍》，载《中国书学技法评注》，上海书画出版社，2002 年，第 7 页。

56. 虞世南《笔髓论》，载《中国书学技法评注》，上海书画出版社，2002 年，第 85 页。

57. 周星莲《临池管见》提到黄涪翁论书"须通身气力来笔尾上，直当得意"。载《历代书法论文选》，上海书画出版社，1979 年，第 730 页。

这个模式对书写过程的把控如上表所示。

书写动作含书写姿势、执笔等姿态内容。如邓石如执笔时将笔管向前倾斜，使笔管顶端的倾斜度远远超过笔尖的位置。书写时笔锋受压强烈，带来笔锋强烈的反弹，中锋行笔由常规的"行走"变成"切入"，甚至"杀入"的感觉[51]，线条运行细节由此个性化，形成独特的字迹。

关于书写动作的具体执行，李煜《书述》中有"撅、压、钩、揭、抵、拒、导、送"[52]，项穆《书法雅言》有"钩、揭、导、送、提、抢、截、曳"[53]。这些动作结合毛笔书写姿势方面可站、可坐等特有优势，强调对腕的应用，"运指不如运腕"[54]，"凡用手之事，皆以指不动为法"[55]。当然，具体而言，可以直白地体现为下笔轻重、运笔方向等动作执行情况。如八大山人后期书法选用中锋为基干，轻重上减少提按，方向上尽量避开折笔，以转笔为中心，但笔锋运动中又存在细微的变化，笔画单纯又有丰富的质感。

书写速度主要指对书写节奏的控制。"太缓者滞而无筋，太急者病而无骨"[56]，对书写速度的把控能形成特殊的风格。如黄庭坚一改唐代草书的旧法，有意放慢书写速度，为线条加入更多变化，"通身气力来笔尾上"[57]，形成与唐人全然不同的风格。

书写顺畅程度指与生理性特点的契合程度。含书写范围的控制，书写简易程度的控制，笔画之间、字之间舒适程度的控制等方面，这在前文已有多处论述，不再赘述。

对这些相应内容的控制，带来笔画的精细化，结体方式的精细化，进而促成风格的多样化。

■ 图 4-5-4 静态时的毛笔，笔头呈圆锥状，但实际书写时，却常被灵活调整为所需的形态，这是软笔特有的"优势"。
上两图中毛笔笔头被调整为类似刷笔的形态，起笔线条其实是类似刷笔形态"刷"出来的（运行中借助毛笔的弹
性和对书写力度、速度的控制，又可以在一定程度上恢复到毛笔原有的圆锥形态）；下五图中能看到用绞、衄、挫
等动作，毛笔笔头出现收尖、绞开、回弹等情况，形成各种宽、圆、尖、扁，甚至绞成几圈等不同笔头形态，线
条就是用这些独特笔头形态写出来的。换言之，毛笔的书写，实际上是借助毛笔运行中可能形成的各种笔头形态，
结合相应的运笔方向、速度、力度等因素的成形过程，因此字迹变化极其丰富，但在某种程度上又是可以控制的。

58.宋曹《书法约言》，载《历代书法论文选》，上海书画出版社，1979年，第564页。

59.刘熙载《艺概》，载《历代书法论文选》，上海书画出版社，1979年，第708页。

60.雷简夫《江声帖》，收录于朱长文《墨池篇》。

61.李泽厚先生认为书法美是一种活生生的、流动的、富有生命暗示和力量的美。详见李泽厚《美的历程》，江苏文艺出版社，2010年，第63—64页。

一方面，结合字形变化带来文字的整体向前推进，如书写速度可以对应相应的后续成果：

书写速度——减少运笔路程——减少线条数量、特长线；减少弯曲长线；某些线条连接、合并或断开——新的线条形态——形体变更

另一方面，可以轻松进行线条运行路线和运行细节把控，形成如笔画连断、轻重、走势、体势纵横等不同字迹，促成字体风格的形成。走马楼简出现的夸张捺画，就是在书写节奏控制中，停顿处设置的夸张化。其实翻阅那个时代的竹简文字，都能看到这种书写特点，即在行笔过程中对某一笔，忽然有意地提按加重，形成字体的某种个性特点。

通过长期的探索和实践，这些书写过程的把控形成了一系列相应的技法。如"凡运笔有起止、有缓急、有映带、有回环、有轻重、有转折、有虚实、有偏正"[58]，"逆入、涩行、紧收，是行笔要法"[59]。

相对描绘式模式，书写式模式工具不变(毛笔)，成形方式单一(书写)，载体固定(后来主要固定为纸)，不能反复修改，其实是一种约束性极大的"一次性成形"方式。书写式模式要达到如线条对比、线条呼应的装饰效果，其实很不容易，需要一定技巧，并辅以更多的练习。但也因为如此，书写式模式非常重视成形过程中的各种细节、各种可能性研究，关注书写过程中的每一个步骤，并极力与最后这仅有的一次成形相互配合，正好契合庄子所说的庖丁解牛技进乎道。

而更重要的是，这种"一次性成形"特点，也使它的书写过程与书者书写时的状态密切关联，瞬时的精神状态、情绪情况都可以介入书写效果，书写表达情绪成为可能，出现以书达情、书情交融的境界。换言之，书写式模式在演变过程中，把劣势转化为优势，不只停留于表面的美感追求，而是通过文字成形中个人情感、修养的介入，"心中之想尽在笔下矣"[60]，展现一种活生生的、流动的、富有生命暗示和力量的美[61]，使美化进入了高境界的艺术层面，诞生了中国书写特有的书法艺术。因此，就装饰审美追求而言，书写式模式实际上触及了内在意趣，进入内在层面美的追求。可见书写式模

式的发展过程与描绘式模式正好相反,开端艰难、缓慢,但潜力巨大,并常能保持一种探索的锐气。

(三)共有模式:规范化

规范化模式之所以成为两类字体的共有模式,主要有两个原因:

首先,它是风格稳定和实现其功能的天然需求。规范是对风格的一种总结,带有一定的程式化性质。一种风格要真正地起作用,带来影响力,是需要一定程度的统一性的,而非无序的。书写类字体和非书写类字体都有这个需求。

其次,它其实是事物发展基本规律的反映。风格的追求从尝试开始,到往往结束于规范化,再出现新的尝试,呈一定的循环状态,汉字几大代表性字体的演变都是遵循这个模式的。可以表示如下:

风格特征的尝试——规范化——新一轮尝试——新一轮规范化

不过这个模式经常是同时同步,在不同风格的字体间进行的。比如南北朝期间,南朝和北朝从不同方向对同一源头的基本形进行风格尝试,进而各自程式化为不尽相同的字体风格,也就是学者总结的"南宗北宗""南派北派"。因此对于这个模式需要注意几点:

(1)规范化的阶段性;

(2)非代表性字体的并存现象;

(3)并非每一个规范化尝试都是有效的。

风格在发展过程中经常是呈阶段性的,因此程式化也经常具有阶段性特征。比如魏碑体的平画宽结、斜画紧结,在某种程度上就是两个不同阶段风格的规范式程式化结果。

通常,我们会把代表性字体认定为规范化后的字体,如小篆、汉隶。但实际上,在演变过程中,存在不少也经过规范的过渡性字体。它们不具备代表性字体的"典型"性,字体视觉特征常个性特点不足,但是它们其实是字体发展最重要的组成部分。理由有二:

其一，它们与代表性字体并存，常是历史中字体应用真正的"主角"。如汉隶成熟前的所有隶书性质字体的应用，理论上都属于此类。

其二，这些字体也是字体开发的重要参照。清代所推崇的碑刻字体，尤其是其中的魏碑字体，其实就是一种介于隶书体向楷书体过渡的，尚未完全成熟的字体。因此，这些非代表性的字体，其风格特征反而常是字体进一步开发的最主要参照物。

并非每一个尝试都是有效的，主要指有些尝试成果被历史淘汰了。比如六国所进行的类似隶变的尝试，它们所形成的过渡性字体绝大部分被淘汰了。当然，也指有些尝试虽然有一定的成效，但其实非常小众，是小圈子里的"自娱自乐"，民间的不少字体应用状态即是如此。比如前文提到的剪字主要是一般老百姓的一种习俗式祈福，它在日常生活层面是普及面很大的一种民俗行为；而就字体演变而言，它仅是民间字体应用极为细小的一种简单应用，甚至可以忽略不计。

六　形体共有的演变规律及字体特有的演变规律

前文提及了形和体演变规律上共性和个性共存的特点，不过其中的共性，虽然从字面上看完全一样，但侧重点并不完全相同，严格来说并不能直接等同，这在区分字形演变规律和字体演变规律时是需要特别注意的。

（一）形体共有的演变规律：简明化、规范化

汉字字形和字体演变字面上共有的规律是：简明化、规范化。

这两个规律都是文字记录语言需求的一种必然反应。不过因字形和字体各自不同的侧重点，在具体演变中各自的内涵和真正的执行方向并不相同。

简明化，都指向简单明了[62]。不过字形侧重构形层面，它的简明化，是希望字形能被很快、很容易地识读出来。而字体侧重视觉层面，它的简明化，是希望所采用的某种特征化手法能被快速地识别。字形和字体简明化的目的并不相同：一个指向字形的识别度；一个指向字形的风格特点。比如同样在从线条化到笔画化的简明化推进中，字形和字体所做的"功课"并不一样。字形追求线条数量变少，力求形上的简洁——配套的是笔画趋直、短化，构

件简化、类化。字体则不强调线条数量的多寡，而是关注笔画特征化呈现的明快、清晰，力求风格特征的明晰——配套的是线条形态的多样性、线条布局的合理性。

规范化与简明化类似。字形的规范化体现为形的系统化，字体的规范化体现为风格特征的系统化。比如同样面对构件的规范，字形层面是构件形态的趋同，而字体层面则是构件风格的趋同，两者之间的类化并非同一回事。

据此可见，字形和字体虽然拥有同样名称的发展规律，并常共享如隶变等汉字改造的成果，但事实上它们的具体内容差异不少。因此严格来说，是各有各的规律，在探讨汉字发展规律的时候应该特别注意，这也是字形和字体发展规律需要分开论述的原因所在。

（二）字体特有的演变规律：特征化

关于字形和字体的演变规律，学界常以形体演变规律，或汉字演变规律的方式进行综合研究，虽然取得丰硕的成果，但也存在一定的不足。

一方面，有些演变规律，与字体无关。比如音化，指汉字逐渐走向记号化，更呈表音的特点，它显然是关于构形，属于字形层面的演变规律。

另一方面，有些演变现象，演变规律并没给予关注和解释。比如隶变后，字形所侧重的构形层面，其实已经完成了最重要的改造工作，但是何以字形继续出现行、草、楷等代表性字形？同样，隶变后，字体何以出现如欧体、柳体等书家字体，以及馆阁体、台阁体等官方应试字体？它们都是字体演变值得关注的问题。

可见，字形和字体的演变规律更多的是相异，目前所见的形体演变规律尚没有揭示字体演变的实质。字体存在自身特有的演变规律，并在汉字形体演变中发挥了相应的作用。那么，字体特有的演变规律是什么呢？

字体关注风格特征。风格特征追求的主要目标是拥有自身的独特性和典型性，即特征化。因此，字体真正最具自身特色的演变规律是特征化，可以表示如下：

（主动或被动）某种风格尝试——风格特征稳定化——新风格特征字体

在字体尚未"觉醒"的阶段,即存在这种特征化规律的痕迹。董作宾把书体作为甲骨文断代的标准之一,并为此提炼出了雄伟、谨饬、颓靡、劲峭、严整五种风格特征,以作为判断的对照,即是甲骨文已经进行了一定程度的特征化,呈现相应特征性的一种反映。

进入春秋战国时期,这种特征化规律的实践更为明显,且成效显著。鸟虫书、中山王铭文是特征化尝试和成效的典型代表。货币文字、玺印文字,虽然未独立化为字体,但其装饰技法的日趋稳定也高度展现了载体性文字应用中风格特征化尝试的努力。小篆规范所形成的典型特征,在某种程度上也可以认为是这种特征化的一种成果。可惜,此时汉字最重要的"事件"是隶变,字体特征化规律的光芒被一定程度掩盖。不过,在隶变过程中,字体特征化规律其实也发挥了重要作用。第一个隶变"成熟"作品——汉隶典型特征的形成,即有字体特征化规律的推动。

汉隶之后,正如前文提及的,字形其实已经完成了最重要的改造工作,字体进入了多方向尝试和应用的高速发展时代,字体特征化规律开始发挥重要作用。目前所见的绝大部分字体都可以认为是其成果。如八分、楷书、草书是隶书三个不同风格尝试方向的特征化成果:隶书向有波折方向发展为八分;无波折有提按变化的为楷书;草略简易的为草书。魏碑体、宋体、馆阁体是楷书三个不同需求和载体应用方向尝试特征化的成果:石刻化的为魏碑体;程序化、版刻化的为宋体;官方应试,书写高度程序化的为馆阁体。

当然,字体的风格追求涉及审美意趣、艺术特质及工具载体应用,其特征化规律在审美方向、工具应用中也呈相应的配套发展,值得关注:

审美方向:动态化——静态到动态,内在化——表面到内在;
工具应用:泛工具化到单一工具化,再到去工具化。

从静态到动态,一方面指字形真实的动态化,如当代的动态化字体,它使字形真正地实现了动态性展示,这是技术发展的必然结果;另一方面指艺术层面上的动与静,如装饰性的"平静"到书法艺术性的"势""行气",是一种抽象性的动态。这是字体不同风格追求,艺术层面的固有差异带来的。

从表面到内在,指风格的追求从停留于表面形态,追求文字表面上的美感,进而转向追求笔画或字体内在所蕴含的深刻含义,它代表着从追求视觉需求到追求心理需求,即从表面视觉转向内在心理感悟或体悟式的审美层次。这个"内在"有两方面的体现:

一是书写艺术层面的内在审美。书写艺术化的"创举"和贡献是"拉上"了哲学作为其理论依托,"夫书肇于自然,自然既立,阴阳生焉;阴阳既生,形势出矣"。使书写的过程、书后的字迹都能超越表面形态,有相应的深层含义。书写由此真正成为一项理论和实践都完备的艺术形式。

63. 李零《万变:李零考古艺术史文集》,生活·读书·新知三联书店,2016 年,第 461—463 页。

一是民间吉祥文字层面的字义审美。明清大兴的吉祥文字,大幅度发挥了早期存在的字义审美,超越字形表面美与丑的束缚,达到以义引领的字体审美形式,是另一种形式的内在审美方式。如李零先生曾修正满城汉墓出土的40枚带铭文的宫中行乐钱:

骄次(恣)己(忌),常毋苛。

得佳士,圣主佐。

五谷成,万民番(蕃)。

府库实,天下安。

朱(珠)玉行,金钱拖(施)。

富贵寿,饮酒歌。

寿毋病,饮其加。

起行酒,乐乃始。

乐毋忧,自饮止。

寿夫王母畏妻鄙(副)。[63]

这些铭文既有吉祥含义,也有明确的押韵效果,结合花钱的形式,可谓把汉字的形声义都进行了美化。这也是不同风格追求的固有差异带来的,是汉字走向艺术化发展道路在字体风格美感追求方面的具体反映。

泛工具化到单一工具化,再到去工具化,前者比较容易理解,它指在很长一段时间里毛笔把控了字体风格追求的方向,可以说是依附工具成体,又依附工具发展。这是早期毛笔被定为主要书写工具的具体反映。后者即"去工具化"容易产生误会,它并非指不用工具了,而是指书写工具没有明确规

64. 欧阳询《用笔论》，载《历代书法论文选》，上海书画出版社，1979 年，第 105 页。

65. 姜义华、张荣华编校《康有为全集》（第一集），中国人民大学出版社，2007 年，256 页。

66. 除了字体层面存在过渡性尝试，字形层面也同样存在过渡性尝试。臧克和先生总结了"原形-过渡形（过渡Ⅰ-过渡Ⅱ-过渡Ⅲ……）-定形"复原模式。详见臧克和《中国文字发展史·隋唐五代文字卷》，华东师范大学出版社，2013 年，第 112 页。

定，它不同于早期限制性的不得不泛工具化，而是一种有意地不限定于某种具体工具的使用。这种情况在早期的民间就已经存在，如把身边能拿到的所有东西都视为一种书写工具，不过民间的性质使它影响力甚小，甚至认为是不登大雅之堂。当代则成为主流，并有所发展，一方面延续早期民间字体的方式，书写工具随心所欲；另一方面真正脱离常规写、摆等方式。比如电脑可以直接成形，有了颠覆性的变革。"去工具化"的出现，是文字应用多样化的体现，也是字体与技术与时俱进式发展的一种结果。

七　字体演变过程描写

汉字演变过程的描写，常是几个代表性字体演变过程的描写。不过这几个代表性字体，其实只是字体演变过程中几个最典型、较大类别的风格总结，在几个代表性字体演变期间，存在着大量过渡式的、继续开发式的过渡性字体。"百家千体，纷杂不同"[64]，或保守或激进，它们是字体演变过程描写不可或缺的组成部分。

这些过渡性字体是不同方向风格的尝试，很好呈现了代表性字体成熟期间不同可能性风格的尝试。其中有些尝试，参与了与另一个，甚至多个其他代表性字体的形成过程，成为多个代表性字体之间的过渡字体。它们复杂又精准，忠实地记录了字体演变过程中的方向试探、方向选择，彼此的风格渗透、风格成熟及后续的继续推进，通过它们可以如同康有为所说的那样"熟古今之体变，通源流之分合"[65]。

鉴于此，结合几大类代表性字体的视觉特征及过渡性字体风格尝试的不同方式，把单个字体的演变分为三个阶段：自然审美式尝试阶段、过渡式尝试阶段[66]和开发式尝试阶段。

需要注意，这三个阶段对于字体不同类别的开发贡献度并不一样。自然审美式尝试阶段是字体不同类别开发的萌芽期。过渡式尝试阶段是试探期和完善期——试探期"试探出"后续所有重要字体所需的线条运行细节处理方式；完善期则在此基础上完成相关代表性字体的建构。开发式尝试阶段在大的字体类别上没有贡献，但丰富了细分层面的字体类别。三个阶段有不同的字体发展重心。

（一）自然审美式尝试阶段

自然审美式尝试发生于最初阶段，因这个阶段尚没有体的概念，是字体类别开发的萌芽期，其推动力量主要来自文字发展自身系统化及天然审美追求[67]，因此通常以简单的工整为主。不过需要注意，这时期的这种自然审美与甲骨实物审美追求并非同步的。长期接触甲骨实物的张秉权先生曾说："甲骨锯过之后，就进行刮、削、锉、磨等的工作，尽量将正面和反面的那些凹凸不平的部分铲平磨光。在殷代，这种工作，无论是在龟骨还是兽骨上，往往都做得非常精致。所以殷墟出土的甲骨，有些到现在还是润泽如玉，光亮可爱。这种工致的艺术，实在已经超越了实用的范围，那可以说是一种唯美心理的表现。"[68]甲骨的这些做法或许更多是宗教性质的，而非艺术性的。但是与同时期甲骨上文字的天然质朴相比[69]，确实是两种不同的追求方向。

根据实际的用字情况，这个时期应该还存在另一种用字现象，即最初期日常手写式的草写字体。可以大胆猜测侯马盟书式的草写方式应是它的继承和延续，可惜目前尚未有相关资料出现，殷商至西周时期，目前只能以甲骨体及金文体为主。

殷商至西周时期尚没有体的概念，字形特点就相当于字体视觉特征。因此关于甲骨体和金文体的分析应以字形发展为主，而属于体的特征仅能起辅助作用。董作宾先生把书体作为判断的一个辅助标准，本身是无可非议的。但如果把其中的风格作为重要依据是容易出现偏差的，正如饶宗颐先生所说的："所谓雄伟、谨饬、颓靡、严整之风格，各期均有之，故欲纯据字体作为断代根据，窃以为不可也。"[70]下面简单论述这两个字体的视觉特征。

甲骨体(图4-7-1)：可以视为一种原始状态的纯线条化，一种因载体特点而"被迫"的线条化行为。对于书写时的线条运行路线和运行细节把控意识不强[71]，没有明确点的状态。有短线条，不过其长短状态主要以取形物象而定，属于"随体诘诎"的行为。字体线条纤细、直硬，没有明显运笔讲究，通常线条也不能分解出头、中段、尾等组成部分。有些线条可能存在尖起尖收、中间略粗壮的形态，其实是刻写方式的一种天然结果，并非刻意追求。线条转折通常呈现为一种天然方转或圆转，也并非刻意追求。线条与线条之间没有衔接关系，呈平面罗列式的摆布，靠线条之间距离的远近来判定两者之间的关系，没有"势"的概念。

67.当然也不可避免地含有一定程度的主动性，如前文李锋先生提及的字体观赏功能，不过这种需求在此时并非主角。

68.张秉权《甲骨文的发现与骨卜习惯的考证》，载《历史语言研究所集刊》1986年第37本下。

69.这时期的汉字处于象形模式阶段，关心的不是线形、线性，而是能否象物的形态。

70.饶宗颐《殷代贞卜人物通考》，香港大学出版社，1959年，第1189页。

71.此时对线条的把控主要是服务构形，自身书写过程中的方便性常被忽略。

12814正

■ 图 4-7-1　甲骨体

■ 图 4-7-2　保卣盖上的
　　　　　　金文体

结体上，一字构件方位呈多种方式，根据基本形所具有的严谨构件方位规则布局；字体外轮廓大小不定，通常随线条多寡而变化；极少数卜辞因所处范围大小，由外轮廓大小控制，但不是常态；构件之间疏密关系以自然审美为主，没有刻意追求；构件之间没有刻意避让讲究，通常随构件形态情况对应性布局；字体重心、比例、中宫随字形特点自然摆布，其中大部分字形重心能保持平稳状态。

金文体(图4-7-2)：构造单位基本形态比甲骨体丰富，有些字体存在面的形态；线条通常可以看出明显粗细变化，但是尚没有后来笔画化的头、中段、尾细致讲究；线条以圆转为主，但是笔画之间也看不出明显的衔接关系，同样以平面罗列式摆布为主，没有明显"势"的概念。

结体上，字体外轮廓比甲骨体自由大胆，大部分是随意性地自然分布；字体重心、比例、中宫随字形特点自然摆布，其中大部分字形重心能保持平稳状态。

需要注意，由于金文多数以模浇铸而成，在工艺需求上，除了前文提及的带来对字形内部空白的关注外，也使得它的笔画比较饱满厚重，不似甲骨文纤细。整体上也因为笔画之间这种工艺必需的空白保留[72]，而使整字显得略为膨胀、饱满。

（二）过渡式尝试阶段

春秋末期，风格尝试从最初的自然审美式步入了一定程度的主动性，文字应用第一次大幅度下移的影响开始展现，快捷书写需求成为字体发展最主要的推动力量，竹简、毛笔，以及参与群体变更等字体发展影响因素对字体发展的影响也大幅度呈现，字体步入发展的快车道。

以隶变为节点，这个阶段可以分为过渡式尝试阶段的初期和过渡式尝试阶段的后期。初期是古文字向今文字发展的方向试探时期，存在各种或保守或革新的试探性尝试，因此还可以叫作试探式尝试；后期是发展方向相对明确了的继续探索，可以认为是一种完善式的优化，可以称为明确式挖掘。

72. 笔画之间留出足够的空白才能保证模型的强度，这是工艺上的需求。

73. 王国维《〈史籀篇〉疏证〉序》中提到"齐鲁间书"字形"上不合殷周古文，下不合小篆，不能以六书求之"。历史上应该存在一些没有被后世继承的尝试方向。

正因为如此，这两个时期过渡性字体的考察除了名与实的问题外，初期过渡性字体的考察以形与体的保守和革新为重点，后期以形与体的完善为重点。

（1）过渡式尝试阶段初期——试探性尝试

过渡式尝试阶段初期是形体共进的阶段，既有体风格的尝试，也有形改造的尝试，本质是汉字形和体发展各种可能性的试探，方向多样，审美多样，参与载体多样，参与群体多样，产生的分支和出现的风格特别丰富，极为复杂。不过根据这些尝试特点，可以大致地将其归纳为保守式与改革式，这也契合事物在发展初期通常采用的变革形式。

保守式尝试与改革式尝试的最大不同是保守式在尝试中以遵循原有基本形为基准，而改革式则以遵循书写需求为基准。换句话说，保守式的体完全服务于形，以形为风格追求的中心。形在很大程度上制约了风格的追求，它能带来新的风格，但很难引起字形的革新。改革式则突破形的制约，尝试主要服务于快速书写的需求，重视书写顺序，开始关注书写过程中的线条运行路线，带来字形变更，出现新的形态风格，也因书写过程中线条运行细节的把控，促使一种全新的风格追求形式兴起。

过渡式尝试阶段初期的这两种尝试方式，以战国时期形体发展为代表：

战国时期的保守式尝试，以基本形工整性质的美化为主。它一方面竭力地保持住汉字字形的象形性特征，另一方面又尽可能地使线条秩序化。而随着尝试的深入，这种工整性美化又有了两种类型的走向：一个走向自身的美化，涉及线条层面和结构层面；一个走向借助外物辅助的美化。第一个走向造就了战国时期字形自身美化的高峰。第二个走得比较远，形成了战国时期附加外物装饰字体的繁荣，成为这个时期字体发展的主流方向之一。

改革式则复杂得多（图4-7-3）。原因有四：

第一，没有先例参照。它意味着所有的方向都是可行的，也意味着可能存在大量的无用功[73]，机遇与挑战并存。如为探索更合适的线条运行路线，对笔画转折方式进行了各种不同尝试，顺搭、断笔搭接等方式不断出现，线条运行细节随之受到关注。

第二，改革式的试验阵地和参与群体，没有保守式的"显赫"。改革式试验阵地鲜能涉及重大类型的礼器类铭文，参与群体也以一般官吏、底层书手

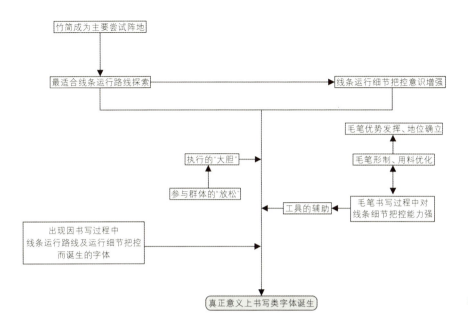

为主。这意味着即便他们有了很好的尝试成果,要让高层注意到并真正地引起全社会的重视,需要比较长的时间。这也是为什么战国时期虽然改革式尝试轰轰烈烈,但表面上依然是保守式的成果占据主流。

第三,这时期的改革式尝试处于从使用书写工具到努力驾驭书写工具的阶段,因此对书写工具潜能的开发成为尝试的重中之重。这也是没有先例可以参照的,因此无形中也加大了改革式尝试的难度。

第四,应用的首次大幅度下移,字形统一性被一定程度打破,各不同国家尝试所遵循的基本形,个别字形有很大的差异,进一步带来尝试的多样化。

庆幸的是,符合规律的趋势是阻挡不住的。此时多个字体发展影响因素出现了"合力"的现象,改革式尝试时机已经成熟。

首先,竹简成为改革式尝试最主要的阵地,适合竹简特点的线条运行路线成为必需,关注线条运作中细节处理也成为可能。

其次,对毛笔进行了有意识的形制改革,用料优化[74],书写中线条多样化,这使线条运行路线探索中线条运行细节的执行成为可能[75]。

最后,文字应用大幅度下移,低层官吏成为参与群体,这个群体相对原有群体,"顾忌"较少的特点使他们成为尝试最好的先锋。

74. 据目前出土的毛笔实物,自战国至汉,毛笔在笔杆、笔头用料,笔头兼毫工艺,笔头、笔杆衔接方式等方面都进行了大幅度的改进,毛笔所具有的书写特性基本具备。

75. 硬笔刚硬,书写过程中书写动作、书写姿势、书写方向等方面可操作的余地不多,即便存在线条运行细节把控的意识,真正执行的可能性也很小。而毛笔,软笔的特点使它存在这种操作可能性。因此此时毛笔优化的动力应是出自这种书写过程中线条细节把控的需求,而毛笔也因这种需求,不但形制得到优化,更展现了自身的能量和潜力。

正是这些因素的共同作用,使改革式尝试的"改革"名副其实——书写过程中线条运行路线及其运行细节受到关注,动态式线条把控成为可能,真正意义上的书写类字体开始出现,奠定了此后书写类字体的基本发展方向。

当然,此时的尝试都属于"初试",不可避免会出现不同可能性的,甚至无用的尝试,因此出现了一些典型的过渡性扩展性字体。文字学家对这个时期的这些形体,从国别、风格、承写物等角度出现了很多不同名称。需要注意,这里的过渡性扩展性字体,并非仅指一个代表性字体到另一个代表性字体必须经历的那些过渡性字体。因为两个代表性字体演变过程中,需要不同方向的、多种可能性的尝试,但是这些尝试最终不一定都能指向主流方向。有些尝试是无效的,有些尝试开发了与主流方向并不一致的发展道路,属于副线或配角性质的字体。只有一部分尝试是真正与主流挂钩的,这是字体演变的

■ 图 4-7-4 不同类型工篆体。左起分别为石鼓文质朴性工篆体、蔡公子义工簠装饰性工篆体和装饰性工篆体最典型的代表中山王方壶。

必然结果。因此在此期间尝试的所有过渡性字体，都是具有过渡性质的，但不一定是最终代表性字体必须经历的过渡性字体。

根据这些扩展性字体尝试的特点和关注对象，可以粗略地归纳如下：

变革形式	代表字体	基本内容
保守式	工篆体	含质朴性工篆体和装饰性工篆体；前者以石鼓文字体为代表，后者以中山王三器铭文为代表。
	小篆体	即秦的小篆。
	鸟虫篆	鸟篆、虫篆等以添加外物装饰为代表，包含蝌蚪文、蚊脚书等。
改革式	草篆体	以楚系为代表的六国潦草篆体，包含盟书字体。
	隶篆体	也叫古隶、秦隶，以秦系为代表的改革式篆体，其实是早期的隶书。

工篆体代表着工整性，规整匀称风格类的篆文体，是保守式自身美化性质的尝试成果，具有画字类风格的特征。有两种类型：一类是工整性上依然保持着一种书写的天真，属于质朴性工篆体；一类是工整性中明显倾向于几何化或图案化，如在工整基础上，把整个文字有意拉长，使线条变得修长，尽量呈平行对称式摆布，图案化强烈，属于装饰性工篆体(图4-7-4)。

第一类早期的代表是石鼓文。文字学家们对石鼓文的年代归属意见并不统一。但是如果从字体风格考察，我们可以把它归为质朴性工篆体类，应是没有争议的。石鼓文已经有了主动审美追求的意识，但又不刻意追求如横线、竖线的平行，有一定程度的书写性在其中。正如王国维先生《〈史籀篇〉疏证〉序》分析"上承石鼓文"的籀文的字体特征时所提说的："大抵左右均一，稍涉繁复，象形象事之意少，而规旋矩折之意多。"鉴于其规范性字形的特点，后人经常把石鼓文称为大篆，即狭义的大篆体，它是后来篆文体继续扩展的基础。

第二类在蔡国的蔡侯尊介、蔡公子义工簠，魏国的梁十九年鼎，齐国的齐侯盂等铭文字体中都有体现。这些铭文书写性逐渐被弱化，而工整因素逐渐被强化放大。不过，这类字体，最典型的代表是中山王三器的铭文字体。中山王三器铭文字体，线条上发展到了自身美化的极致，通常两头尖中间粗，结体在遵循篆文基本形的基础上，努力安排字形的对称性，字形横线、竖线等线条尽量保持同一方向，追求平行，字字规整秀丽，把字形的工整特点发挥到极致，是装饰性工篆体的巅峰作品。

76. 小篆体不但是保守式尝试的集大成，而且完成了汉字一个重要发展阶段的总结，即代表着人为地完成了对古汉字形与体两方面的大总结。

77. 王蕴智《殷周古文同源分化现象探索》，吉林人民出版社，1996年，第235页。

小篆体在某种程度上是装饰性工篆体的延续，线条方式统一，少有粗细变化，匀称程度高。少数字形依然有很长的线条存在，笔画之间也没有明显衔接关系。结体上，外轮廓以长方形为主，通常一字一种方位，并注意文字内部空白的匀称，疏密均匀；字体重心非常平稳，是一种靠文字内部构件平稳来呈现整体平稳的方式；字体中宫以内敛为主，整体不张扬，是一种静态式的工整美感。

小篆体虽然可以说是装饰性工篆体的集大成，不过人为刻意的性质，使它在汉字字体演变中的地位很独特[76]。有学者认为小篆只起了官样文字的作用，而不是一种流通文字，也不是汉字发展过程中的一个主要环节[77]。

两类工篆体都有后续发展，前者的一些特点被改革式尝试吸收，详见后文论述。后者在后世的载体文字装饰上大量应用，如汉代瓦当、砖、镜等篆文体(图4-7-5)，有相当一部分继承了工篆体的工整性美化追求。

砖铭　延年益寿砖

石刻文字　圈阳郭稚文墓铭

■ 图4-7-5　汉代的工篆体

鸟虫篆是保守式篆文美化的一种突破,属于"画之流"[78],具备装饰性工篆体的特点,但不只是局限于字形本身的装饰美化,而是有一些独特的发展,可以认为是一种静态式的线条细节把控。除了线条自身如尖头圆腹的夸张装饰,更是存在有意的,甚至是临时性的[79]字形外物添加,通常有几个不同入手点的分类[80]:

①根据添加的物象形态,分为鸟书(🦅蔡,蔡侯产剑)、虫书(🐛之,王子匜)、龙书(🐉王,王子于戈)、凤书(🦚用,用戈)等几大类;

②根据结体的外形特点,分为自由型(🦚玄镠,玄镠戈)与瘦长工整型(🦚用,用戈);

③根据整字线条粗细、曲直对比程度,分为强烈式(🐛乙,曾侯乙戈)和平和式(🦚用,越王丌北古剑);

④根据添加的繁简程度,分为繁式(🐛之,王子匜)和简式(🦚之,曾侯乙钟)。

这四个分类都比较容易理解,其中值得注意的是第四类中简式对篆文基本字形曲线的完美应用,它恰到好处地点缀而形成某种物象,即物化的技法,是早期文字装饰的一种代表性技法。

鸟虫篆在商代的铭文字体中只是偶有所见[81],在春秋时期才真正地繁荣。通常认为始于王子午鼎。有学者按照鸟虫篆作品的国别特征,将其分为了几个体系:楚、郜、曾、番、徐一系;吴、蔡、宋一系;越国自成一系;北方晋、中山、齐一系。[82]可以简称为楚系、吴系、越系和晋系。其实这个时期的鸟虫篆在各国风格差异没有那么明显,往往是几种分类并存,下面简单论述这几个体系的鸟虫篆特点(图4-7-6)。

楚系几种不同分类的样式并存,但基本没有凤书、龙书,其外形上有自己的特色。如曾国的曾侯乙编钟铭文,属于瘦长工整型,有意地在瘦长线条中加入了一定数量的长曲线,使字体风格显得更为飘逸。

吴系鸟书、虫书、龙书、凤书几类齐备。如王子于戈、大王光戈上的铭文相对楚系的,华丽激烈程度降低不少,以平正为主,显得比较优雅。

78.《历代名画记》:"鸟书——在幡信上书端象鸟头者,则画之流也。"详见张彦远《历代名画记》,载周积寅编著《中国画论辑要》,江苏美术出版社,2005年,第46页。

79.比如1975年山西石楼褚家峪村出土的一件戈,上面有一文字与同出的另一戈中间部位相同,而两侧多了些非文字性的装饰笔画,张懋镕先生猜测应是一种临时性的装饰图案。见其《试论商周青铜器族徽文字的结构特点》,载《古文字研究》第25辑,中华书局,2004年,第234页。

80.这几种分类参照了丛文俊《中国书法史:先秦·秦代卷》,江苏教育出版社,2002年,第258—266页。

81.或许早期偶尔出现这种类似的手法,但与后来的主动性装饰还是有本质差别的。

82.丛文俊《中国书法史:先秦·秦代卷》,江苏教育出版社,2002年,第266页。

王子午鼎

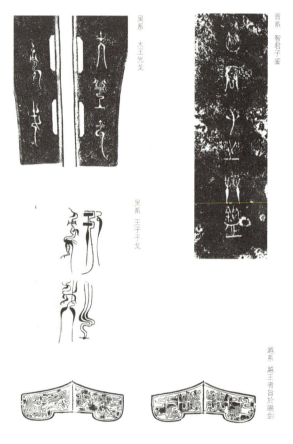

吴系 大王光戈

晋系 智君子鉴

吴系 王子于戈

越系 越王者旨於睗剑

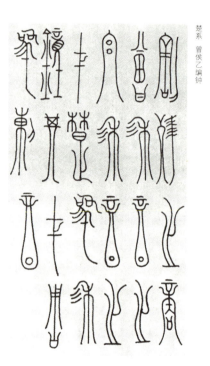

楚系 曾侯乙编钟

■ 图 4-7-6　几个不同体系的鸟虫篆

越系仅有鸟书和虫书两类，但多种样式并存，主要以尖嘴的、写实性的鸟为饰笔[83]。不过其最大的特点是结体外轮廓与承写物的巧妙结合，以剑格为代表。目前所见的越国剑格，其上篆文体与剑格形态完美融合在一起，不细看还以为是剑格上固有的纹样装饰，浑然天成。

晋系只有虫书。晋国的智君子鉴从所饰物象的鸟虫等形态看，相对其他体系极其简化，严格来说晋系的这些篆文字体更应该归为工篆体，或是介于鸟虫篆和工篆之间但更倾向于工的一类篆文体。而齐国到战国以后才有虫书，而且作品只有一件。

除了以上所论述的鸟虫篆，这时期还有其他一些常被提及的字体，比如蝌蚪文、古文。不过对它们的所指，学界并没有定论，比如蝌蚪文，文字学家经常研究的是它的字形，而在字体层面它其实也是模糊的。《春秋左传正义》载："科斗文者，周时古文也。其字头粗尾细，似科斗之虫，故俗名之焉。"[84] 从这段文字可知，"科斗文"是把线条变成一个具体物象，应属于鸟虫篆一类的篆文体。但是卫恒《四体书势》又载："至正始中立《三字石经》，转失淳法，因科斗之名，遂效其形。"说的是后来"因科斗之名"，才把字写成鸟虫篆形式的篆文体的。事实上蝌蚪文真正属于哪一体并没确定。

对于鸟虫篆的后续发展(图4-7-7)，从韦续《五十六种书》归纳的不同篆文体足见其繁荣程度。汉时因灵帝的提倡，它曾再次繁荣。从西汉刘胜墓出土的错金银鸟篆文铜壶能看到更为精致化的，几乎整个字形的外物装饰，可惜仅是一种余晖的形态，一种硬性的官方支撑。被当作"虫篆小技"[85]，是种"戏豫"[86]，并不受士人真正推崇，也并非战国时期纯积极主动、强烈追求的勃勃生机和灵性，战国时期才是它的真正辉煌时期。

草篆体、篆隶体、古草体三类改革式尝试成果对篆文体发出了真正的"挑战"。它们是与基本形的"决裂""改造"程度不同而形成的。三类字体可以认为是对以《石鼓文》为代表的早期质朴性工篆体书写因素的放大，并越走越远，不仅引发了字体风格的一次激荡，也带来了基本形构造单位和组合方式的一次大变更。如借助书写过程中线条运行细节把控意识的增强，书写单位类型从线条化向笔画化跨越[87]。相对保守式尝试，它们是形与体配合中共进的一次典范。

83. 曹锦炎《鸟虫书通考》，上海书画出版社，1999年，第18页。

84. 阮刊《十三经注疏》，中华书局影印本，1980年，第2188页。

85.《后汉书·杨震传》称："鸿都门下招会群小，造作赋说，以虫篆小技见宠于时。"

86.《蔡邕传》记载："又尚方工技之作，鸿都篇赋之文，可且消息，以示惟忧。《诗》云：'畏天之怒，不敢戏豫。'天戒不可戏也。"

87. 这种改造是建立在形声方式大量应用的前提下（详见蒋维崧《由隶变问题谈到汉字研究的途径与方法》，《山东大学学报》，1963年第3期），也就是说字形的识别，可以完全依据所运用构件的异同，而非通过与取形物象的相像，这也是为什么很多学者认为这种改造一方面集中于线条的直化、长短搭配，一方面集中于构件改造的原因所在。如蒋善国先生认为："隶变的特点有二：一、变不规则的曲线和匀圆的线条为平直方正的笔画；二、改变偏旁的形体。"（蒋善国《汉字学》，上海教育出版社，1987年，第200页）。任平先生也认为隶变"以书写的简化和部件单元化程度提高为特征"（任平《说隶》，杭州大学出版社，1997年，第80页）。因此所造字形本质上是一脉相承的。即便出现明显的"形变""省变"和"讹变"（"隶变是汉字由秦篆向隶书演化过程中表现出来的形变、省变和讹变的总称"，见其《文字学教程》，山东教育出版社，1987年，第782页），它依然形成明晰规则，具有系统性。

汉 营丘后府

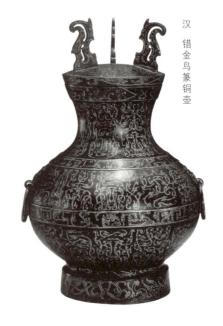

汉 错金鸟篆铜壶

北魏 中岳嵩高灵庙碑篆额

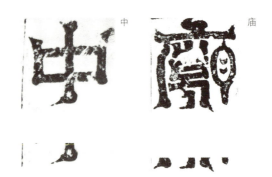

中 庙

■ 图4-7-7 汉代后的鸟虫篆发展。汉"营丘后府"是典型的鸟虫篆；错金银鸟篆文铜壶铭文从上至下，布满整个器物的表面。北魏中岳嵩高灵庙碑篆额，鸟首状的装饰被倒立设置在"中""庙"字竖笔画的下部，完全无视鸟飞扬的特点，与早期鸟虫篆的写法已有一定的差别。

　　先看草篆体。盟书可以认为是其中一个较早类型的尝试，能清晰看到其字形为快速书写而进行的如分解线条、直化线条等字形改造；笔画与笔画之间有了行气的衔接等书写顺序生理化方面的多重尝试。可惜盟书的这种尝试，并没有得到非常好的延续。

　　一方面，过分关注篆文左右横向关系。它虽然能引起书写对横向线条的注意，可能出现波磔趋势，推进形体发展。可是这种对左右横向关系的过分强调，也极容易导致忽视转折部分，使这类草篆体一直没能实现笔画转折部分的方折化，只能是一种线条运行路线的尝试。

合 5723	公贸鼎	望山 M1 简	玺汇 3828	货系 1708	信阳楚简	曾侯墓简
一期	周中	战国	战国	战国	战国	战国

陶三 399	雍王戈	高马里戈	石鼓车工
战国	战国	战国	战国

■ 图 4-7-8　同一字形的不同写法。上为"马"字在商代甲骨文及战国时期各国的金文、简牍文等中的字形差异；下为战国中山王墓出土的不同器物上的铭文，同一文字字形写法却不同。

　　另一方面，改造方式"各自为政"。以"马"字为例，各国都努力在保持原有篆文基本形的基础上，实现字形的简化。(图 4-7-8)可惜简化方法五花八门，缺乏系统性。这也使笔画形态、笔画运行多种多样，线条运行路线难以规则化。

　　这两个方面的特点在楚国的简牍、帛书和铭文中都有直观的反映。而其中由于书写工具的不同，还呈现略有不同的视觉和心理感受。毛笔书写的简牍和帛书，尤其是简牍，如郭店楚简"成之闻之"，毛笔产生的笔画粗细变化使原本的字体显得更为神秘"诡异"。而刀刻的铭文，如"鄹陵君豆"，书写恣意潇洒，结体随性不拘，只剩下了线条的飞扬。(图 4-7-9)

　　这些特点，使以楚系为代表的草篆体尝试，更多是篆文字形的快速潦草书写，没有形成有效的线条运行路线调整，难以引起字形的有效改造[88]，反而导致文字识读的艰难，也难以借助线条运行细节的把控，在字体特征上带来

88. 宋郭忠恕关于隶书提出了隶省、隶加、隶行和隶变四个概念（详见郭忠恕《佩觿》，载《古今书体汇编》一（六艺之一录），浙江人民美术出版社，2017 年，第 3990 页），其中的隶省、隶加、隶行其实在篆文的演变过程中也很常见，并非隶书的专享，因此真正带来隶书形成的是隶变，这也是楚系难以引起字形有效变革的原因所在。

点画形态的推进及结体上的革新,形成崭新的风格特点,因此大部分尝试成果被淹没在历史长河中。反观秦系的尝试,它恰好把以楚系为代表的两个明显不足改进了。

首先,秦系在重视横向关系的基础上,同时也关注转折部分的处理。从青川木牍的字形中就能看到方折的应用。而至睡虎地秦简这种方折更是被大量应用了(图4-7-10)。显然注意了竹简上书写的线条"喜好",由此出现了最适合线条运行路线的选择和相应运行细节的把控,秦系的这种革新奠定了后续文字演变的根本方向。

其次,秦尝试方式纯粹,方向统一,不存在其他各国类似的矛盾纠葛。它在对基本形的继承中,果断地依据符合生理特点的快速书写需求大胆革新,调整线条运行路线,改进线条运行细节,步步推进,形和体的变革都极为

郭店楚简　成之闻之

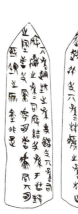

宗盟类盟书

郘陵君豆二

■ 图4-7-9　草篆体尝试

有效。如庄襄王三年(或为秦王政三年)所造上郡戈上的"漆"字，"水"旁已经写成了三点水状。睡虎地秦简上的左边是"水"旁的字则几乎都是写成了三点水状。它不但实现了字形的笔画化，也带来字形结构的革新。而最值得关注的是其中线条运行路线的调整，带来对线条运行路线与生理特点契合性的关注，进而使笔势、行气等线条运行细节，真正地步入书写者的眼帘，崭新的笔态也开始呈现，也是推动后续结体步入新的发展阶段的原点所在，意义非凡。

秦系的尝试推动字形的革新。转折处的方折替代圆转，带来全新的线条运行路线，结合相应的线条细节处理，形成早期隶书的典型特点。它所出现的字体被称为隶篆体、秦隶或古隶。

这个时期还存在一类既区别于楚系的潦草式篆体，也尝试探索新的线条运行路线，比篆隶体的形和体改革更彻底的篆文体，我们称它为"古草体"。当然，严格来说，这些尝试在这个时期其实没有明显"体"的成果，只是部分笔画与后来草书类似，糅合于草篆体、隶篆体的尝试中[89]。

(2)过渡式尝试阶段后期——明确性挖掘

相对初期"摸着石头过河"，过渡式尝试阶段后期，主要发展方向是比较明确的：

第一，基本形发展方向明确；

第二，毛笔笔性开发为尝试方向；

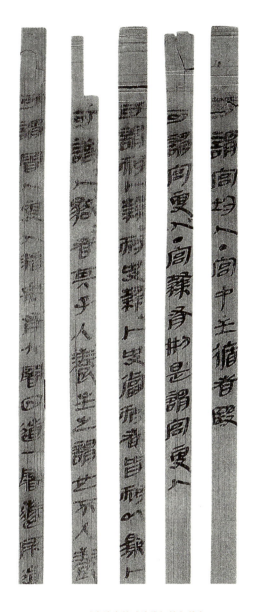

■ 图4-7-10　睡虎地秦简《法律问答》线条的方折已经成为常态。

89. 这应是有些学者把草书的萌芽大约推到战国中期的原因所在。见赵平安《隶变研究》，河北大学出版社，2009年，第24页。

90.详见前文对竹简书写时"划"出和"挑"出较为舒适的相关论述。汉隶这种挑法的有意规范、夸张，并成为字体的最大特征或许就是因为古隶本就是有突出一笔的特点，汉隶只是延续了这种传统而已，是一种惯性使然。

91.裘锡圭《文字学概要》（修订本），商务印书馆，2013年，第84页。

92.我们也不能忽视美感规则在其中所起的作用，汉隶是典型的突出笔画视觉中心的字形，即在字形中出现一个最突出的笔画，形成视觉中心，通常是波画或捺画，但不会两个笔画同时突出，前文分析隶书体的特征时对此已有一定的论述。

93.裘锡圭《文字学概要》（修订本），商务印书馆，2013年，第86页。

94.也有学者认为这种通俗隶书是古隶的另一个分支，在东汉中后期演变成行书。在东汉末期，又在行书基础上演变出楷书。详见华人德《中国书法史·两汉卷》，江苏教育出版社，1999年，第13页。

95.裘锡圭《文字学概要》（修订本），商务印书馆，2013年，第95页。

第三，适应竹简上快写是基本要求；

第四，依然追求快捷书写；

第五，适时的规范化和主动的美化。

这依然是形与体相携共进的阶段。第一、三、四、五点比较容易理解，以竹简为主要阵地，基本形继续尝试快捷书写，追求简化，并最终完成了篆文构造单位和组合方式的改造，实现了最适合线条运行路线的选择。此外，为了保证文字的识读功能，出现相应的形体规范，包含一些典型特征的归纳，如对隶书体挑法的总结、保留，对楷书体提按法的重视，都有规范化需求的成分在其中。第二点的笔性开发相对复杂，它得益于线条运行细节控制意识的兴起，书写过程中潜力被不断挖掘出来，成为实现字形线条运行细节把控的关键因素，参与后续各类字体尝试、形成、发展的全过程。

尝试方向的明确使这个阶段的成果极为显著，形和体都取得很大的收获，最初有两个方向的成果(图4-7-11)：

成果一，在篆隶体的基础上，根据竹简上书写的"喜好"[90]，逐渐形成一套用笔成规。"向右下角的斜笔几乎都有捺角，捺角往往略向上挑。有些较长的横画，收笔时也略向上挑，形成上仰的捺角式的尾巴。先竖后横的弯笔，收笔时多数上挑，而且幅度往往比较大。向左下方的斜笔(即撇)，收笔时多数也略向上挑。"[91]这实际上形成了一种新的线条运行路线，由此出现了新的笔态特征——挑法，其形成的字体就是汉代的隶书体[92]，即汉隶。虽然这些笔态特征在东汉晚期的碑帖上表现最为典型，但实际上在汉宣帝时代的简上，如居延的本始二年水门隧长尹野简和敦煌五凤元年简[93]，已能看到这种笔态变成字体的最主要特征，这时期汉隶已经形成。不过这种字体主要用于比较正规的场合，日常使用的隶书并不完全按照这种字体的要求去书写，它更接近于早期的篆隶体。大约在东汉中期，从日常使用的隶书里，演变出收笔不用上挑的辅助字体[94]，被后人称为"通俗隶书""俗体隶书"或"新隶体"[95]。

成果二，原蕴含于草篆体和隶篆体的古草体，借助隶书体成熟所带来的符合生理性书写顺序的常态化等契机，在新一轮的快写需求中，契合生理性书写顺序的绞转书写方式被发挥到了极致，也出现了新的线条运行路线，形

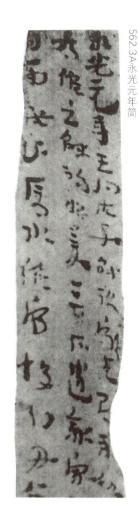

敦煌五凤元年简

居延的本始二年水门隧长尹野简

562.3A永光元年简

284.8A阳朔元年简

■ 图4-7-11　隶书体和草书体主要特征的形成

成了草书体。虽然它与汉隶是"同宗同祖"，但更多是早期书写尝试的继续，或说是最后的"冲刺"[96]。最初形成的草书通常称为章草，它的作品如《急就章》很多字与汉隶有相似的挑法，有类似的运行路线，因此带有一定的横势。有学者就认为，八分（即汉隶）和章草是分别由古隶（即篆隶体）的标准体和俗体发展而成的[97]。其实早期的章草还可以细分为两类：一类直接源自古草体，受成熟的隶书体影响较小；一类受后来走向成熟的隶书体影响较大，有相似的挑法。我们通常说的章草是后一类，是相对成熟的章草。

　　一般认为章草的形成略晚于汉隶。元帝简中如登记号为562.3A的永光元年简，字体已经有很浓厚的草书体意味。成帝简中如284.8A阳朔元年简和

96. 万业馨先生也认为"草书是隶变的继续或说最后的'冲刺'"。详见万业馨《应用汉字学概要》，商务印书馆，2012年，第138页。

97. 裘锡圭《文字学概要》（修订本），商务印书馆，2013年，第92页。

98. 裘锡圭《文字学概要》（修订本），商务印书馆，2013年，第91页。

99. 裘锡圭先生说："在抛弃了正规篆文的笔法之后，如果把字写得很快，收笔时迅速提笔，横画和向下方的斜笔容易出现尖端偏在上方的尾巴。如果把这种笔法'正规化'，八分的挑法就形成了。"〔裘锡圭《文字学概要》（修订本），商务印书馆，2013年，第85—86页。〕可见，挑法最初是快速书写的产物。

100. 这说明了隶书的基本笔画并不是完全依照生理特点的，其实楷书体的大量提按也是在一定程度上脱离人书写生理特点的。可见，一种字体笔画的形成是多种因素的综合成果，并非某一需求下的绝对化成果。

101. 裘锡圭《文字学概要》（修订本），商务印书馆，2013年，第95页。

102. 刘志基《汉字体态论》，广西教育出版社，1999年，第336页。

170.5A元延二年简，字体都已经是相当纯粹的草书体了。因此章草至迟不会晚于元、成之际，大概在汉宣元时代已经形成[98]。

此后，这两个方向形成的形与体的各种优缺点开始呈现，尤其是在竹简向纸张过渡的阶段。

被定为标准体的汉隶，自身书写特点的不足开始显现。汉隶把原由书写动作形成的自然笔势[99]，有意地程式化成一种书写意识，尤其是前文提及的挑法应用，如横画书写，衔接下一笔时，在空中的运笔明显需要一个逆向的过程，是一种逆时针的回旋方式，书写起来极为不便[100]。这种建立在适合竹简书写特点上的线条运行路线，在面对其他书写载体时，不足很明显，其特有的在运行路线基础上形成的挑法反而成为一种负担(图4-7-12)，书写起来相当费事。[101]这加上标准体在发展过程中常越来越刻板，越远离书写性要求的特点，又加剧了汉隶书写的这种麻烦。而随着竹简往纸张过渡，纸张解放了书写范围的书写优势开始发挥，全新的线条运行路线成为一种必需。正如刘志基先生所说的："隶书的体态，很大程度维系在特定的书写材料——简的书写要求之上。""一旦离开简这种书写材料，隶书的体态便没有维持不变的理由。"[102]汉隶的标准体地位面临巨大挑战。而属于日常书写的新隶体，没有独具风格挑法的负担，面对这种新载体变化，反而负担较少，更方便进行适应性改造。

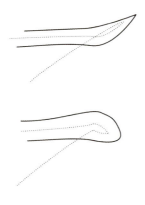

■ 图4-7-12　源自竹简窄小书写范围，被特征化的"挑"法，在纸大量应用后，收笔所蕴含的内在运行路线在书写时顺畅性的不足开始显性。调整笔画运行路线，提高书写顺畅度，成为一种必然的选择，楷书式收笔由此兴盛起来，是隶书体向楷书体迈进的主要推动力之一。

草书日用识读层面的不足也开始显现。草书虽然非常完美地实现了快速书写的需求，基本字形也有严谨的规范性。书写上"不离绳矩之内"[103]，有规矩法度。可是其构件系统与隶书差别很大，而且没有如同隶书实现正体化，相对隶书，识读需要记忆的东西太多了，存在先天不足，作为主要日常书写字体显然不是非常合适。

其实在隶书和草书的演变和发展过程中，已经出现了另外两种代表性字体视觉特征的端倪，即孕育着一些楷书体[104]和行书体的点画形态。如里耶秦牍背面草率的墨书，把字形线条分为众多的"点"画，蕴含着早期楷书的胚胎。不过真正推动性的改变是在上述新隶体基础上，接收草书的一些影响，结合新的承写物特点及美化、规范化需求而进行的线条运行路线调整和相应运行细节处理，主要是两方面的联动变化：

其一，调整挑法带来线条运行路线的不顺畅情况，体势从横向走势变为纵向走势。

其二，线条运作中提按被重用[105]。"运笔的变化逐渐移至笔画的端部和弯折处"[106]，带动所有笔画的相应更新，如三过折的典型楷书体点画形态即源于此。

于是，在这些因素的共同作用下，最先出现的是高度符合日常快写需求的行书，形成于东汉晚期；此后在行书基础上，出现标准体需求的楷书[107]，形成于汉魏之际。这两种字体各自非常完美地在继承隶书构件系统基础上[108]，实现了日常快捷书写需求和规范化字体需求。虽然此时作为标准体的汉隶和日常书写的新隶体，并没有很快丧失它们的地位，但是隶书体这个广义上的字体演变过渡性字体，已经基本完成了它的使命，后来主要作为书法艺术的字体存在。(图4-7-13)

需要一提的是草书的继续发展。草书是幸运的。虽然有着难识读的先天不足，但它的快意书写，契合很多人对书写的期望——"工画如楷书，写意如草圣"[109]，恣意纵横更能传达情感[110]。因此最初的草书，在章草成熟后不易识读的先天不足直接被忽略，不但没有被取缔[111]，甚至彻底向艺术性字

103. 黄伯思《论张长史书》，载《历代书法论文选续编》，上海书画出版社，1993年，第87页。

104. "楷书的定型就是在对今隶简化和对章草吸收的基础上完成的。在笔画上，简化了今隶的波磔和方正；在结构上，吸收了章草的简省和连写替代。"详见王平、郭瑞《中国文字发展史·魏晋南北朝文字卷》，华东师范大学出版社，2014年，第225页。

105. 对于提按手法受到重视的原委学者们有不少论述。其中梁培先先生从汉魏刻碑刀法的角度入手很新颖，梁先生认为汉碑与日常书写不甚相合的刀法表现系统，使此前并不明显的提按笔法，即起笔处的造型、转折处的体面感等刻画被突出地强调，迫使笔毫须经常做上下起伏的提按动作。详见其《刀笔相仍——汉碑之于中国书法史的意义》，载中国艺术研究院中国书法院编《秦汉篆隶研究》，荣宝斋出版社，2013年，第1—31页。

106. 邱振中《笔法与章法》，江西美术出版社，2012年，第20页。

107.《寒山帚谈》认为"真书波折飞转，出于分隶、飞白；行止收纵，出于垂露、悬针；戈拂挑剔，出于柳叶、倒薤；至于附体构结，则十九不用矣"。详见赵宧光《寒山帚谈》，载《书学集成元～明》，河北美术出版社，2002年，第469页。

108. 这种基础性使新字体不需进行构件系统重新记忆。

109. 唐寅语，出自《画史会要》，载《中国画论辑要》，江苏美术出版社，2006年，第541页。

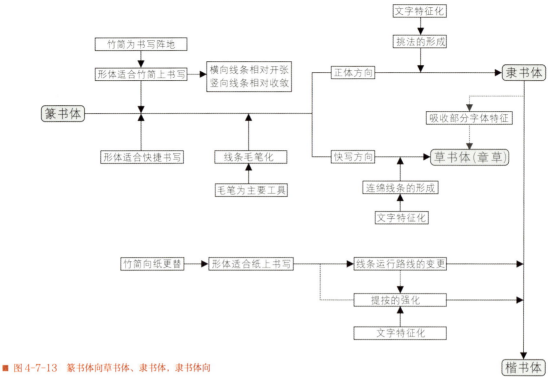

■ 图 4-7-13 篆书体向草书体、隶书体，隶书体向
楷书体推进的几个基本动力图。其中因竹简、纸
张的更替带来的线条运行方向的两次变更尤其值
得关注。在某种意义上，可以认为几个代表性字
体的诞生，并非刻意的创造，其实都是最适合线
条运行路线及其运行细节把控的成果。

110. 余英时对于东汉时期草书的
热潮曾有精辟的论述："草书始为
时人所喜爱。盖草书之任意挥洒，
不拘形踪，最与士大夫之人生观
相合，亦最能见个性之发挥也。"
见其《士与中国文化》，上海人
民出版社，1987年，第349页。

111. 章草只是代表最初草书向前
演进的其中一系，今草代表着另
一系。金开诚、王岳川两位学者
也认为："草书的完形态，首先
分出一支章草，然后迟至东晋才
形成今草的完形态。在早期草书
向今草演变发展的过程中，又萌
发了行书和楷书。新的书体只有

体方向行进[112]。弱化隶书体横向体势影响，诞生了今草，此后又在今草基础
上有了更极端的狂草[113]。当然，由于今草和狂草明确的艺术化目的，它们在
字形规范性方面，不但远不如楷书、行书等字体，也远不如早期的章草。

这三类字体，尤其是其中的行书体与楷书体，也如同前文提到的隶书体
一样，本是因线条运行路线调整，书写动作变化而形成的自然笔势，其运行
细节被有意地特征化成一种书写意识，统一至成熟的字体风格中，因此其间
必然存在大量的过渡性字体。也就是说，这时期的字体演变，不仅仅是诞生
了上文提到的几个代表性字体，更是使这一时期成为过渡式扩展性字体发展
的黄金期。

不过，这几类代表性字体主要以并行发展的形式推进，它们既存在"兄
弟关系"，也存在"父子关系"，更有彼此借鉴的"交流关系"。[114]因此在它们

演变的中间阶段,过渡性字体是糅合了隶、篆、楷、行、草等两种,甚至多种特点的[115],极为复杂。西川宁先生以西域出土的晋代墨迹为研究对象,对其中隶、行、草、楷的过渡性特点有深入的研究。比如对一个写于晋泰始二年八月的木简字体有这样的论述:

> 一看似是隶书,但"曹"的长横画的右端没有波发,"泰"的捺画也没有波发,直接滑出。到了第二行下的"掾"字,在隶书的波势中出现了漂亮的行书略写。但若明确说是行书的话,却又不能否认其中还有较多隶书要素。和此期的其他书风相比较,应当说还是将之看作是隶书的草写体最为妥当。[116]

这种多字体要素融合的特征正是过渡性字体的典型特点。

此外,需要注意的是,一个代表性字体形成后,并不意味着它马上就占据了字体的统治地位。新的字体出现后,旧的字体往往会迟迟不退出历史舞台。而且有时候还存在复古思想的推动,如在少数东汉晚期的碑刻上,可以看到有意地按照小篆字形来写隶书的现象。因此汉隶形成后,篆隶体依然占据了一定的社会字体"份额",楷书也是经过魏晋时期长达二百年左右的时间,才最终发展为占统治地位的主要字体[117]。这结合行书体和楷书体的形成过程,以及这时期特殊的相对分裂状态,形成了汉字字体演变过程中一段非常复杂的阶段:

> 第一,新旧字体混杂;
>
> 第二,过渡性字体丰富;
>
> 第三,发展不平衡,字体甚至有各自为政的特点。

这非常容易产生混淆的阶段,尤其是在字体演变次序方面。比如王兴之墓志、谢鲲墓志的出土,引起《兰亭序》真伪争辩的"兰亭论辩",至今余波犹存。

以上所述都是主线上的字体发展的跌宕起伏,其中其实也夹杂着副线上字体的发展。不过副线上的字体,尤其是隶变后的字体,进行字形线条运行路线的调整,更多是一种成果借用——往往直接应用主线上的尝试成果,直

（接上页）在非完形的不确定的动态性书体中,才会孕育而生。一种书体一旦构成了完形态,就会在用笔结构上形成一种自足律,即所谓的字法和体法。破坏了这种'法',这种书体不但不复存在,而且有碍社会的认同。"（金开诚、王岳川主编《中国书法文化大观》,北京大学出版社,1995年,第15页。）侯开嘉先生也认为汉代简牍草书"呈现出两种自然的书写状态:一种在结体上表现出横势,而另一种表现出纵势",并认为"具有横势的隶草,就特别强调横笔的波磔,便逐渐形成了章草的造型;具有纵势的隶草,多注意上下字的连系,时而把竖笔有意拉长成悬针垂露之态,也就逐渐形成了今草的造型"（侯开嘉《隶草派生章草今草说》,《书法研究》2002年第4期。）

112. 当然,这并不等同于草书完全没有实用性。如在唐代,"草书入碑的有升仙太子碑"。启功《古代字体论稿》,文物出版社,1999年,第35页。

113. 如果说章草是早期书写尝试最后"冲刺"的成果,那么后来的今草和狂草,尤其是狂草则是纯书写艺术化的成果,一种是形与体配合发展的收获,一种是纯字体方面风格追求的收获。

114. 其实一个字体的最终成熟,除了基础原点,在形成过程中,历史中存在的形体、并行的形体都会对其产生影响,或多或少留下一定的烙印。

115. 如北京体,虽然结构和用笔含有楷书体的成分,但是其时已进入楷书体书写时代,楷法不自

觉地渗入。详见华人德《"北凉体"刍议》,《书法研究》2004 年第 3 期。

116. [日] 西川宁著, 姚宇亮译《西域出土晋代墨迹的书法史研究》, 人民美术出版社, 2015 年, 第 196 页。

117. 需要注意, 即便是楷书成为了主要字体, 很多旧字体也依然在社会上被使用, 或是直接作为辅助字体被使用, 或是被拿来成为书法家书写的养分, 融入其他字体。这种虽使用新字体, 但旧字体依然留用是汉字字体发展的一大特点, 或许也是汉字一脉相承、长盛不衰的原因之一。

118. 裘锡圭《文字学概要》(修订本), 商务印书馆, 2013 年, 第 101 页。

119. 见邱振中《笔法与章法》, 江西美术出版社, 2012 年, 第 46 页。通常认为平动对应大篆、小篆, 提按对应隶书、楷书, 绞转对应行书、草书。

120. 篆书的字形是此后形体探索的基础和原点。隶变时, 竹简上最适合线条运行路线的选择, 底层基础是篆文所具备的线条运行路线, 本质上是篆文本有线条运行路线的一种调整。清代书家蒋衡《拙存堂题跋·诅楚篆文》中提到:"真行草悉从篆出。"(载《历代书法论文选续编》, 上海书画出版社, 1993 年, 第 688 页。)

121. 纸张是其中的代表, 石碑、砖、牍等书写面积四面相对宽阔的载体都起了相应的推动作用, 对此前文已有提及。

122. 严格来说, 篆文体、隶书体也都是过渡性字体。

接"剽来"作为基本形或参照字体, 结合副线特有的几何化、图案化、物化等线条形式和结体手段, 因此非常"省力"地有了丰富的相关字体。副线的这种方式被一直延续下去, 在后来的开发式尝试阶段也不例外。

(三)开发式尝试阶段

从广义上来说, 此前所有过渡式尝试阶段, 都在一定程度上含有开发式尝试的意义。这里为了避免混淆, 开发式尝试仅以楷书成熟后的后续发展为论述的主体。

开发式尝试阶段相对过渡式尝试阶段, 显得比较"单纯"。单纯原因是"楷书阶段之后, 字形还在继续简化, 字体就没有大的变化了"[118], 不再有类似隶楷等大类别字体诞生了。其中的原委, 最具代表性的观点是邱振中先生所认为的, 笔法空间运动形式的终结意味着字体发展的终结[119]。这是建立在毛笔性能基础上的一种观点, 非常有见地。可惜没有论及字形, 略显遗憾。下面在邱振中先生观点的基础上, 结合字形和字体都极为重要的两个因素——书写范围及书写时最适合线条运行路线, 尝试进一步寻求汉字代表性字体演变停滞的原委所在。

隶书是建立在最初汉字字形、篆文基础上[120], 以毛笔为书写工具、竹简为书写载体, 最适合线条运行路线的选择。不过, 竹简左右限定的书写范围其实是"不正常"的, 其最适合线条运行路线所形成的隶书体, 严格来说是不完善的。向纸张四方宽阔的"正常"书写范围改进是必然的。楷书即是在隶书体基础上, 同样以毛笔为书写工具, 但书写载体改为纸张[121], 一种"正常"书写范围最适合线条运行路线, 偏向正体方向的选择。类似的, 同样萌发于竹简, 代表快写和超快写的行书、草书, 也很快地根据纸张"正常"书写范围中最适合线条运行路线, 进行了相应的线条运行路线调整, 即前文提及的行书体的楷前行书体、楷后行书体, 草书体的章草与今草。换言之, 纸张的"正常"书写范围代表了二维平面最常规的书写范围, 在其基础上相应的规范字体、快写字体、超快写字体最适合线条运行路线探索成熟之后, 意味着二维平面上以毛笔为书写工具的汉字代表性字体已经探索完毕[122]。因此后续的字体开发中所出现的各种书写类字体, 在理论上就是这几个最适合线条运行路线及相应运行细节的微调而已。当然, 汉字多体并存及书写艺术化等特点

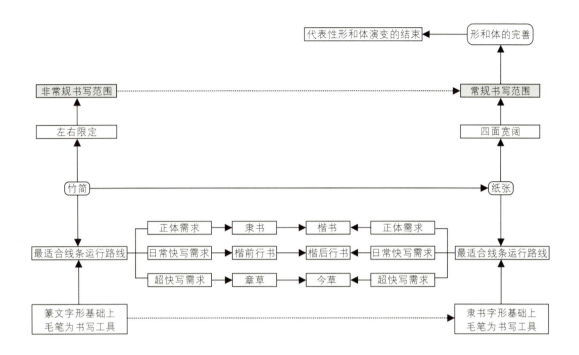

■ 图4-7-14　从书写范围及书写时最适合线条运行路线出发，纸张
　　　　　　所代表的正常书写范围，在其基础上最适合线条运行路线所对应形
　　　　　　体的出现，意味着汉字代表性形体演变的结束。

在其中也发挥了作用，这种最适合线条运行路线及相应运行细节的微调显得相对多样。(图4-7-14)

　　具体而言，非书写类字体借助对基本形的各类表面装饰，热闹又平静。"热闹"是一般民众，甚至是不识字的老百姓，都可以介入字体装饰活动中，表面装饰类字体呈现前所未有的多姿多彩，其繁荣不亚于汉代的瓦当文、铜镜文，不过其间所形成的字体，与唐之前没有本质的不同，很少可以称为真正的字体。"平静"是这些装饰活动始终不曾进入主流。

　　书写类字体则借助对书写过程的把控，集中于风格的继续细化、哲学依托的具体化。两者都体现在书法领域，尝试多样化如直接拿来各类笔法嫁接[123]，经常多体风格交织并用，典型的有颜鲁公援篆入楷，苏东坡以楷用隶[124]，这其实是不同字体线条运行路线和线条运行细节的混用。再如夸张或个性化处理某部分笔态，柳体即是以两次折锋过换的方法写转折笔画，这是线条运行细节的特殊化处理。

123. 雷德侯先生曾就楷书书写论述这种现象："人们不写标准的楷书，而是喜欢参用篆法、草法来写楷书。"(〔德〕雷德侯著，许亚民译《米芾与中国书法的古典传统》，中国美术学院出版社，2008年，第5页。) 可见，这时期的不同字体风格杂糅，完全是一种有意地风格追求，不同于前期更多是一种过渡阶段的无意尝试。此外，除了这种单字杂糅多种字体特征外，还有一种字体杂糅现象，即同一个作品里出现多种不同字体，如北魏寇治墓志中，"州""日""月""公""也"等字有古文、篆书、隶书、真书等不同字体同时出现。

124. 郝经《移诸生论书法书》，载《历代书法论文选续编》，上海书画出版社，2004年，第175页。

125.[德]雷德侯著,许亚民译《米芾与中国书法的古典传统》,中国美术学院出版社,2008年,第21页。

126.金弘大《王羲之书法造型特征研究》,天津大学出版社,2012年,第2页。

127.孙过庭《书谱》,载《历代书法论文选》,上海书画出版社,1979年,第130页。

128.见翁志飞《瑶台婵娟 不胜绮罗——略论褚遂良的楷书》,载《晋唐楷书研究》,荣宝斋出版社,2011年,第256页。

这些尝试,一方面使结构出现了前所未有的"艺术性"精细化。如《丧乱帖》"毒"字,除了上半部中间一横外,其他笔画均非常严密按垂直或水平轴心分布。如果将该字各最外点用直线连起来,将发现看似随意的字形,实际上处于非常有规则的棱角结构内,最高点与最低点,正好处于一条直线上[125]。金弘大先生更是认为"毒"字还存在书写笔画运行路线上的非原字化的有意设计,即不是按照常规笔画顺接关系书写[126]。(图4-7-15)无论《丧乱帖》的真伪如何,我们都能从中管窥到这阶段对结构的这种高度艺术性精细化处理,带来字体风格的各种可能性。"虽学宗一家,而变成多体。"[127]字体后续的绝大部分过渡性字体,实际上都可以归属到这些方式。当然,这种精细化带来艺术性的同时,也意味着字体人工成分的增多,如颜体、柳体挑踢方式达到了顶点,"有碍于运笔的自然连贯与转换,有违晋人自然之旨"[128],是一种"刻意"成分很高的书写字迹。

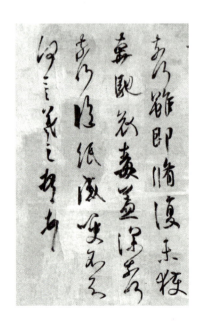

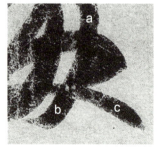
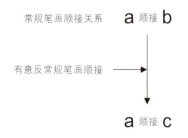

常规笔画顺接关系　a 顺接 b

有意反常规笔画顺接

a 顺接 c

■ 图 4-7-15 《丧乱帖》"毒"字笔画运行路线的特有设计

另一方面使审美多样化、时代化。比如关于点画形态的嫁接有古今书体兼融的审美观。《笔阵图》主张楷书应兼融篆书、章草、八分、飞白、鹄头、古隶，《书谱》提倡"熔铸虫、篆、陶均草、隶"以达到"体五材之并用"的理想境界。而更有趣的是某种风格追求到了极致之后的，审美的"反动"现象。如历史中丑、拙等理论的出现及后来的"尊碑"思想的兴起，甚至出现如"书学厄于钟繇、卫夫人，大坏于王氏父子，极弊于褚、薛、欧、虞"[129]这样的论断，它们都可以认为是风格开发到了极致，反其道而行之的尝试在理论层面的一种体现。

值得一提的是，开发式尝试，有一类特殊字体值得关注，即宋体，它是介于书写类和非书写类之间一种非常特殊的字体。

宋体是在楷书体的基础上，因雕版印刷特点而定制的。因此它的点画形态和结体其实都是楷书体的一种提取和概括，用一种机械化的形式，保留楷书体笔画运行的痕迹。[130]从笔画中虽然能依稀感受到楷书体的运笔过程，但提按等书写动作在笔态呈现上，已经被概括为简单的头、中、尾，没有楷书体丰富的变化讲究；笔画之间的衔接关系也简化，不明显。结体上，宋体则是继承了楷书的构件布局，不过去掉老秤式的重心平稳方式，转而以小篆体时代平稳方式为主。从这些特征我们不难发现，宋体其实就是为了方便在木板上刀刻，而又保留楷书书写特征梗概的字体。称宋体为"匠体""肤廓体"虽然有藐视的意味在其中，但也契合其字体的最大特点。

对于宋体，需要注意它的机械式程式化，不同于我们通常所说的规范化。虽然它也存在指向笔画、风格等方面的统一性，但具体执行时差异不小，尤其是在活字中。有一个很有趣的例子可以让我们感受到此间的差异，即弘一法师的字模事件。

夏丏尊先生记载：与弘一法师在上海时曾于坊间购清仿宋活字以印经典。但发现找到的字"字体参差、行列不匀"，弘一法师为此"发愿特写字模一通，制成大小活字，以印佛籍"。打算"先写千余字寄上，俟动工镌刻后，再继续书写其余者"。弘一法师专门研究了当时商务印书馆出版的《中华新字典》及《康熙字典》收录字例的情况，不过很快提出了中止的想法："铜模字已试写三十页，费尽心力，务求其大小匀称。但其结果，仍未能满意。现由

129.据日本神田一郎博士的说法，这段话出自道璨的诗文集《无文印》，转引自［日］真田但马、［日］宇野雪村著，瀛生、吴绪彬译《中国书法史》（下），人民美术出版社，1998年，第63页。

130.关于宋体字形智慧的论述详见拙作《汉字字形学新论》，重庆大学出版社，2019年，第186—187页。

131. 此事转引自周勋君《"新考案之格式"及其相关问题——弘一关于书法的若干观念》,载《中国书法》2018 年第 6 期。

余详细思维,此事只可中止。"其中一个理由是:"此事向无有创办者,想必有困难之处。今余试之,果然困难。因字之大小与笔画之粗细及结体之或长或方或扁,皆难一律。今余书写之字,依整张纸看之,似甚齐整,但若拆开,以异部之字数纸(如口、卩、亻、匸、儿等),拼集作为一行观之,则弱点毕露,甚为难看。余曾屡次实验,极为扫兴,故拟中止。"[131] "皆难一律"明确地说明了书写规范化和印刷程式化的本质性差异。书写规范化既可以是具体笔画形态、结体方式的统一,也可以是一种书写意识上的统一。但印刷的程式化,尤其是活字方面,包括当代的字库字体,往往就是一种刻板的笔画、结体,甚至字面大小的统一,要求所有字体看起来是外表长相基本一致的"多胞胎"。

结
论

结　论

　　字体侧重体态风格考察，是一种基本类别。常见的如可口可乐中文标志字体、楷体、正文字体是对应着字体作品、字体、字体再次归类三个字体内部不同状态下的相应名称，在实际应用中应该区别对待。

　　字体和字形是文字不同角度下的概念，字体与字形存在依托关系，视觉特征的分析项目以字体特点分析为基础，字体的视觉特征即是其所对应基本形体态特征的总和。不过成形方式不同带来字体常规书写和非常规书写的类别化、历代形体关系认识变迁所呈现字体视觉特征追求的阶段性，结合所依托基本形的发展变化，使字体视觉特征分析，需要考虑风格追求的阶段性特点，不同状态下所参照的基本形，以及书写类和非书写类的具体分析项目差别。

　　字体应用是字体功能的应用，字体应用和字体功能挖掘形成了互惠互进的发展模式。不过，历代形体关系认识的变迁，展现了字体应用不仅是体自身的应用，还包括形和体的应用互补，娱乐和实用的并存，以及与图像、纹饰等同领域应用的区别互补等多层面的架构式完善任务，因此字体功能应用强调自身特点，尤其是所依托基本形潜力的发挥，出现了大量使用神秘力量、内在意趣等逾用情况，形成了原用和逾用两种应用状态。

　　字体演变不仅是字体表面的简单发展。体功能的充分认识，以及在规范、美化、日用等方面的不同侧重，使字体演变呈明确的标准体路线和辅助体路线；不同字体在具体演变中的地位差异，又使主线和副线同样明确化。追求风格形成方式的不同，带来书写和非书写的类别化，使字体演变模式存在个性和共性，形成描绘式和书写式两个区别性模式，以及规范化一个共有模式。

类似的,体和形的密切关系,使字体和字形的演变规律存在个性和共性,具备简明化、规范化形体共有演变规律,以及特征化字体独有演变规律。

具体字体演变过程,因体觉醒的阶段性,相应地呈自然审美式尝试、过渡式尝试、开发式尝试三个阶段,以篆、隶、楷、行、草五个代表性字体为节点,其间留下大量的过渡性尝试字体。

总之,字体是一种与字形存在依托关系,共存但又独立的基本类别。受历代形体关系认识变迁的影响,它的视觉特征分析、字体应用、演变规律、演变模式、演变路线乃至具体字体发展,都呈明显的阶段性和内在的多样性。字体的演变呈现了汉字所具有的不曾中断的探索精神、包容精神,以及与社会、文化发展共存同进的发展态势,在某种程度上是中国文化发展的缩影。

附
录

一 文中图片出处

*此处未标出的文中图片，皆为笔者自制(制作、设计或拍摄)。

图号	作品名称	出处
图 1-2-3	小篆和现代楷书的 17 种平面图式	王宁《汉字构形学导论》，商务印书馆，2015 年，第 148—149 页
图 1-3-1	颂壶	袁行霈《华夏文明史》第一卷图 185，高等教育出版社，1999 年
图 1-3-2	蔡侯盘	中国社会科学院考古研究所编《殷周金文集成》第七册，图 10171，中华书局，2007 年
	中山王铜方壶	《中国青铜器全集》第 9 卷东周（三），文物出版社，2009 年，第 157 页
	楚王孙渔戟	中国国家博物馆藏
图 1-3-3	赵"閑"布币	郑珉中等《刻铭与雕塑》图 34，上海科学技术出版社，2008 年
图 1-3-4	鸟书常富贵铭连弧纹镜	故宫博物院藏
图 1-3-5	玺印文字"齐调""颜周""朱野臣"	《中国历代篆刻集粹②：官印、私印（秦—南北朝）》，浙江古籍出版社，2007 年，第 120、128 页
	玺印文字"济南司马""长沙仆"	《中国历代篆刻集粹②：官印、私印（秦—南北朝），浙江古籍出版社，2007 年，第 18、33 页
图 1-3-6	郑长猷造像记、始平公造像记	殷荪《中国书法史图录》，上海书画出版社，2000 年，第 372、379 页
图 1-3-7	峄山刻石	崇善《秦汉石刻的篆书》，人民美术出版社，1982 年，第 2 页
	曹全碑	西安碑林博物馆藏
	宣示表	故宫博物院藏
图 1-3-8	永元兵器册	1930—1931 年出土于内蒙古额济纳旗居延遗址
图 1-3-10	北魏司马琅琊康王墓表篆额、吊殷比干文碑篆额，北周谯国夫人墓志篆盖	李明君等《中国汉字美学史》肆，海天出版社，2019 年，第 326、327、340 页
图 1-3-11	秦"半两"铜钱	李明君等《中国汉字美学史》肆，海天出版社，2019 年，第 43 页图 3

续表

图号	作品名称	出处
图 1-3-11	"杜阳左尉"官印、"乐陶右尉"官印	《中国历代篆刻集粹②：官印、私印（秦—南北朝）》，浙江古籍出版社，2007 年，第 8 页
	"右将"瓦当	郭兵《橡檐遗珍：中国古代瓦当鉴赏》，山西人民出版社，2010 年，第 212 页
	"长乐未央"瓦当	神木大保当汉代城址出土
	"张震六面印"私印	《中国历代篆刻集粹②：官印、私印（秦—南北朝）》，浙江古籍出版社，2007 年，第 172 页
图 1-3-12	青花仙人寿字碗、青花松竹梅大罐、斗彩寿字盘	李明君等《中国汉字美学史》（柒），海天出版社，2019 年，第 93、102、104 页
图 2-2-1	"贝"形三十八类	刘华夏《金文字体与铜器断代》，《考古学报》2010 年第 1 期
图 2-2-3	望地表木楬	魏坚《额济纳汉简》，广西师范大学出版社，2005 年，第 139 页
	福建福字漏窗	《房梁遗梦：福建经典古民居》，海峡摄影艺术出版社，2008 年，第 169 页
图 2-3-4	天发神谶碑	李明君等《中国汉字美学史》（肆），海天出版社，2019 年，第 322 页
	泰山经石峪刻经	镌刻于泰山斗母宫西北约四百米处的经石峪
图 2-3-12	东方朔画赞碑	旧碑存山东省德州市陵城区文化馆内
	礼器碑	曲阜汉魏碑刻陈列馆存
图 2-3-13	现代字库的字体设置	《circle》2018 年总第 13 期，第 87、88、89 页
图 2-3-18	新莽铜嘉量	台北"故宫博物院"藏
	上林铜鉴	陕西历史博物馆藏
	福字木窗	萧健东《湖南传统木雕》，湖南美术出版社，2011 年，第 215 页
图 3-2-1	齐国差炉	《中国青铜器全集》第 9 卷东周（三），文物出版社，2009 年，第 31 页
图 3-3-2	禽簋	上海博物馆商周青铜器铭文选编写组《商周青铜器铭文选》，图二七，文物出版社，1987 年

续表

图号	作品名称	出处
图 3-4-2	"太货六铢"钱、公式女钱	中国钱币博物馆藏
图 3-4-3	伏波神祠诗卷	日本东京细川护立氏永青文库藏
	苕溪诗帖	故宫博物院藏
	"梁宫"瓦当	《文物》1963 年第 11 期
图 3-4-4	源之角黑体设计时，西塚凉子的修改稿	［日］雪朱里著，日本 Graphic 社编辑部编，陈嵘译《文字部：字体设计的这些与那些！》，东方出版社，2021 年，第 123 页
图 3-4-6	"鄜延路经略安抚使""都统河东路军马安抚使司"	李明君等《中国汉字美学史》（伍），海天出版社，2019 年，第 183、185 页
图 3-4-7	"千秋""永奉无疆""役裪"	《问陶之旅——古陶文明博物馆藏品掇英》，紫禁城出版社，2008 年，第 258、256、199 页
图 3-4-8	"李思训碑"	现存陕西蒲城，已残
图 3-4-9	"永受嘉福"瓦当	《问陶之旅——古陶文明博物馆藏品掇英》，紫禁城出版社，2008 年，第 165 页
图 3-4-10	"与华相宜"瓦当	《问陶之旅——古陶文明博物馆藏品掇英》，紫禁城出版社，2008 年，第 260 页
	"千秋万岁"瓦当	李明君等《中国汉字美学史》（伍），海天出版社，2019 年，第 153、155 页
图 3-4-11	"冢上当"瓦当	《问陶之旅——古陶文明博物馆藏品掇英》，紫禁城出版社，2008 年，第 255 页
	"黄山当"瓦当	李明君等《中国汉字美学史》（肆），海天出版社，2019 年，第 138 页
图 3-4-12	越王州勾剑	《中国文物世界》第 112 期
图 3-4-13	永昌锦、延年益寿锦	新疆维吾尔自治区罗布泊高台古墓出土
	五星出东方锦护膊	新疆维吾尔自治区民丰县尼雅 1 号墓地 8 号墓出土
图 3-4-14	"齐园"瓦当、"右将"瓦当	郭兵《椽檐遗珍：中国古代瓦当鉴赏》，山西人民出版社，2010 年，第 201、212 页
图 3-4-16	前后赤壁赋	殷苏《中国书法史图录》，上海书画出版社，2000 年，第 767 页

续表

图号	作品名称	出处
图 3-4-17	唐玄宗《鹡鸰颂》上花押、南宋赵构御押	孙慰祖《中国玺印篆刻通史》，东方出版中心，2016 年，第 165、229 页
	"由检"御押	北京故宫博物院藏
图 3-4-18	常平五铢、永安五铢	苏易编《艺术浮雕：钱币收藏与鉴赏》，新世界出版社，2013 年，第 94、92 页
	"唯吾知足"钱	余榴梁、朱勇坤《中国珍稀钱币图典·花钱卷》，上海科学技术出版社，2014 年，第 187 页 634
图 4-3-1	包山楚简	湖北省博物馆藏
图 4-4-1	商代以前繁多的族徽	［美］牟复礼（Frederick W. Mote）著，王重阳译《中国思想之渊源》，北京大学出版社，2016 年，第 22 页
图 4-4-3	日本文字画	［日］杉浦康平编著，庄伯和译《文字的力与美》，北京联合出版公司，2014 年，第 34—35 页
图 3-5-1	清石涛《黄山八景》册页之一"天都峰"、明丁云鹏木刻版画《华山图》、明王履《华山图册》之一、清戴本孝《华山图册》之一	巫鸿著，梅玫等译《时空中的美术：巫鸿中国美术史文编二集》，生活·读书·新知三联书店，2016 年，图 2-26、图 2-21、图 2-24、图 2-22
图 4-5-2	串白蓝色米珠纽扣、米珠珠料纽扣	严勇等《清宫服饰图典》，紫禁城出版社，2010 年，第 149、138 页
图 4-5-3	黄庭坚"遗"字捺笔展现的对书写过程的把控	王中焰著，张永芹译《"山谷笔法"论》，江苏美术出版社，2011 年，第 30 页，图十三
图 4-7-1	合集 12184 正	《甲骨文合集》，中华书局，1999 年，第 1804 页
图 4-7-2	保卣	《商周青铜器铭文选》（一），文物出版社，1986 年，第 22 页，图三三
图 4-7-4	蔡公子义工簠	《商周青铜器铭文选》（二），文物出版社，1987 年，第 382 页，图五九九
	石鼓文	殷荪《中国书法史图录》，上海书画出版社，2000 年，图 92
图 4-7-5	延年益寿砖	《汉砖铭精粹》，上海书画出版社，2008 年，第 27 页
	圁阳郭稚文墓铭	《汉画总录》（八），广西师范大学出版社，2012 年，第 44 页

续表

图号	作品名称	出处
图 4-7-6	王子午鼎、大王光戈、王子于戈 越王者旨於睗剑、曾侯乙编钟	上海博物馆商周青铜器铭文选编写组《商周青铜器铭文选》（二）， 文物出版社，1987 年，第 410、335、340、347、456 页
图 4-7-7	"营丘后府" 瓦当	秦砖汉瓦博物馆藏
	错金银鸟篆文铜壶	1968 年出土于河北省满城陵山西汉中山靖王刘胜墓
	中岳嵩高灵庙碑篆额	李明君等《中国汉字美学史》（肆）， 海天出版社，2019 年，第 325 页
图 4-7-8	战国中山王墓出土的不同器物上的铭文	万业馨《应用汉字学概要》， 安徽大学出版社，2005 年，第 107 页
图 4-7-9	郭店楚简《成之闻之》	荆门市博物馆编《郭店楚墓竹简》， 文物出版社，1998 年，第 49 页
	郯陵君豆	上海博物馆商周青铜器铭文选编写组《商周青铜器铭文选》（二）， 文物出版社，1987 年，第 438 页图二七
图 4-7-10	睡虎地秦简《法律问答》	湖北省博物馆编《书写历史：战国秦汉简牍》， 文物出版社，2007 年，第 53 页
图 4-7-11	居延本始二年水门隧长尹野简、 敦煌五凤元年简、562.3A 永光元年简、 284.8A 阳朔元年简	裘锡圭《文字学概要》（修订本），商务印书馆，2013 年， 第 298 页图 51D、第 296 页图 49D、第 299 页图 52B、D
图 4-7-14	丧乱帖	现收藏于日本宫内厅三之丸尚藏馆

二　字体定义选录

（一）文字学语言学领域的字体定义

定义	文献
字体是文字的笔画姿态。	王力《汉语史稿》，中华书局，2013 年，第 39 页
什么叫做字体，就是文字之形体。	马衡《中国字体之变迁》，（马衡 1941 年 1 月 8 日于重庆三元读书会讲演稿），《说文月刊》1941 年第 3 卷第 2、3 期合刊
字体就是字的外在形式特征，就是字的风格。因为书写时个人的运笔特征、所写的字的间架布白特征的不同而形成的不同的字的风格，可以称为字的个人字体。因为所运用的书写工具的不同而形成的字的独特风格，可以称为工具字体，这种风格是工具的特殊性带来的。因文字的用途不同而形成的不同文字风格可以称为用途字体。因字的结构或组织不同所形成的不同风格的字也称体，如简体、繁体、正体、俗体之类。	王凤阳《汉字学》，吉林文史出版社，1989 年，第 177—178 页
不同时代、不同用途、不同书写工具、不同书写方法、不同地区所形成的汉字书写的大类别和总风格。	王宁《汉字构形学导论》，商务印书馆，2015 年，第 2—3 页
字体是指一个时代或是文字发展演变的一个阶段内文字表现出来的整体风格和书写特征。	黄德宽《古汉字发展论》，中华书局，2014 年，第 64 页
李、柳两个字在书写时会产生如下两个问题：一、每个字用什么样的笔势和笔体写？二、偏旁的位置怎么安排？前者一般称字体或书体，后者称为字体结构或形体结构。	陈世辉、汤余惠《古文字学概要》，吉林大学出版社，1988 年，第 14 页
把汉字可视外观的总风格归纳为若干类型，叫做汉字体势或字体风格，简称为字体。	李运富《汉字学新论》，北京师范大学出版社，2012 年，第 120 页
汉字的字体，就是汉字的外在形态，汉字的书写形式。	孙钧锡《汉字通论》，河北教育出版社，1988 年，第 77 页
字体是文字的书写形体。	杨五铭《文字学》，湖南人民出版社，1986 年，第 132 页
字体一词寻常有两种涵义：一是指文字形体结构；另一种则是表示书法的流派或风格特点。	郑廷植《汉字学通论》，福建人民出版社，2006 年，第 226 页
即文字的外在形式特征。如甲骨文、金文等是根据媒体特征划分的形体，小篆、隶书、楷书等是根据书写风格划分的形体，繁体和简体是根据结构组织的不同划分的形体，等等。	黄亚平、孟华《汉字符号学》，上海古籍出版社，2001 年，第 200 页
文字学研究中所称的字体，应该是指汉字在社会长期书写过程中，由于书写工具、载体、社会风尚等原因，经过演变形成的相对固定的式样特征和体态风格的基本类别。	王平、郭瑞《中国文字发展史·魏晋南北朝文字卷》，华东师范大学出版社，2014 年，第 26 页

续表

定义	文献
所谓字体，是指在不同的历史阶段中形成的几种别具风格的或有外在形式特征的形体。	王世贤《古今文字学通论》，中国社会科学出版社，2016 年，第 199 页
根据不同时期、不同书写工具和介质汉字的字形结构特点和总体风格，总结划分出来的汉字形体类别，主要包括甲骨文、金文、小篆、隶书、楷书等。也指根据字形特点和风格划分出来的，用于印刷、电子显示或手写的汉字形体类别，主要包括宋体、仿宋体、楷体、黑体等。	沙宗元《文字学术语规范研究》，安徽大学出版社，2008 年，第 265 页
汉字字体，或称为汉字体态、汉字书体、汉字态势、汉字体式、字体风格、书法风格、汉字书写、汉字写法。对它的研究，是针对汉字字形在书写层面（也有人说是视觉层面）的形态构成要素及其组合形式。	张晓明《春秋战国金文字体演变研究》，山东大学博士学位论文，2005 年，第 6 页
字体指同一形制的汉字整体上的综合式样。	陆明君《魏晋南北朝碑别字研究》，文化艺术出版社，2009 年，第 60 页
字体是指文字字符的造型风格变体。	冯寿忠《甲骨文字形平面的结体造型规律》，载《文字学论丛》第 5 辑，第 98 页
字体是就群体汉字而言，指的是汉字体系在某一范畴中所具有的共同的字形体式；字形是就个体汉字而言，指的是属于一定字体的个体汉字的特定书写造型。	冯寿忠《现行字体法及其标准试说》，《昌潍师专学报》1997 年第 1 期
字体说的是笔画的曲直肥瘦，偏旁的大小和方位，笔迹的轻重与缓急，字体的方圆和工草等，有人把字体称为文字的"外部结构"，构形称"内部结构"。	李守奎《汉字学论稿》，人民美术出版社，2016 年，第 83 页
字体指文字的形体结构和书写风格。	孙占鳌、尹伟先主编《河西简牍综述》，甘肃人民出版社，2016 年，第 459 页
字体是汉字在生成过程中呈现出的形态。	孙学峰《汉字形态论》，中华书局，2020 年，第 74 页

（二）书法学领域的字体定义

书之音义系乎形，书之美恶系乎体。	丁文隽《书法精论》，人民美术出版社，2007 年，第 42 页
所谓字体，即是指文字的形状，它包含两个方面：其一是指文字的组织构造以及它所属的大类型、总风格……其二是指某一书家、某一流派的艺术风格。	启功《古代字体论稿》，文物出版社，1964 年，第 1 页
就汉字而论字体，有三种不同的含义：一指文字的形体；二指书写的字体；三指书法家的字体。	郭绍虞《从书法中窥测字体的演变》，载《中国现代书法论文选》，上海书画出版社，1980 年，第 333 页
字体，是文字的标准"形体"，有一定的点画，一定的结构。	张光宾《中华书法史》，台湾商务印书馆，1981 年，第 9 页

字体与书体这两个概念在一般人的日常使用中往往混同……若究其细,二者的区别是明显的。一般讲,字体主要是从文字学的角度所形成的概念。书体主要是从书法艺术的角度所形成的概念。字体指在构造上符合共同的原则,基本书写方式具有共同特点的一类文字,如篆、隶、楷、行、草等。书体指文字的书写中具有某种特点和风格,并能自成系统。字体可以涵盖书体,书体则是字体在不同时期、不同载体以及不同书家中的具体表现……书体是以字体为本源,出于审美的需要,侧重于艺术的表现和个性的张扬。	张同印《隶书津梁》,高等教育出版社,2001 年,第 3 页
字体是专指文字发展变化中出现的各种特定的体式。	周俊杰等《书法知识千题》,河南美术出版社,1991 年,第 261 页
构造上符合共同原则、具有共同特点的一类文字,通常称为一种"字体"。文字在书写中具有某一共同特点或具有某一风格,并能自成系统者,称为一种"书体"。	梁披云主编《中国书法大辞典》,香港书谱出版社,1987 年,第 1 页
字体是文字的表现样式,是运笔的样态。	[日]富谷至著,刘恒武、孔李波译《文书行政的汉帝国》,江苏人民出版社,2013 年,第 124 页
字体,是指文字体系的类型。汉字的字体类型,如篆书、隶书、楷书、行书、草书等,具有历史性与规范性。有广义与狭义之分,广义的"字体"包括字的形声义,狭义的"字体"只指字的形体。书法艺术使"字体"具有审美意义。	张天弓《"字体""书体"概念之考释》,《书法报》2019 年 5 月 22 日

（三）设计学领域的字体定义一（基于汉字）

字体是文字的外在形式。	张毅、王立峰、骆玮编著《字体设计》,重庆大学出版社,2016 年,第 1 页
字体是指文字的风格款式,也可以理解为文字的一种图形样式。	王俊《型录设计》,上海人民美术出版社,2006 年,第 12 页
所谓字体,又可称为书体,是文字造型风格与外观形态的一种统称。	凡鸿、荣梅娟、孙学瑛主编《字体设计原理》,北京理工大学出版社,2014 年,第 2 页
字体是文字的表现形式。所谓字体,其涵义有两个方面,一是凭借直尺、圆规等工具描画得较为整齐、精密的字体,即常见的"美术字"或"印刷体"等,另外即是随手直接书写得较为生动的字体,即"书写体"。	张建辛《平面设计创意》,黑龙江美术出版社,1998 年,第 84 页
在排版印刷和书法领域,字体是指各种文字、字母、数字、符号、标点及记号等的式样、风格和特点。通常,一种字体是指具有相同的造型和统一的风格与特点的文字或字母及数字、符号、标点、记号等的集合——它们是一个共同运作的整体的组成部分。	苏克《新概念字体基础 & 应用》,太白文艺出版社,2015 年,第 27 页
字体,由一致的视觉特征统起来的一整套字母形状、数字及标点符号设计。	谭璜《字体设计之美》,江西美术出版社,2013 年,第 40 页

（四）设计学领域的字体定义二(基于西文)

"字形"是指一个字具有特征性的、区别于其他字的笔画方向或笔画位置。"字形不一样"是说字的笔画方向和笔画数变了。意思相同的字，有时候也会需要使用繁体字等旧字形。若把字形比作骨架，则"字体"就是附在上面的肌肉。比如汉字字体，黑体和宋体就是"字形相同但字体不同"。	［日］小林童著，刘庆译《西文字体：字体的背景知识和使用方法》，中信出版社，2014 年，第 27 页
严格而言，字体是一组尺寸和风格相同的字符，例如，Garamond Roman.12 点。而字体样式指的是不同尺寸的相关字体的集合，例如，GaramondRoman，斜体和加粗，尺寸分别为 8、10、12 和 14 点。不过，大多数字体排印师倾向于"字体"和"字体样式"互换使用。	［英］程 Karen Cheng 著，张安宇译《字体设计的规则与艺术》，人民邮电出版社，2014 年，第 10 页
字体 (Typeface) 是用来描述"设计层面"的词：与其说字体是一定数量的字符，不如说是一份基础图纸，一组基本原理。有时候这个术语也用来描述特定的样式或字重，如"我们选择 Agile Bold 作为大标题"，但更多的时候，它表示的是所有变体的集合，如"Agile 字体发布于 2010 年"。	［荷］扬·米登多普编著，杨慧丹译《文本造型》，中信出版社，2018 年，第 60 页

三　历代文献提及的"几体书"辑录

"几体书"	所含字体
秦八体书	大篆、小篆、刻符、虫书、摹印、署书、殳书、隶书
汉六体书	古文、奇字、篆书、隶书、缪篆、虫书
王莽六体书	古文、奇字、篆书、佐书、缪篆、鸟书
后汉三体书	古文、篆、隶
南朝宋王愔古文三十六种	古文篆、大篆、象形篆、科斗篆、小篆、刻符篆、摹篆、虫篆、隶书、署书、殳书、缪书、鸟书、尚方大篆、凤书、鱼书、龙书、麒麟书、龟书、蛇书、仙人书、云书、芝英书、金错书、十二时书、悬针书、垂露篆、倒薤书、偃波书、蚊脚书、草书、行书、楷书、藁书、填书、飞白书
南朝梁庾元威一百二十体书	悬针书、垂露书、秦望书、汲冢书、金鹊书、玉文书、鹄头书、虎爪书、倒薤书、偃波书、幡信书、飞白篆、古顽书、籀文书、奇字、缪篆、制书、列书、日书、月书、风书、云书、星隶、填隶、虫食叶书、科斗书、署书、胡书、蓬书、相书、天竺书、转宿书、一笔篆、飞白书、一笔隶、飞白草、古文隶、横书、楷书、小科隶、玺文书、节文书、真文书、符文书、芝英隶、花草隶、幡信隶、钟鼓隶、龙虎篆、凤鱼篆、麒麟篆、仙人篆、科斗虫篆、云篆、虫篆、鱼篆、鸟篆、龙篆、龟篆、虎篆、鸾篆、龙虎隶、凤鱼隶、麒麟隶、仙人隶、科斗隶、云隶、虫隶、鱼隶、鸟隶、龙隶、龟隶、鸾隶、蛇龙文隶书、龟文书、鼠书、牛书、虎书、兔书、龙草书、蛇草书、马书、羊书、猴书、鸡书、犬书、豕书、大篆、小篆、铭鼎、摹印、刻符、石经、象形、篇章、震书、到书、反左书、缣素书、简奏书、笺表书、吊记书、行狎书、楫书、稿书、半草书、全草书
李林甫等编《唐六典》唐代五体	古文、大篆、小篆、八分、隶书
《唐六典》校书郎、正字，掌雠校典籍，刊正文字，五体	古文、大篆、小篆、虫书、隶书
唐唐玄度论十体书	古文、大篆、八分、小篆、飞白、倒薤篆、散隶、悬针、鸟书、垂露书
唐张怀瓘《书断》十体	古文、大篆、籀文、小篆、八分、隶书、章草、行书、飞白、草书
唐张怀瓘《六体书论》	大篆、小篆、八分、隶书、行书、草书
唐韦续五十六种书	龙书、八穗书、篆书、云书、鸾凤书、科斗书、仙人行书、龟书、钟鼎书、倒薤书、虎书、鸟书、鱼书、填书、大篆、复篆、殳书、小篆、仙人篆、麒麟篆、转宿篆、虫书、鸟迹书、细篆书、小篆书、刻符书、古隶书、徒隶之书、署书、藁书、气候时书、芝英书、灵芝书、金错书、尚方大篆、鹤头书、偃波书、蚊脚书、垂露篆、悬针书、章草、飞白书、一笔书、八分书、蛇书、行书、散隶书、龙爪书、行隶、八体书、草书、虎爪书、鬼书、外国胡书、天竺书、花书

"几体书"	所含字体
唐段成式《酉阳杂俎》六十四体	悬针书、垂露书、秦望书、汲冢书、金鹊书、虎爪书、倒薤书、偃波书、信幡书、飞白书、籀书、谬（缪）篆书、制书、列书、日书、月书、风书、署书、虫食叶书、胡书、蓬书、天竺书、楷书、横书、芝英隶、钟隶、鼓隶、龙虎篆、麒麟篆、鱼篆、虫篆、鸟篆、鼠篆、牛书、兔书、草书、龙草书、狼书、犬书、鸡书、震书、反左书、行押书、揖书、景书、半草书、虎爪书、蝌脚书、乌书、慎（填）书、西域书、驴唇书、莲叶书、节分书、大秦书、驳乘书、狩牛书、树叶书、起尸书、石旋书、覆书、天书、龙书、鸟音书
宋僧梦英十八体书	古文、回鸾篆、雕虫篆、飞白、薤叶篆、璎珞篆、大篆、柳叶篆、小篆、芝英篆、龙爪篆、悬针篆、籀文、云书、填篆、剪刀篆、科斗篆、垂露篆
宋宣和论书	篆书、隶书、正书、行书、草书、八分书
宋郑昂论文字之大变八体	古文、大篆、小篆、隶书、八分、行书、飞白、草书
宋张君房《云笈七签》八显	天书、神书、地书、内书、外书、鬼书、中夏书、边裔书
皇颉以降凡五变（五体）矣	古文、籀、篆、隶、草
明赵宧光论九体书	古文、古篆、大篆、小篆、缪篆、奇篆、分隶、真书、草书
乾隆《御制三十二体篆书盛京赋》	玉箸篆、芝英篆、上方大篆、小篆、钟鼎篆、垂露篆、柳叶篆、殳篆、悬针篆、龙书篆、穗书、鸟迹篆、垂云篆、鸾凤篆、科斗篆、龟书、倒薤篆、鸟书、坟书、大篆、麟书、转宿篆、雕虫篆、刻符篆、金错篆、鹄头篆、飞白书、龙爪篆、奇字、璎珞篆、剪刀篆、碧落篆
清孙枝秀《历朝圣贤篆书百体千字文》一百六十四体	太极、龟书、河图、古文、八卦文、鸟迹书、洛书、籀文、九畴文、钟鼎文、蝌蚪书、鸾凤书、穗书、商钟文、龙书、葵藿文、垂云篆、宝鼎篆、坟书、芝英篆、上方大篆、衡持篆、麟书、刻符篆、虹霓篆、雕虫篆、根梗篆、大风章、小篆、金钏文、转宿篆、方填篆、方直篆、石鼓文、倒薤篆、薇垂篆、说文、垂露篆、水纹篆、蕻华篆、天禄文、中正篆、童首篆、华萼篆、获篆、貉尾篆、覆戴文、悬针篆、剪刀篆、大篆、鸟篆、规矩文、奇字篆、佐书、孔方文、缨络篆、楷字、鼠尾文、上方小篆、古尚书、八角垂芒篆、古钱文、鱼书、漕文、填篆、凤尾书、虎爪篆、方胜文、花草书、金滕篆、宝带篆、碧落篆、虫书、鹤书、杉枝文、殳篆、雁字、鹄头书、偃波篆、太极篆、蚊脚篆、汉草篆、禹碑文、藕丝文、刚错文、精缢文、鼎小篆、竹书、南山文、梅花篆、秦玺文、垂露文、玉霄文、斜叠篆、托莲文、龙爪篆、三台篆、八宝文、飞白篆、谬书、摹印红文、香烟篆、麦宝文、灵芝篆、蘋篆、木简文、槲叶文、行草篆、钗股篆、回鸾篆、正叠篆、铁线文、柏子文、急就章、金钩篆、流金文、金剪书、阴阳文、柳叶篆、古鸟迹、星斗篆、金错刀、云篆、象形文、鸟书、罘罳篆、玉箸篆、清浊篆、开元文、九叠篆、八龙云篆、仙人形书、气候书、传言书、署书、鬼书、魁斗书、天目书、球珠文、瑞芝文、流香文、莲叶书、十二时书、双钩书、一笔书、万岁藤、飞霞章、如意文、秃笔书、复书、虎书、菁书、景云书、八体书、天竺书、西斗文、玉函文、中夏书、汗简文、玉荣文、蛇书、韜靉章、光明章、玉藻文、神霄篆、老子文

四 历代汉字字体名称及其定义或来源选录

1.定义或来源类似的选其一；

2.早期无"体"的概念，名称以"形"为主；

3.辑录少量源自个人的字体。

名称	定义或来源	文献
龟、甲骨、龟甲、龟甲文、龟版文、龟甲文字、契、契文、殷契、龟刻文、甲骨刻文、甲骨刻辞、卜辞、贞卜文、贞卜文字、甲骨卜辞、殷卜辞、殷虚卜辞、殷虚书契、殷虚遗文、殷虚文字、商简	五十年间，异名其多，大致不外以下的五种。 一、以文字所载的物体为名的 龟，刘鹗《铁云藏龟》 "甲骨"《论甲骨》胡韫玉 "龟甲"《古羑里城出土龟甲之说明》日本富冈谦藏 "龟甲文"《龟甲文》陈邦福 "龟版文"《殷代龟版文中之族字》日本后籘朝太郎 "龟甲文字"《龟甲文字概论》陈晋 二、以文字出于契刻为名的 契，叶玉森《说契》，载《研契枝谭》 "契文"《契文举例》孙诒让 "殷契"《簠室殷契类纂》王襄 "龟刻文"《龟刻文字体说》日本高田忠周 "甲骨刻文"《殷周甲骨刻文考》曹铨 "甲骨刻辞"《北京大学藏甲骨刻辞考》唐兰 三、以文字所记的事项为名的 "卜辞"《新获卜辞写本》董作宾 "贞卜文"《题所录贞卜文册》王襄 "贞卜文字"《殷商贞卜文字考》罗振玉 "甲骨卜辞"《库方二氏藏甲骨卜辞》美国方法敛 "殷卜辞"《殷卜辞中所见先公先王考》王国维 "殷虚卜辞"《殷虚卜辞》加拿大明义士 四、以文字出土的地方为名的 "殷虚书契"《殷虚书契前编》罗振玉 "殷虚遗文"《从殷虚遗文窥测上古风俗的一斑》迈五 "殷虚文字"《戬寿堂所藏殷虚文字》姬觉弥 五、以文字时代为名的 "商简"《河南地志·古物章·商简》时经训	董作宾《甲骨学六十年》，载《中国现代学术经典·董作宾卷》，河北教育出版社，1996年，第144—147页
殷虚书契、契文、殷契、殷商贞卜文字、龟甲文、龟甲兽骨文字，甲文	刻辞里面，殷代帝王名号很多，因此便有人断定是殷代的遗物，称为殷虚书契，或称契文，或称殷契。又因此刻辞上都是贞卜的话，所以又称为殷商贞卜文字，普通称为龟甲文，或称为龟甲兽骨文字，这里称为甲文，是一种简称	胡朴安《文字学ABC》，岳麓书社，2011年，第18页

续表

名称	定义或来源	文献
龟、兽骨、龟甲、契、骨刻文字、殷虚书契、殷虚卜辞、殷虚文字、甲骨文	在甲骨文才被发现时，人们只能根据对甲骨外形的直观认识，称之为龟或兽骨、龟甲；或看到刀刻文字，称之为契或骨刻文字。而在甲骨文时代和出土地小屯被确定为殷都以后，甲骨文的用途逐渐明确，便称之为殷虚书契、殷虚卜辞或殷墟文字了，当然，甲骨文一名为更多人所接受，是由于殷虚科学发掘工作展开以后，人们对殷虚所出的文字材料有了更进一步认识的结果	王宇信《甲骨学通论》（修订本），中国社会科学出版社，2015年，第51页
龟版文、龟甲文、甲骨文、龟甲兽骨文字、殷虚文字、契文、刻辞、殷虚刻辞、龟甲刻辞、甲骨刻辞、卜辞、贞卜文字、殷虚卜辞、殷虚贞卜文字	过去学人多仅注重文字一项，故命名方面，亦多偏重文字。其中有就甲骨本身命名者，曰龟版文、龟甲文、甲骨文、龟甲兽骨文字等。又有就其出土之地名为殷虚文字，又有以文字之制作称为契文、刻辞或殷虚刻辞、龟甲刻辞、甲骨刻辞者。亦有就文字之用途命名，言称为卜辞、贞卜文字，或曰殷虚卜辞、殷虚贞卜文字者	姜亮夫《甲骨学通论》，载《姜亮夫全集》十七，云南人民出版社，2002年，第157页
甲骨文	为书写或契刻在龟的腹甲、背甲和牛的肩胛上面的文字	张光宾《中华书法史》，台湾商务印书馆，1981年，第31页
甲骨体	为了区别字料和字体，我们采用甲骨体来专指甲骨材料上的字体风格。甲骨体大多由刀刻而成，其风格特征是线条纤细，笔道直硬，结构松散，外形不整	李运富《汉字学新论》，北京师范大学出版社，2012年，第121页
金文	先秦称铜为金，所以后人把古代铜器上的文字叫金文	裘锡圭《文字学概要》（修订本），商务印书馆，2013年，第47页
金文	商周时期铸刻在青铜器上的文字为金文	高明《中国古文字学通论》，北京大学出版社，1996年，第344页
金文、吉金文字	金文是吉金文字的简称。吉金名称的来源是因为古铜器铭文上常有易吉金和择其吉金的话（吉是坚结的意思）	蒋善国《汉字形体学》，文字改革出版社，1959年，第65页
金文体	广义的金文指所有金属载体上的文字。狭义的金文指西周青铜器上的铭文。为了区别字料和字体，我们采用金文体来专指西周金文材料所代表的铭文字体。金文体大多由范铸而成，其风格特征为线条粗实，笔道圆转，结构紧凑，外形规则	李运富《汉字学新论》，北京师范大学出版社，2012年，第121页
钟鼎文	钟和鼎在周代各种有铭文的铜器中占有比较重要的地位，因此有人称金文为钟鼎文	裘锡圭《文字学概要》（修订本），商务印书馆，2013年，第47页

续表

名称	定义或来源	文献
勒铭文字、钟鼎文、钟鼎彝器铭文、钟鼎款识	金文，是铸或刻在钟、鼎、盘、彝等各种金属器物上的文字，亦称勒铭文字。因为表现于钟、鼎的铭文较多，故又称之为钟鼎文或钟鼎彝器铭文。钟鼎文有凹凸之分，一般把凹下的阴文叫"款"，将凸出的阳文叫"识"，所以也将金文统称为钟鼎款识	秋子《中国上古书法史：魏晋以前书法文化哲学研究》，商务印书馆，2000年，第106页
钟鼎书	夏后氏象钟鼎形为篆，作钟鼎书	韦续《五十六种书》，载《历代书法论文选》，上海书画出版社，1979年，第302页
籀书	《史籀篇》字体	卫恒《四体书势》，载《历代书法论文选》，上海书画出版社，1979年，第13页
籀书	籀书就是抽书，即引书	傅东华《汉字》，上海教育出版社，1984年，第42页
大篆	《史籀篇》字体	卫恒《四体书势》，载《历代书法论文选》，上海书画出版社，1979年，第13页
大篆	指以籀文、石鼓文为代表的一种字体。大篆的风格特征是线条匀称，笔迹婉转，结构繁复，字形规范	李运富《汉字学新论》，北京师范大学出版社，2012年，第121页
篆	钟带谓之篆，篆间谓之枚，枚谓之景	《周礼》
篆	篆，引书也	《说文解字·竹部》
篆	其实许君所云八体，唐玄度所云十体，下至韦续所云五十六种书，梦英所云十八体书，皆得谓之篆也	朱骏声《说文通训定声》，中华书局，1984年
籀文、大篆	泊周宣王史史籀，循科斗之书，采苍颉古文，综其遗美，别署新意，号曰籀文，或谓大篆	虞世南《书旨述》，载《历代书法论文选》，上海书画出版社，1979年，第114页
籀文	周太史史籀所作也。与古文大篆小异，后人以名称书，谓之籀文	张怀瓘《书断》，载《历代书法论文选》，上海书画出版社，1979年，第159页
籀文	许叔重言："秦始皇初兼天下，丞相李斯乃奏同文字，罢其不与秦文合者。"所谓秦文，即籀文也	王国维《战国时秦用籀文六国用古文说》，载《观堂集林》卷七，中华书局，1984年，第305页

续表

名称	定义或来源	文献
籀文	所谓籀文，在秦汉人的心目之中其实就是指西周晚期的古老文字，或者更准确地说，这种文字也就是《史籀篇》的文字，它或许是由史籀亲自书写而成	冯时《中国古文字学概论》，中国社会科学出版社，2016年，第42页
籀文	籀文大体上是一种近似小篆只是比小篆线条繁缛的字体	杨春霖《字体释名》，《人文杂志》1982年第5期
籀文	籀文者，史籀取苍颉形意，配合为之，损益古文，或同或异，加之铦利钩杀，大篆是也。史籀所作，故曰籀文	吾丘衍《学古编》，载《书学集成　元～明》，河北美术出版社，2002年，第78页
籀篆体	1. 西周早期文字笔画中肥而首尾出锋，为古文体（西周古文）； 2. 西周晚期文字笔画首尾如一近乎玉箸，为籀篆体	方濬益《缀遗斋彝器款识考释》，商务印书馆，1935年石印本
引书、篆书	引书者，引笔而著于竹帛也，因之李斯所作，曰篆书	段玉裁《说文解字注》，上海古籍出版社，1981年，第758页
大篆	按大篆者，周宣王太史史籀所作也。或曰柱下史始变古文，或同或异，谓之为篆，篆者传也，体其物理，施之无穷	张怀瓘《书断》，载《历代书法论文选》，上海书画出版社，1979年，第158页
大篆	大篆，周公命史佚同天下之文三体，宜书箴铭，可以出入	丰坊《书诀》，载《历代书法论文选》，上海书画出版社，1979年，第507页
大篆	周宣王时史籀变古文科斗为大篆	郝经《陵川集》，载《历代书法论文选续编》，上海书画出版社，1993年，第170页
大篆	所谓大篆，本来是指籀文这一类时代早于小篆而作风跟小篆相近的古文字而言的。为了避免误解，最好干脆不要用这个名称	裘锡圭《文字学概要》（修订本），商务印书馆，2013年，第57页
大篆	周宣王大史就古文而更定的字体，如何更定法尚难详说	姜亮夫《古文字学》，载《姜亮夫全集》十七，云南人民出版社，2002年，第51页
大篆	大篆是秦系古文字。大篆是春秋早期到战国早期秦国的通用文字	赵平安《隶变研究》，河北大学出版社，2009年，第102页

续表

名称	定义或来源	文献
大篆、小篆	大篆小篆，犹世言大写小写矣	章太炎《小学略说》，载《历代书法论文选续编》，上海书画出版社，1993 年，第 764 页
大篆、小篆	小篆以前的古体，即大篆；同文以后的正体，即小篆	启功《古代字体论稿》，文物出版社，1964 年，第 9 页
大篆、小篆	小篆的名称是和大篆对称而来的，秦时通行小篆，就把古文叫作大篆	蒋善国《汉字学》，上海教育出版社，1987 年，第 195 页
大篆、小篆	应用无定的摹物线条的时期，大体上以殷代文字、西周文字为代表，称为大篆。应用相对定形化的构字线条的时期，相当于战国时期文字，可以称为小篆	王凤阳《汉字学》，吉林文史出版社，1989 年，第 195—196 页
六国体	指战国时期东方六国所使用的文字体式。资料有《说文》中保留的古文，汉代所谓的蝌蚪文，后代出土的战国时期的简帛文字。大致说来，六国体已经有了笔画特征，比较便于毛笔书写，往往下笔重而收笔轻，也有两条尖而中间粗的，还出现波磔笔画，跟秦国的隶书比较接近，是汉代隶书形体的来源之一	李运富《汉字学新论》，北京师范大学出版社，2012 年，第 121—122 页
大篆	由春秋时到战国初期的文字，就是所谓大篆。《史籀》只是大篆的一种罢了	唐兰《中国文字学》，上海古籍出版社，2005 年，第 135 页
大篆	大篆只是秦、汉间人就他们所看见的较古的秦系文字，或是较接近这个系统的文字，并不能包括一切的古文字	唐兰《中国文字学》，上海古籍出版社，2005 年，第 137 页
篆体	把隶变之前的所有用线条构成的字体，不论是甲骨文还是金文，籀文还是古文，统称为篆体	王凤阳《汉字学》，吉林文史出版社，1989 年，第 195 页
古篆	指秦以上文字，包含旧古文、大篆、籀书各种分类	魏建功《汉字形体变迁史》，商务印书馆，2013 年，第 41、42 页
古篆	古篆，三代之书，见于金石铭识	赵宦光《寒山帚谈》，载《中国古代书论类编》，安徽教育出版社，2009 年，第 603 页
小篆	秦丞相李斯改省籀文，适时简要，号曰小篆	虞世南《书旨述》，载《历代书法论文选》，上海书画出版社，1979 年，第 114 页

续表

名称	定义或来源	文献
小篆	自上方大篆颇行于世，但为古远，人多不详。今则删略繁者，取其合理，参为小篆	李斯《笔法》，载《墨池编》
小篆	李斯删古文作也，始皇以祈祷名山，皆用此书	韦续《五十六种书》，载《历代书法论文选》，上海书画出版社，1979 年，第 304 页
小篆、秦篆	秦国在统一前使用的文字与六国不同，称为小篆（秦篆），小篆是由大篆演变而来	林剑鸣《秦史稿》，上海人民出版社，1981 年，第 378 页
小篆	小篆有宽狭两种含义，一是小篆的古义，专指李斯等创制的小篆，一是发展了的概念，包括与李斯等人创制的小篆形体基本一致的战国文字	赵平安《隶变研究》，河北大学出版社，2009 年，第 108 页
小篆	指秦始皇统一中国后实行书同文政策时颁发的标准字体。由丞相李斯等在大篆基础上吸收甲骨体、金文体、六国体等字形结构和书写风格综合而成，带有明显的人为规范性。其特征是线条粗细均匀，分布疏密有致，环抱内聚，结构规范，整体呈长圆态势	李运富《汉字学新论》，北京师范大学出版社，2012 年，第 122 页
尚方大篆	程邈所述，后人饰之以为法焉	韦续《五十六种书》，载《历代书法论文选》，上海书画出版社，1979 年，第 304 页
上方大篆	后世官印有九叠、八叠、七叠，皆朱文，私印亦间为之。九叠又名上方大篆。刘昌曰：取"乾元用九"之义	姚晏《再续三十五举》，载《历代印学论文选》，西泠印社出版社，2005 年，第 334 页
九叠文	第三、第四时期之文字，有屈曲盘回，使笔画填满以求匀称者，谓之九叠文，仅官印中有之耳	马衡《论刻印》，载《历代印学论文选》，西泠印社出版社，2005 年，第 407 页
小篆、秦篆	秦丞相李斯所作也。增损大篆，异同籀文，谓之小篆，亦曰秦篆	张怀瓘《书断》，载《历代书法论文选》，上海书画出版社，1979 年，第 159 页
秦篆	文字多取《史籀篇》，而篆体复颇异，所谓秦篆者也	班固《汉书·艺文志》，中华书局，1964 年，第 1721 页
小篆、八分	小篆，秦篆也；八分，汉隶也	刘熙载《书概》，载《历代书法论文选》，上海书画出版社，1979 年，第 685 页
小篆、八分小篆、大篆	小篆者，李斯省籀文之法同天下书者也。此籀文体十存其八，故小篆谓之八分小篆。既有小篆，故谓籀文为大篆云	吾丘衍《学古编》，载《书学集成 元～明》，河北美术出版社，2002 年，第 78 页

续表

名称	定义或来源	文献
小篆、汉隶、正书、	汉隶既可当小篆之八分书,是小篆亦大篆之八分书,正书亦汉隶之八分书也	刘熙载《书概》,载《历代书法论文选》,上海书画出版社,1979年,第686页
鼎小篆	据《史记·孝武本纪》载:"其夏六月中,汾阴巫锦为民祠魏脽后土营房,见地如钩状,掊视得鼎,鼎大异于众鼎,毋款识。"故唐韦续说:"小篆,周时所作,汉武帝时得汾阴鼎,即其文也。"这里说的"小篆"即鼎小篆,和秦代的小篆不是一回事,而是指这种篆书的形体小而已	周俊杰等《书法知识千题》,河南美术出版社,1991年,第320—321页
金钗体	是小篆的一种,宋陈槱说:"建安章伯益友直以小篆著名,尤工作金钗体。"也有人认为金钗是折股钗的别称,因此这种小篆应类似玉箸篆	周俊杰等《书法知识千题》,河南美术出版社,1991年,第321页
玉箸篆	秦丞相李斯变仓颉籀文为玉箸篆	舒元舆《玉箸篆志》,载《古今书体汇编》一(六艺之一录),浙江人民美术出版社,2017年,第3979页
秦分	秦分即小篆	康有为《广艺舟双楫》,载《历代书法论文选》,上海书画出版社,1979年,第784页
古文	孔子壁中书	卫恒《四体书势》,载《历代书法论文选》,上海书画出版社,1979年,第14页
古文	凡称古文者,皆仓颉遗法也	《宋秦观论仓颉书》,载《古今书体汇编》一(六艺之一录),浙江人民美术出版社,2017年,第3975页
古文	六国文字即古文也	王国维《战国时秦用籀文六国用古文说》,载《观堂集林》卷七,中华书局,1984年,第305页
古文	史皇、仓颉广天皇之制	丰坊《书诀》,载《历代书法论文选》,上海书画出版社,1979年,第507页
古文	古文,是含义相当广泛的概念,我们通常称殷周古文、晚周古文、秦汉古文等,这是指与隶书相对而言的广义古文,相当于今天所说的古文字;而狭义的古文,则指以《说文》古文为主,包括其他诸如石经古文、《汗简》古文等传抄于战国文字的字体	何琳仪《战国文字通论订补》,上海古籍出版社,2017年,第41页

续表

名称	定义或来源	文献
古文	按古文者，黄帝史仓颉所造也。颉首有四目，通于神明，仰观奎星圜曲之势，俯察龟文鸟迹之象，博采众美，合而为字，是曰古文	张怀瓘《书断》，载《历代书法论文选》，上海书画出版社，1979 年，第 157 页
古文	西汉之时，所言古文者，不过隶书之近古	顾炎武著，陈垣校注《日知录校注》，安徽大学出版社，2007 年，第 1184 页
古文	古文者谓古文诸经中字，非别有古字书也	于鬯《香草校书》，中华书局，1984 年，第 1145 页
古文	古文为刘歆伪造，杂采钟鼎为之	康有为《广艺舟双楫》，载《历代书法论文选》，上海书画出版社，1979 年，第 749 页
古文	古代陆续造成的文字的总称	刘大白《文字学概论》，岳麓书社，2011 年，第 52 页
古文	广义的，凡小篆以前的文字都可以称为古文。狭义的，指秦以前写本的书籍中的字，特别是秦以前所写的经书的字	启功《古代字体论稿》，文物出版社，1964 年，第 15 页
古文	鸟迹科多通谓古文	郭忠恕《汗简》，载《古今书体汇编》一（六艺之一录），浙江人民美术出版社，2017 年，第 3974 页
古文	广义的古文名称起于汉代，后世继续沿用，泛指秦统一文字前所有的文字，时间地点皆无限制，没有一定的字形。狭义的古文指《说文解字》中所见的古文	张政烺《古文》，《中国大百科全书 语言文字》，中国大百科全书出版社，1988 年，第 102 页
古文、古文奇字	仓颉字，世谓之古文，其别出者，谓之古文奇字	《性理会通》，载《历代书法论文选》，上海书画出版社，1979 年，第 234 页
奇字	即古文而异者	卫恒《四体书势》，载《历代书法论文选》，上海书画出版社，1979 年，第 14 页
奇字	古文中的比较奇异的	刘大白《文字学概论》，岳麓书社，2011 年，第 52 页
奇字	黄帝、史沮诵增损古文	丰坊《书诀》，载《历代书法论文选》，上海书画出版社，1979 年，第 507 页

名称	定义或来源	文献
奇篆	奇篆，采择杂体，就简避繁，趋逸去拙。其本来之形，与夫累代之制，皆不泥也。格借玉箸，体间碧落，情杂钟鼎，势分八分。点画以大篆为宗，波折以真草托迹，规矩绳墨，终束于斯	赵宧光《寒山帚谈》，载《中国古代书论类编》，安徽教育出版社，2009 年，第 604 页
篆书	秦篆书	卫恒《四体书势》，载《历代书法论文选》，上海书画出版社，1979 年，第 14 页
篆书、隶书	八体中的"篆书"（包括大篆、小篆）与"隶书"是适用于简册的一般官府文书用字。篆、隶之名皆相对而出，"篆"为"掾"之同源后起字，"掾"是秦代专司文字工作的政府吏员，是官方文案的主要责任者，因这些文案，大多都要直接呈报给始皇帝及中央所属机构，故规定必须以正体来书写，篆书之名也即因此而起。作为与篆书之名同出的"隶书"，也只能是因其使用的对象为"徒隶"而得名	徐学标《史官主书与秦书八体》，中华书局，2020 年，第 12 页
隶书、篆书、掾书	施于徒隶的书谓之隶书，施于官掾便谓之篆书。篆者掾也，掾者官也。汉代官制，大抵沿袭秦制，内官有佐治之吏曰掾属，外官有诸曹掾史，都是职司文书的下吏。故所谓篆书，其实就是掾书，就是官书	郭沫若《古代文字之辩证的发展》，《考古》1972 年第 3 期
篆书	黄帝史苍颉写鸟迹为文，作篆书	韦续《五十六种书》，载《历代书法论文选》，上海书画出版社，1979 年，第 302 页
今篆	今篆者，秦汉篆书也	魏建功《汉字形体变迁史》，商务印书馆，2013 年，第 42 页
细篆、缪篆	李斯摹写始皇碑序，皆用此体，亦曰缪篆	韦续《五十六种书》，载《历代书法论文选》，上海书画出版社，1979 年，第 304 页
复篆	因大篆而重复之，亦史籀作，汉武帝用题建章阙	韦续《五十六种书》，载《历代书法论文选》，上海书画出版社，1979 年，第 303 页
佐书	即隶书	卫恒《四体书势》，载《历代书法论文选》，上海书画出版社，1979 年，第 14 页
缪篆	缪篆谓其文屈缠绕，所以摹印章也	《汉书·艺文志》颜师古注，载《汉书》，中华书局，1983 年，第 1722 页
缪篆	缪篆也就是一种形状曲折回绕，用来刻印的文字书体	罗福颐、王人聪《印章概述》，中华书局，1973 年

续表

名称	定义或来源	文献
摹印篆、唐篆	汉有摹印篆，其法只是方正。篆法与隶法相通，后人不识古印，妄意盘曲，且以为法，大可笑也。多见故家藏汉印，字皆方正，近乎隶书，此即摹印篆也。王俅《啸堂集古录》所载古印，正与相合，凡屈曲盘回，唐篆始如此	吾丘衍《学古编》，载《书学集成 元～明》，河北美术出版社，2002 年，第 68 页
摹印篆	印章文字，非篆非隶，非不篆隶，别为一种，谓之摹印篆。其法方平正直，繁则损，少则增，与隶相通	沈野《印谈》，载《历代印学论文选》，西泠印社出版社，2005 年，第 63 页
摹印	摹印是就印的大小，文字的多少，笔画的繁简，位置的疏密，用规摹的方法画出来	唐兰《中国文字学》，上海古籍出版社，1979 年，第 159 页
摹印	"摹印"，是指官方印信及封泥上的文字。因这种文字用于摹写印面，故而命名为摹印	徐学标《史官主书与秦书八体》，中华书局，2020 年，第 12 页
摹印	就是根据印面的大小、形式、如印字数，将大篆或小篆适当地安排，不讲究写，而讲究布局和刻，线条具有非书写所能达到的效果（按现代说法，应归篆刻，不属书法）	陈方既、雷志雄《书法美学思想史》，河南美术出版社，1994 年，第 51 页
摹印	汉白文印	俞剑华《书法指南》，当代中国出版社，2016 年，第 166 页
摹印	稍变小篆之形体，使之平正方直，变小篆之形式，不变小篆之义法，近隶之结体，而不用隶之挑磔	邓散木《篆刻学》上编，人民美术出版社，1979 年，第 14 页
缪篆	汉晋印章之文，图书私印宜其体	丰坊《书诀》，载《历代书法论文选》，上海书画出版社，1979 年，第 507 页
缪篆	缪篆，世所传古铜字是也。汉《延光残碑》《张迁碑》《韩仁碑》额，即缪篆体，汉、晋铜器及瓦当文、砖文，亦多此体	陈澧《摹印述》，载《历代印学论文选》，西泠印社出版社，2005 年，第 371 页
缪篆	秦篆体有摹印，后又谓之缪篆，盖指其形体绸缪之义，非是缪误之缪也	朱简《印品》发凡，载《历代印学论文选》，西泠印社出版社，2005 年，第 454 页
缪篆	缪篆之"缪"即和美的意思，"缪篆"当作"和美之篆"解释	陆锡兴《汉字美术史》，百花洲文艺出版社，2022 年，第 139 页
垂露篆	汉章帝时曹喜作也	韦续《五十六种书》，载《历代书法论文选》，上海书画出版社，1979 年，第 305 页

续表

名称	定义或来源	文献
垂芒书	垂露就是露水,它由天而下,所以呈水滴状,上尖下圆。垂芒书正是据此曲出垂能而来,它是一种象形美术字	陆锡兴《汉字美术史》,百花洲文艺出版社,2022年,第185页
悬针篆	亦曹喜所作。有似针锋,因而名之,用题《五经》篇目	韦续《五十六种书》,载《历代书法论文选》,上海书画出版社,1979年,第305页
悬针	王愔《文字志》曰:"悬针,小篆体也。字必垂画细末,细末纤直如悬针。"	徐坚《初学记》卷二十一《文部》"悬针、倒薤"
薤叶篆	汉曹喜体。喜小篆垂枝浓直,名薤叶	郑杓著,刘有定注疏《衍极》,载《历代书法论文选》,上海书画出版社,1979年,第415页
倒薤书	倒薤书者,小篆体也,垂支浓直,若薤叶也	徐坚《初学记》卷二十一《文部》"悬针、倒薤"
缨络篆、柳叶篆、翦刀篆、	缨络篆,汉刘德升观星象而作。曰柳叶篆,晋卫瓘作。曰翦刀篆,魏韦诞作	郑杓著,刘有定注疏《衍极》,载《历代书法论文选》,上海书画出版社,1979年,第415页
剪刀篆	韦诞之所作,亦曰金错书	《宋僧梦英十八体书》,载孙岳颁等《佩文斋书画谱》第一册,浙江人民美术出版社,2014年,第141页
铁线篆	小篆俗名铁线篆,不知始于何时。铁者,譬其刚劲;铁线者,言其细而刚劲	邓散木《篆刻学》,上海人民美术出版社,2015年,第135页
小篆、玉箸篆	李斯,上蔡人。相传秦始皇灭六国。参古文、复篆、籀书,颇加省改,作小篆,著《苍颉篇》九章,世谓之玉箸篆	郑杓著,刘有定注疏《衍极》,载《历代书法论文选》,上海书画出版社,1979年,第405页
玉箸篆、斯篆	小篆画皆如箸,以便笔札,故亦称玉箸篆。以创于李斯,故亦称斯篆	邓散木《篆刻学》,上海人民美术出版社,2015年,第14页
萧籀	萧籀,汉相萧何作	郑杓著,刘有定注疏《衍极》,载《历代书法论文选》,上海书画出版社,1979年,第414页

续表

名称	定义或来源	文献
梦英篆	梦英好篆书而无古法。其自序云：落笔无滞，纵横得宜	杨慎《书品》，载《书学集成元～明》，河北美术出版社，2002 年，第 338 页
叠篆	今官府印信所用，礼部铸印局所掌，亦宜习知，以防诈伪	丰坊《书诀》，载《历代书法论文选》，上海书画出版社，1979 年，第 507 页
填篆	蟠龙书，稍类叒文，后人亦名为填篆	何震《续学古编》，载《历代印学论文选》，西泠印社出版社，2005 年，第 56 页
填篆、方填书	填篆，方填书也。《书史》曰：填篆者，周之媒氏以仲春之月，判会男女，则以此书，表信往来。及魏明帝使京兆韦仲将点定芳林苑中楼观，王廙、王隐皆云字间满密，故云填篆，亦曰方填书	方以智《印章考》，载《历代印学论文选》，西泠印社出版社，2005 年，第 152 页
碧落篆	指唐朝《碧落碑》上的字体。由于这种字体在篆字、古文之间，比较怪异难辨。碑上有"碧落"等字，故称为"碧落篆"。也有人说这种字是刻在绛州龙兴宫碧落尊像之后而被称为碧落篆	周俊杰等《书法知识千题》，河南美术出版社，1991 年，第 285 页
回鸾篆	回鸾篆者，史佚之所作	《宋僧梦英十八体书》，载孙岳颁等《佩文斋书画谱》第一册，浙江人民美术出版社，2014 年，第 139 页
大篆、小篆、悬针文、柳叶文、铁线文、大白文、细白文、满白文、切玉文、圆朱文	篆体之宜于印者，一曰大篆，周太史取苍颉之书，加之钴利，或同或异，而名大篆。其法圆不致规，方不致矩，配合六义，成其自然。一曰小篆，李斯改省大篆之文，破圆作方，悉异古制，谓之小篆。其法文如铁石，势若飞动，一点一画，矩度不苟，藏妍精于朴茂，寄权巧于端庄，冠冕浑成，斯为中律。一曰悬针文，后汉曹喜作，其法以小篆为质，垂露为文，画细末纤，直如针之悬锋。一曰柳叶文，晋卫瓘三世攻书，备善众体，此仿上古蝌蚪书，但头尾都细，像柳叶，故曰柳叶文。一曰铁线文，形如铁线，瘦健有神，圆融洁净，不可如细汉文之端方，要如秦文之袅娜。一曰大白文，汉印多用此体，法取平正端庄，其损益挪让，与隶相通，要不失六义，转运欲灵，布置当密。一曰细白文，务求平正，章法绵密，心稳手准，用力一冲，一气而成，甚有风致。一曰满白文，最称庄重，文务填满，字取平正，致须流利，与隶相融。一曰切玉文，须和平淡雅，温润有神，其转接处，意到笔不到，如书家之有笔无墨是也。一曰圆朱文，元赵松雪善作此体，其文圆转妍媚，故曰圆朱，要丰神流动，如春花舞风，轻云出岫	陈錬《印说》，载《历代印学论文选》，西泠印社出版社，2005 年，第 294 页

续表

名称	定义或来源	文献
草篆	布白本《乙瑛》、措画本《石鼓》与草同源，故自署曰草篆	包世臣《艺舟双楫》，载《历代书法论文选》，上海书画出版社，1979年，第651页
草篆	秦代度量衡上和若干兵器上的刻文，和《泰山刻石》等比较起来是草率急就的，无疑是草篆，大约也就是秦代的隶书吧	郭沫若《古代文字之辩证的发展》，《考古》1972年第3期
草篆	古无草篆，有之，自赵寒山始	梁披云主编《中国书法大辞典》，香港书谱出版社，1984年，第14页
草篆	草篆，可识者"唯王九月乙亥"及"乃吉金用作宝尊鼎孝享"等字，其余不可尽识，则以其恣意简损之故耳	梁披云主编《中国书法大辞典》，香港书谱出版社，1984年，第13页
草篆	草篆就是篆书的潦草写法，本质上仍然是篆书	朱葆华《中国文字发展史·秦汉文字卷》，华东师范大学出版社，2014年，第36页
蛟篆	蛟篆，不详其所作之始。商有钟铭"惟正月正春，吉日丁亥既望"至"万叶无疆，用之协相"五十二字，文极古雅	张光祖《六书缘起》，载《历代印学论文选》，西泠印社出版社，2005年，第279页
楷化篆字	以楷书笔法或结体书写的篆书，或近于楷书的篆书体，亦即混合了篆书与楷书的某些特征的书体	臧克和《中国文字发展史隋·唐五代文字卷》，华东师范大学出版社，2013年，第265页
雕戈文	雕虫篆刻	俞剑华《书法指南》，当代中国出版社，2016年，第166页
鸟书	幡信	卫恒《四体书势》，载《历代书法论文选》，上海书画出版社，1979年，第14页
鸟书	周文王时赤雀衔书集户，武王时丹鸟入室，以二祥瑞，故作鸟书	韦续《五十六种书》，载《历代书法论文选》，上海书画出版社，1979年，第303页
鸟书	所谓鸟书，就是在美术化的文字中改造原有的笔画使成为鸟的形象，或在原有的文字上另加鸟的形象	詹鄞鑫《汉字说略》，辽宁教育出版社，1991年，第88页
鸟书	所谓鸟书，指的是以篆书为基础，仿照鸟的形状施以笔画而写成的美术化的字体	马国权《鸟虫书论稿》，载《古文字研究》第十辑，中华书局，1983年，第145页

续表

名称	定义或来源	文献
鸟书、禽书、鸟籀、雁书	鸟书，在篆字笔画上饰以鸟形的一种美术字，也称禽书、鸟籀、雁书	杨成寅《中国历代绘画理论评注 先秦汉魏南北朝卷》，湖北美术出版社，2009 年，第 110 页注释 1
乌书	周武王丹乌入室，遂作乌书焉	释适之《金壶记》，载《书学集成 汉～宋》，河北美术出版社，2002 年，第 631 页
禽书、蚕书、气候直时书、十二时书、瑞华书	鸑鷟鸣于岐，赤雀集于户，至武王时，火流于王屋，化为乌。佚乃并状鸟瑞，而作禽书。蚕书，鲁秋胡子远宦，三年不归，其妻幽居怀思，因玩蚕而作。气候直时书，汉司马相如妙辨六律，测寻二气，采日辰之禽，屈伸其体，升降其势，象四时之气，为之兴降象形焉。又后汉东阳公徐安子，搜诸史籍，得十二时书。瑞华书，南齐武帝于永平二年春二月，睹落英茂木而作此书，为辞纪之	郑杓著，刘有定注疏《衍极》，载《历代书法论文选》，上海书画出版社，1979 年，第 413 页
章程书	传秘书、教小学者也	羊欣《采古来能书人名》，载《历代书法论文选》，上海书画出版社，1979 年，第 46 页
胥员体	指走马楼吴简字体	饶宗颐《泛论三国碑刻书法》，载《中国碑帖与书法国际研讨会论文集》，2001 年
铭石、章程、行狎	繇书有三体：一曰铭石，谓正书；二曰章程，谓八分；三曰行狎，谓行书	郑杓著，刘有定注疏《衍极》，载《历代书法论文选》，上海书画出版社，1979 年，第 407 页
龙书	太昊庖牺氏获景龙之瑞，始作龙书	韦续《五十六种书》，载《历代书法论文选》，上海书画出版社，1979 年，第 302 页
龙书	太暤之时，龙马负图出于荣河。帝则之，画八卦，以龙纪官，乃命飞龙朱襄氏造六书，于是始有龙书	郑杓著，刘有定注疏《衍极》，载《历代书法论文选》，上海书画出版社，1979 年，第 403 页
八穗书	炎帝神农氏因上党羊头山始生嘉禾八穗，作八穗书，用颁行时令	韦续《五十六种书》，载《历代书法论文选》，上海书画出版社，1979 年，第 302 页

续表

名称	定义或来源	文献
穗书	神农氏始为耒耜,教民稼穑,感上党牛头山生嘉禾,一本八穗。帝异之,作穗书	郑杓著,刘有定注疏《衍极》,载《历代书法论文选》,上海书画出版社,1979 年,第 403 页
云书	黄帝时,因卿云作云书	韦续《五十六种书》,载《历代书法论文选》,上海书画出版社,1979 年,第 302 页
云书	单纯云形的字形被称为云书,它的形体就是云的形象	陆锡兴《汉字美术史》,百花洲文艺出版社,2022 年,第 74 页
云篆	云篆以盘曲缠绕为特征,汉代称为云气,是征祥的重要内容	陆锡兴《汉字美术史》,百花洲文艺出版社,2022 年,第 87 页
流云纹云书	战国之利可能是某种青铜容器之盖,上有错金铭文(释文略),属于流云纹云书	唐兰《记错金书鸟篆青铜器残片铭》,《文物》1961 年第 10 期
鸾凤书	少昊金天氏,以鸟纪官,作鸾凤书,文章衣服,取以为象	韦续《五十六种书》,载《历代书法论文选》,上海书画出版社,1979 年,第 302 页
仙人形书	帝喾高辛氏以人纪事,象仙人形书,车器衣服皆为之	韦续《五十六种书》,载《历代书法论文选》,上海书画出版社,1979 年,第 302 页
龟书	帝尧陶唐氏因轩辕灵龟负图作龟书	韦续《五十六种书》,载《历代书法论文选》,上海书画出版社,1979 年,第 302 页
倒薤书	殷汤时仙人务光作倒薤书	韦续《五十六种书》,载《历代书法论文选》,上海书画出版社,1979 年,第 303 页
虎书	周文王时史佚作虎书,有虎不害人,驺虞因此始也	韦续《五十六种书》,载《历代书法论文选》,上海书画出版社,1979 年,第 303 页

续表

名称	定义或来源	文献
鱼书	周法鱼书因素鳞跃舟所作	韦续《五十六种书》,载《历代书法论文选》,上海书画出版社,1979年,第303页
填书	周媒氏以仲春之月判合男女,以书纳采之文。魏文帝使韦诞以题芳林苑中楼观。晋王廙、王隐并好之。隐以为字间满密,故谓之填书	郑杓著,刘有定注疏《衍极》,载《历代书法论文选》,上海书画出版社,1979年,第414页
殳书	伯氏所职。文记笏,武记殳,因而制之	韦续《五十六种书》,载《历代书法论文选》,上海书画出版社,1979年,第303页
殳书	"殳书",并非是指"兵器铭文"及刚卯、枸邑权等殳形器物上的文字,在秦及汉初尚未以"觚"命名字书文字之前,殳书最大的可能性是对字书文字的命名	徐学标《史官主书与秦书八体》,中华书局,2020年,第12页
仙人篆	古者所有,李斯善辨古文字,改为篆形也	韦续《五十六种书》,载《历代书法论文选》,上海书画出版社,1979年,第303页
麒麟书	鲁哀公十三年西狩获麟,仲尼反袂拭面,叹"吾道穷矣",弟子用为素王纪瑞所制书	韦续《五十六种书》,载《历代书法论文选》,上海书画出版社,1979年,第303页
麟书	圣门弟子感麟,作麟书	何震《续学古编》,载《历代印学论文选》,西泠印社出版社,2005年,第52页
转宿篆	宋司马以荧惑退舍所作也,象莲花未开形也	韦续《五十六种书》,载《历代书法论文选》,上海书画出版社,1979年,第303页
虫书、雕虫篆	鲁秋胡妇浣蚕所作,亦曰雕虫篆	韦续《五十六种书》,载《历代书法论文选》,上海书画出版社,1979年,第303页
鱼虫篆	鱼虫篆者,始于李斯,以古帝之瑞,若所谓黄帝之大蟥,有虞氏之凤凰,周之赤鸟白鱼,杂肖其形,而为之篆尔	赵彦卫《云麓漫钞》卷十五,辽宁教育出版社,1998年,第222页

名称	定义或来源	文献
传信鸟迹书	六国时书节为信，象鸟形也	韦续《五十六种书》，载《历代书法论文选》，上海书画出版社，1979 年，第 303 页
鸟迹书、柳叶篆	蝌蚪文，又曰鸟迹书。后世虽有笔墨，亦拟其象而作书，头尾俱细，更其名曰柳叶篆	徐官《古今印史》，载韩天衡编《历代印学论文选》，西泠印社出版社，2005 年，第 30 页
柳叶书	柳叶书，晋卫瓘后。古兵符及羽士印用之。明人以作闲杂印	张光祖《六书缘起》，载韩天衡编《历代印学论文选》，西泠印社出版社，2005 年，第 279 页
刻符书	鸟头云脚，李斯、赵高并善之，用题印玺	韦续《五十六种书》，载《历代书法论文选》，上海书画出版社，1979 年，第 304 页
刻符	秦、汉红文印章	俞剑华《书法指南》，当代中国出版社，2016 年，第 166 页
刻符	"刻符"，是指"竹质符"上的墨书文字，而非一般史官接触不到的兵符上的刻铸铭文。刻符之"刻"，并非指的是用刀在符信上锲刻文字，而是指"竹质符"上的"刻齿"	徐学标《史官主书与秦书八体》，中华书局，2020 年，第 12 页
署书	汉萧何所作，用题苍龙、白虎二阙	韦续《五十六种书》，载《历代书法论文选》，上海书画出版社，1979 年，第 304 页
署书	真书一曰署书，如苍龙白虎之类，此法不传而流落后世，带草则徐武功得之，方正则官家中秘郎得之，然俗不堪齿矣	赵宧光《寒山帚谈》，载《书学集成 元～明》，河北美术出版社，2002 年，第 473 页
署书	"署书"，是指用以封检题署、悬法，及署门户等的文字。这种文字在风格上与通常情况下的官方用字并没有本质性的差异，只不过其字形一般都写得较大、风格较庄重而已	徐学标《史官主书与秦书八体》，中华书局，2020 年，第 12 页
署书、题署、榜书、题榜书、牓书	古代题写匾额等用的书体即为署书，亦称题署、榜书、题榜书和牓书等	周俊杰等《书法知识千题》，河南美术出版社，1991 年，第 319 页
气候时书	汉文帝时令蜀郡司马长卿采日辰会屈伸之体、升伏之势，象四时为书也	韦续《五十六种书》，载《历代书法论文选》，上海书画出版社，1979 年，第 304 页

名称	定义或来源	文献
符信书	六国时，各国以异体为符信所制也	韦续《五十六种书》，载《历代书法论文选》，上海书画出版社，1979年，第304页
银书	梁陆倕，字公佐，撰新刻漏铭序曰金字银书。谓碑铭之书也	释适之《金壶记》，载《书学集成 汉～宋》，河北美术出版社，2002年，第660页
芝英书	汉代有灵芝三，植于殿前，遂歌《芝房之曲》述焉	韦续《五十六种书》，载《历代书法论文选》，上海书画出版社，1979年，第304页
金错书	古之钱铭，周之泉府，汉之铢两刀布所制也	韦续《五十六种书》，载《历代书法论文选》，上海书画出版社，1979年，第304页
金错书	晋王愔曰：金错书，八体书法不图其形，以铭金石，故谓之金错书	释适之《金壶记》，载《书学集成 汉～宋》，河北美术出版社，2002年，第649页
撮襟书、金错刀	江南伪后主李煜，字重光。早慧精敏，审音律，善书画。其做大字，不事笔，卷帛而书之，皆能如意，世谓撮襟书。复喜做颤掣势，人又目其状为金错刀	《宣和书谱》，载《书学集成 汉～宋》，河北美术出版社，2002年，第554页
鹤头书	与偃波皆诏版所用，汉家尺一之简是也	韦续《五十六种书》，载《历代书法论文选》，上海书画出版社，1979年，第305页
偃波书、版书	即版书，状如连文，谓之偃波	韦续《五十六种书》，载《历代书法论文选》，上海书画出版社，1979年，第305页
倒薤书、偃波书	倒薤书，又称偃薤。偃就是倒的意思，偃波书就是像倒薤书一样，往下收笔。呈下垂状，以波状笔收尾，两笔相连，由上而下。水波起伏，起而复下。偃波，下落之波	陆锡兴《汉字美术史》，百花洲文艺出版社，2022年，第212页
蚊脚书	尚书诏版也。其字体侧纤垂下，有似蚊脚，因而为名	韦续《五十六种书》，载《历代书法论文选》，上海书画出版社，1979年，第305页
一笔书	弘农张芝临池所制，其状崎岖，有循环之趣	韦续《五十六种书》，载《历代书法论文选》，上海书画出版社，1979年，第305页

名称	定义或来源	文献
一笔书	昔张芝学崔瑗、杜度草书之法，因而变之，以成今草之体势，一笔而成，气脉通联，隔行不断。唯王子敬明其深旨，故行首之字，往往继其前行，世上谓之一笔书	张彦远《历代名画记》，载《画学集成 六朝～元》，河北美术出版社，2002年，第110—111页
蛇书	鲁人唐终，当汉、魏之际，梦蛇绕身，寤而作之	韦续《五十六种书》，载《历代书法论文选》，上海书画出版社，1979年，第305页
龙爪书	晋王右军所作，形如龙爪也	韦续《五十六种书》，载《历代书法论文选》，上海书画出版社，1979年，第305页
龙爪书	羲之游天台，还会稽，上洞庭，题柱为一飞字，有龙爪之形	陆深《书辑》，载《书学集成 元～明》，河北美术出版社，2002年，第301页
八体书	晋二王重变隶及藁体为八体书	韦续《五十六种书》，载《历代书法论文选》，上海书画出版社，1979年，第305页
虎爪书	王僧虔拟龙爪所作也	韦续《五十六种书》，载《历代书法论文选》，上海书画出版社，1979年，第306页
鬼书、雷书	宋元嘉中，京口有人震死，臂上有篆，似八分书，今曰雷书	韦续《五十六种书》，载《历代书法论文选》，上海书画出版社，1979年，第306页
外国书	阿马鬼魅王之所授，其形似小篆	韦续《五十六种书》，载《历代书法论文选》，上海书画出版社，1979年，第306页
天竺书	梵王所作《涅槃经》，所谓《四十二章经》也	韦续《五十六种书》，载《历代书法论文选》，上海书画出版社，1979年，第306页
霹雳书、天竺书	霹雳书，唐开元中漳、泉分界，两讼不均，台省不能断。俄而雷雨霹雳，崖壁中裂，所争之地，拓为一径。中有古文篆六行，贞元中李协辨之曰：漳泉两州，分地不平。永安龙溪，山高水清。千年不惑，万古作程。又泉州南山有潭，元和中雷霆劈石壁，凿成文字，人无识者。或写以示韩愈，愈曰：科斗书也。其文曰：诏赤黑示之鲤鱼天公车杀人壬癸神书急急。盖帝命戮蛟螭之辞。曰天竺书，梵土所作。颜师古云：西域胡僧能以十四字贯一切音，文省而义广，谓之婆罗门	郑杓著，刘有定注疏《衍极》，载《历代书法论文选》，上海书画出版社，1979年，第414页

名称	定义或来源	文献
花书	河东山胤所作	韦续《五十六种书》，载《历代书法论文选》，上海书画出版社，1979 年，第 306 页
花书	齐高帝使江夏郡王学凤尾，一学便工。帝以玉骐驎赐之。盖诸侯笺奏皆批曰诺，诺字有尾若凤焉，盖花书也	《宋高似孙论花书》，载孙岳颁等《佩文斋书画谱》第一册，浙江人民美术出版社，2014 年，第 153 页
悬针书、垂露书、秦王破冢书、金鹊书、虎爪书、倒薤书、偃波书、信幡书、飞白书、籀书、谬（缪）篆书、制书、列书、日书、月书、风书、署书、虫食叶书、胡书、篷书、天竺书、楷书、横书、芝英隶、钟隶、鼓隶、龙虎篆、麒麟篆、鱼篆、虫篆、鸟篆、鼠篆、牛书、兔书、草书、龙草书、狼书、犬书、鸡书、震书、反左书、行押书、楫书、藁书、半草书、蚵脚书、鸟书、慎（填）书、驴唇书、莲叶书、节分书、大秦书、驮乘书、牸牛书、树叶书、起尸书、石旋书、覆书、天书、龙书、鸟音书	百体中有悬针书、垂露书、秦王破冢书、金鹊书、虎爪书、倒薤书、偃波书、信幡书、飞白书、籀书、缪篆书、制书、列书、日书、月书、风书、署书、虫食叶书、胡书、篷书、天竺书、楷书、横书、芝英隶、钟隶、鼓隶、龙虎篆、麒麟篆、鱼篆、虫篆、鸟篆、鼠篆、牛书、兔书、草书、龙草书、狼书、犬书、鸡书、震书、反左书、行押书、楫书、藁书、半草书。召奏用虎爪书，为不可学，以防诈伪。诰下用偃波书。谢章诏版用蚵脚书。节信用鸟书。朝贺用慎（填）书，亦施于婚姻。西域书有驴唇书、莲叶书、节分书、大秦书、驮乘书、牸牛书、树叶书、起尸书、石旋书、覆书、天书、龙书、鸟音书等，有六十四种	段成式《酉阳杂俎》前集卷十一，中华书局，1981 年，第 106 页
反左书	庾亮呼为众中清闲法	陆深《书辑》，载《书学集成元～明》，河北美术出版社，2002 年，第 301 页
堆墨书	方丈大字	陆深《书辑》，载《书学集成元～明》，河北美术出版社，2002 年，第 301 页
蝌蚪文	古文的别称。因为古文的笔道一般都写得前粗后细，或两头细中间粗，形状有点像蝌蚪的缘故	裘锡圭《文字学概要》（修订本），商务印书馆，2013 年，第 62 页
蝌蚪书	因蝌蚪之名，故饰之以形，不知年代，或云颛项高阳氏所制	韦续《五十六种书》，载《历代书法论文选》，上海书画出版社，1979 年，第 302 页

续表

名称	定义或来源	文献
科斗	孔子壁内古文即仓颉之体，故郑玄云："书初出屋壁，皆周时象形文字，今所谓科斗书。"以形言之为科斗，指体即周之古文	《尚书正义》，载《十三经注疏》，中华书局，1979 年影印本，116 页上
科斗书	黄帝命苍颉制字，模写万象，又号科斗书	郝经《陵川集》，载《历代书法论文选续编》，上海书画出版社，1993 年，第 170 页
科斗书	科斗书者，仓颉观三才之文及意度为之，乃字之祖也，即今偏旁是已。画文象虾蟆，形如水虫，故曰科斗	吾丘衍《学古编》，载《书学集成 元～明》，河北美术出版社，2002 年，第 77 页
科斗书	时襄阳有盗发古冢者，相传云是楚王冢，大获宝物，玉屐、玉屏风、竹简书、青丝编……后有人得十余简，以示抚军王僧虔，僧虔云是科斗书，《考工记》《周官》所阙文也	萧子显《南齐书·文惠太子列传》，中华书局，1972 年，第 398 页
科斗书、鸟虫书、虫书	科斗书、鸟虫书、虫书，实际是同体的异名	启功《古代字体论稿》，文物出版社，1964 年，第 18 页
鸟虫书、虫书、鸟篆	所谓鸟虫书，实际也就是篆类书写体的别名。秦之虫书，即是大小篆的手写体。手写体的篆书，都称之为鸟篆	启功《古代字体论稿》，文物出版社，1964 年，第 23、25 页
鸟虫书	所谓鸟虫书，是指在文字构形中改造原有的笔画使之盘旋弯曲如鸟虫形，或者加之以鸟形、虫形等纹饰的美术字体	曹锦炎《鸟虫书通考》，上海书画出版社，1999 年，第 1 页
缪篆、虫书	形体屈曲填满，而线条平直的是缪篆。整个字的笔道都曲折回绕的则为虫书	马国权《缪篆研究》，载《古文字研究》第五辑，中华书局，1981 年，第 367 页
虫书	"虫书"，用于书写幡信。幡信的功能，决定了这种书体不可能是装饰性花体字。虫书之"虫"是指狭义上的蝮虫，之所以称"虫"，是因为这种文字线条屈曲蜿蜒，形如抽象之蝮虫	徐学标《史官主书与秦书八体》，中华书局，2020 年，第 12 页
科斗	科斗为字之祖，象虾蟆子形也。今人不知，乃巧画形状，失本意矣。上古无笔，以竹筵点漆书竹上，竹硬漆腻，故头粗尾细，似其形耳	吾丘衍《学古编·三十五举》，载《历代书法论文选续编》，上海书画出版社，1993 年，第 203—204 页
金剪书、走马书	司马承祯之金剪体。咸按《续仙传》：唐司马承祯，字子徽，善篆，别为一体，名金剪书。夏将军之走马书。咸按《酉阳杂俎》：建中初，有河北将军姓夏者，能走马书纸	王绂《书画传习录》，载《书学集成 元～明》，河北美术出版社，2002 年，第 273 页

续表

名称	定义或来源	文献
悬针书、垂露书、秦望书、汲冢书、金鹊书、玉文书、鹄头书、虎爪书、倒薤书、偃波书、幡信书、飞白篆、古顽书、籀文书、奇字、缪篆、制书、列书、日书、月书、风书、云书、星隶、填隶、虫食叶书、科斗书、署书、胡书、蓬书、相书、天竺书、转宿书、一笔篆、飞白书、一笔隶、飞白草、古文隶、横书、楷书、小科隶、玺文书、节文书、真文书、符文书、芝英隶、花草隶、幡信书、钟鼓隶、龙虎篆、凤鱼篆、麒麟篆、仙人篆、科斗虫篆、云篆、虫篆、鱼篆、鸟篆、龙篆、龟篆、虎篆、鸾篆、龙虎隶、凤鱼隶、麒麟隶、仙人隶、科斗隶、云隶、虫隶、鱼隶、鸟隶、龙隶、龟隶、鸾隶、蛇龙文隶书、龟文书、鼠书、牛书、虎书、兔书、龙草书、蛇草书、马书、羊书、猴书、鸡书、犬书、豕书、大篆、小篆、铭鼎、摹印、刻符、石经、象形、篇章、震书、到书、反左书、缣素书、简奏书、笺表书、吊记书、行狎书、楫书、稿书、半草书、全草书	其百体者：悬针书、垂露书、秦望书、汲冢书、金鹊书、玉文书、鹄头书、虎爪书、倒薤书、偃波书、幡信书、飞白篆、古顽书、籀文书、奇字、缪篆、制书、列书、日书、月书、风书、云书、星隶、填隶、虫食叶书、科斗书、署书、胡书、蓬书、相书、天竺书、转宿书、一笔篆、飞白书、一笔隶、飞白草、古文隶、横书、楷书、小科隶，此四十种皆纯墨。玺文书、节文书、真文书、符文书、芝英隶、花草隶、幡信隶、钟鼓隶、龙虎篆、凤鱼篆、麒麟篆、仙人篆、科斗虫篆、云篆、虫篆、鱼篆、鸟篆、龙篆、龟篆、虎篆、鸾篆、龙虎隶、凤鱼隶、麒麟隶、仙人隶、科斗隶、云隶、虫隶、鱼隶、鸟隶、龙隶、龟隶、鸾隶、蛇龙文隶书、龟文书、鼠书、牛书、虎书、兔书、龙草书、蛇草书、马书、羊书、猴书、鸡书、犬书、豕书，此十二时书。以上四十七种，皆彩色。其外复有大篆、小篆、铭鼎、摹印、刻符、石经、象形、篇章、震书、到书、反左书等，及宋中庶宗炳出九体书，所谓缣素书、简奏书、笺表书、吊记书、行狎书、楫书、稿书、半草书、全草书，此九法极真草书之次第焉。删舍之外，所存犹一百二十体	庾元威《论书》，载《历代书法论文选续编》，上海书画出版社，1993年，第24—25页
飞白篆	貌隶骨，杂用古今之法，赵宦光作	俞剑华《书法指南》，当代中国出版社，2016年，第166页
反左书	见于梁朝的神道石柱，因为石柱是相对而设，古人讲究对称，才把一边的题字反着写	刘涛《字里千秋：古代书法》，生活·读书·新知三联书店，2007年，第28页

名称	定义或来源	文献
隶体	把隶变之后用笔画构成的字，也不问它是隶书、楷书还是八分、简字，统称之为隶体	王凤阳《汉字学》，吉林文史出版社，1989 年，第 195 页
隶书	"隶"，过去有一种说法是指奴隶，这是错误的。"隶"是指官吏中的下层，即书吏或狱吏之类。他们为了书写的方便，就采用了民间通行的草篆，于是逐渐形成了一种新的字体。因为这种字体在被称为徒隶的下层官吏中普遍使用，所以称为隶书	宇文钧《秦始皇统一文字的功绩》，《人民日报》1974 年 7 月 25 日
草篆、隶书	小篆写法迂回缓慢，除正式官书外，日常应用的一般官书和民间应用的文字，为求简单急速，自然而然形成一种草篆，名叫"隶书"	沙孟海《中国书法史图录》第一卷，上海人民美术出版社，1991 年，第 91 页
隶书	所谓"施之于徒隶"，是指"施加于徒隶，对付、处理奴隶们犯罪案件的简便的新书体"	鲁国尧《鲁国尧自选集》，河南教育出版社，1994 年，第 20—48 页
隶书	很可能隶书的隶是"隶属"的意思，对于小篆等正式的字体来说，新创制的这种字体是作为"辅助"而使用的，所以隶书可能是对于正式字体而言的称呼	［日］真田但马、［日］宇野雪村著，瀛生、吴绪彬译《中国书法史》（5），人民美术出版社，1998 年，第 13—14 页
秦隶、古隶	汉隶形成之前的隶书	裘锡圭《文字学概要》（修订本），商务印书馆，2013 年，第 85 页
秦隶	秦隶者，程邈以文牍繁多，难于用篆，因减小篆为便用之法，故不为体势。若汉款识篆字相近，非有此法之隶也。便于佐隶，故曰隶书。即是秦权、秦量上刻字，人多不知，亦谓之篆，误矣。或谓秦未有隶，且疑程邈之说，故详及之	吾丘衍《学古编》，载《书学集成 元—明，河北美术出版社，2002 年，第 78 页
古隶	篆体因速写而有古隶	王宁《汉字构形学导论》，商务印书馆，2015 年，第 82 页
古隶	古隶指不成熟的隶书	詹鄞鑫《汉字说略》，辽宁教育出版社，1991 年，第 128 页
古隶	开皇二年五月长安民掘得秦时铁秤权，旁有铜涂镌铭两所……其书兼为古隶	《颜氏家训》，中华书局，2007 年，第 260—261 页。
分书、分隶	也就是汉隶	裘锡圭《文字学概要》（修订本），商务印书馆，2013 年，第 85 页
八分	按八分者，秦羽人上谷王次仲所作也。王愔云：王次仲始以古书方广少波势，建初中，以隶草作楷法，字为八分，言有模楷。又萧子良云：灵帝时，王次仲饰隶为八分	张怀瓘《书断》，载《历代书法论文选》，上海书画出版社，1979 年，第 160 页

续表

名称	定义或来源	文献
八分	张怀瓘云：楷隶初制大范几同，盖其岁深，渐若八字分散，又名八分	万经《分隶偶存》，载《历代书法论文选续编》，上海书画出版社，1993年，第427页
八分	八分书"分"字有"分数"之"分"，如《书苑》所引蔡文姬论八分之言是也；有"分别"之"分"，如《说文》之解"八"字是也	刘熙载《书概》，载《历代书法论文选》，上海书画出版社，1979年，第683页
八分	蔡文姬说："臣父造八分，割程隶八分取二分，割李篆二分取八分。"	王世贞《古今法书苑》，转引自唐兰《中国文字学》，上海古籍出版社，1979年，第146页
八分	八分，实际本只是一个尺度，慢慢演变成一种书体，反替代了楷法的旧名了	唐兰《中国文字学》，上海古籍出版社，1979年，第147页
八分	古人释八分之义……疑者甚多……唯有不可疑者，即用以解释书体一般之进化，善莫加焉！……准是以谈，诚有篆之八分书，而隶亦可为八分之八分，行草亦无不可为隶之八分	邓以蛰《邓以蛰全集》，安徽教育出版社，1998年，第164页
八分、隶书	八分与隶书之别，在一有挑剔，一无挑剔	章太炎《小学略说》，载《历代书法论文选续编》，上海书画出版社，1993年，第765页
小八分	小八分带笔如行草，奇甚，今无此体	米芾《画史》，载《古今书体汇编》一（六艺之一录），浙江人民美术出版社，2017年，第3995页
唐八分、汉隶	其实汉隶即唐八分，唐八分即汉隶，初无二也	万经《分隶偶存》，载《历代书法论文选续编》，上海书画出版社，1993年，第427页
堆墨八分	据传堆墨八分是陈尧佐所写的一种八分书体。这种书体点画虽然肥壮，笔力仍见劲健，因其笔肥厚而得堆墨八分	周俊杰等《书法知识千题》，河南美术出版社，1991年，第323页
秦分、西汉分、东汉分、汉分、今分	自《石鼓》为孔子时正文外，秦篆得正文之八分，名曰秦分，吾邱衍说也。西汉无挑法，而在篆隶之间者，名曰西汉分，蔡中郎说也。东汉有挑法者，为东汉分，总称之为汉分，王愔、张怀瓘说也。楷书为今分，蔡希综、刘熙载说也	康有为《广艺舟双楫》，载《历代书法论文选》，上海书画出版社，1979年，第783、784页

续表

名称	定义或来源	文献
史书	汉代人常常称官府文书所用的隶书书体为史书	裘锡圭《文字学概要》（修订本），商务印书馆，2013 年，第 87 页
史书	史书概念出自东汉，本是官府文吏用于簿记的书体，即令史之书。魏晋之际，钟繇的章程书成为"传秘书、教小学"的书体，也在史书之列；西晋泰始年间荀勖于秘书省立书博士教习钟、胡的行书，史书又增加了行书一体	刘涛《中国书法史·魏晋南北朝卷》，江苏教育出版社，2007 年，第 150 页注 26
史书	适度使用悬针和波磔，用隶书写出的独特书法，这就是所谓"史书"	［日］富谷至著，刘恒武、孔李波译《文书行政的汉帝国》，江苏人民出版社，2013 年，第 142、143 页
籀书、史书	籀，周宣王柱下史也。损益古文，或同或异，加之铦利钩杀，自然机发，为大篆十五篇。以其名显，故谓之籀书。以其官名，故《汉书》谓之史书。以别小篆，故谓之大篆	郑杓著，刘有定注疏《衍极》，载《历代书法论文选》，上海书画出版社，1979 年，第 404 页
隶书	篆之捷	卫恒《四体书势》，载《历代书法论文选》，上海书画出版社，1979 年，第 15 页
隶书	在小篆稍后（或稍前）有一种体势大变的文字，它不用"篆"而用"写"。写是一笔一笔地写，这种字体，名曰隶书	姜亮夫《古文字学》，载《姜亮夫全集》十七，云南人民出版社，2002 年，第 57 页
隶书	隶书又八分之捷也	宋曹《书法约言》，载《历代书法论文选》，上海书画出版社，1979 年，第 569 页
隶书	始皇时，下邳人程邈附于小篆所作，世人以邈徒隶，即谓之隶书	江式《论书表》，载《历代书法论文选》，上海书画出版社，1979 年，第 64 页
隶书	汉之所谓今文者，隶书也	马端临《文献通考·经籍考》
隶书	用不出锋的笔画构字时期的文字，称为隶书	王凤阳《汉字学》，吉林文史出版社，1989 年，第 196 页
散隶书	散隶书，卫恒所作，迹同飞白	韦续《五十六种书》，载《历代书法论文选》，上海书画出版社，1979 年，第 305 页

续表

名称	定义或来源	文献
隶书、隶	后人往往习惯于将隶书作为狭义的书体专名，由此带来书体学意义上的概念混乱。在很长时间里，隶其实是一个草率变化过程，习惯上称为隶变。相对于古文字体制，这个漫长过程留下来的书体，因为不同使用场合、不同书写材质，草率变化存在程度上的差等，皆得以隶书；但以后世书体分类范畴论，又确实存在一部分跟草、楷、行并列的隶	臧克和《中国文字发展史·隋唐五代文字卷》，华东师范大学出版社，2013年，第3—4页
隶书、佐书	程邈，字元岑，下邳人，与李斯等参定篆文。后得罪始皇，幽系云阳狱。邈于狱中覃思十年，变易大小篆，为隶书三千字，奏之。始皇出之，以为御史。又同时上谷王次仲，亦增广隶书。班固谓起于官狱多事，苟趋简易，而无点画俯仰之势，为其徒隶所作，故曰隶书，亦曰佐书。汉建初中，以隶书为楷法，言其字方于八分有模楷也	郑杓著，刘有定注疏《衍极》，载《历代书法论文选》，上海书画出版社，1979年，第406页
隶书、古隶、今隶、正书、八分、飞白、散隶、飞草、散草、神书、行书、龙爪书、虎爪书、花草书、云霞书、反左书、章草、凤尾诺、一笔书、游丝草、藁草、今草	隶书之别十三。曰古隶，程邈、王次仲作。曰今隶，亦曰正书，出于古隶。锺繇、卫瓘习之，颇有异体。锺繇谓之铭石。羲、献复变新奇，故别为今隶书，谓之楷法，而隶楷分矣。曰八分，王次仲作，蔡邕述之。锺繇谓之章程书。曰飞白，蔡邕所作。本是宫殿题署，势既径大，文字且轻微不满，名为飞白。曰散隶，晋卫恒祖述飞白而造，开张隶体微露其白，拘束于飞白，萧散于隶书。宋蔡襄复作飞草，亦曰散草，极其精妙，有风云变化之势。曰神书，晋太元中，务章有女巫神降之，能空中与人言，多验，其书类飞白而不真，笔势遒劲，莫能传学。曰行书，正之小变也，后汉刘德升所作。曰龙爪书，王羲之游天台，还至会稽，夕上洞庭，题柱为一飞字，有龙爪之形。后人因之，遂称龙爪。曰虎爪书，王僧虔拟龙爪而作，以龙爪形用萦婉，似有流溺之患，因加棱角，为虎爪之势。曰花草书，河东山允所作。曰云霞书，未详所出。曰反左书，梁东宫学士孔敬通作。曰章草，史游作。又晋以后有凤尾诺，亦出于章草。唐人不知所出，有老僧善读书，太常博士严厚本问之，僧云：前代帝王各有僚吏，笺启上陈本府，旨为可行，是批凤尾诺之意，取其为羽族之长。始于晋元帝批焉。周越云：元帝初执谦，凡诸侯笺奏，批之曰诺，皆若字也。按章草变法，若字有尾，故曰凤尾诺。曰一笔书，张芝临池所制，其倚伏有循环之趣。后世又有游丝草者，盖此书之巧变也。曰藁草，晋魏瓘采张芝及父觊法而作，盖草书之带行者，亦相间书之。或云起于屈原，楚怀王令条国典，因为藁草，故取名耳。曰今草，即二王所尚者	郑杓著，刘有定注疏《衍极》，载《历代书法论文选》，上海书画出版社，1979年，第415—417页
凤尾诺	自晋讫梁陈以来藩邸之书也	《晋凤尾诺》，载《古今书体汇编》一（六艺之一录），浙江人民美术出版社，2017年，第3958页

名称	定义或来源	文献
凤尾诺	若字有尾婆娑，故谓之凤尾诺	宋吴仁杰《两汉刊误补遗》卷十"画诺"条，转引自王素《长沙东牌楼东汉简牍选释》，《文物》2005 年第 12 期
凤尾诺	晋以后有凤尾诺，亦出于章草……按章草变法，若字有尾，故云凤尾诺	明陶宗仪《书史会要》卷三，转引自王素《长沙东牌楼东汉简牍选释》，《文物》2005 年第 12 期
凤尾书、花书	六朝人有凤尾书，亦曰花书	邓散木《篆刻学》，上海人民美术出版社，2015 年，第 70 页
花草书	始于齐武帝，睹落英茂木为之	陆深《书辑》，载《书学集成元～明》，河北美术出版社，2002 年，第 301 页
今隶	今隶就是正书、就是真书、就是楷书	刘大白《文字学概论》，岳麓书社，2011 年，第 54 页
魏碑体	北方的正书，还带有汉隶的造型，这就是所谓的魏碑体	刘大白《文字学概论》，岳麓书社，2011 年，第 54 页
魏碑体	凡魏碑，随取一家，皆足成体，尽合诸家，则为具美	康有为《广艺舟双楫》，载《历代书法论文选》，上海书画出版社，1979 年，第 807 页
魏体	清代碑学家所说的魏碑、魏体，是指北魏的刻石书迹，而且是指真楷	刘涛《中国书法史·魏晋南北朝卷》，江苏教育出版社，2007 年，第 433 页
魏碑书体	以隶书为母体的不甚成熟之楷书模式。是隶楷的一种进化。字呈扁平状，起笔收笔皆无方角，横画与捺有轻微挑势，有一定的波磔，但不似隶楷那样重顿，全字笔画匀称，无重按重收之突出笔画。这种书体，与同时代的南北朝时期碑刻、墓志铭有酷似之处，此即今人所称之魏碑书体	郑汝中《敦煌书法概述》，载敦煌研究院编《敦煌书法库》第一辑，甘肃人民美术出版社，1994 年，第 3—14 页
新魏体字	系清末民初的一些民间书手，承接魏碑书体的特点，将其点画撇捺加以夸张，强调笔画的棱角，而形成一种结体茂密、严峻方正的新字体	周俊杰等《书法知识千题》，河南美术出版社，1991 年，第 310 页
洛阳体	这类以"斜划紧结"为共同特征的新体楷书，楷法遒美庄重，接近东晋王献之《廿九日帖》和南朝王僧虔《太子舍人》的楷书。因为北方这类楷书首先在洛阳地区的上流社会流行，我们不妨称之为洛阳体	刘涛《中国书法史·魏晋南北朝卷》，江苏教育出版社，2007 年，第 435 页

名称	定义或来源	文献
南路体	明代书坛上，江南一带的书法柔媚无力，了无风韵，人称南路体，隐含"南风不竞"的典故，借此来暗喻对这种书体的贬义	周俊杰等《书法知识千题》，河南美术出版社，1991年，第329页
古隶、八分、楷法、飞白	古隶，隶之古文也。八分，隶之籀也。楷法，隶之篆也。飞白，八分之流也	郑杓著，刘有定注疏《衍极》，载《历代书法论文选》，上海书画出版社，1979年，第428、429页
隶书	隶者作于程邈，今楷书之原也，微存篆体	丰坊《书诀》，载《历代书法论文选》，上海书画出版社，1979年，第507页
隶书	文书人员（隶人）把图形的线条改为笔画，就成了隶书	周有光《世界文字发展史》，上海教育出版社，2003年，第94页
隶书、八分书	秦程邈变古文、大小篆，渐生楷法，以其佐隶，谓之隶书；犹有古篆法八分，故又谓之八分书。凡诸汉碑皆是也	郝经《陵川集》，载《历代书法论文选续编》，上海书画出版社，1993年，第170页
隶、八分	唐以前隶楷合为一，唐以后隶（即今楷书）与八分（即古隶书）分为二。余谓凡后汉、魏、晋间碑，不妨仍其名为隶，而唐以后之碑，断宜名为八分，而不得仍名为隶	万经《分隶偶存》，载《历代书法论文选续编》，上海书画出版社，1993年，第426页
隶、八分	高凤翰云：笔画平直体，仍小篆而去其繁重者，隶也。因隶而加掠捺者，八分也。……八分可概曰隶，而隶不可谓之八分也	翁方纲《隶八分考》，载翁方纲《两汉金石记》卷二十，南昌使院初刻本
八分	汉人有波之隶，则有隶渐增笔势，形象八字分布，故曰八分，此其体之正变	翁方纲《隶八分考》，载翁方纲《两汉金石记》卷二十，南昌使院初刻本
八分	八分云者，言左右生波，如"八"字之分布者也	翁方纲《与程瑶田论方君任隶八分辩》，载《明清书法论文选》，上海书店出版社，1994年，第735页
八分	八分者，汉隶之未有挑法者也，比秦隶则易识，比汉隶则微似篆，若用篆笔作汉隶字即得之矣。八分与隶，人多不分，故言其法	吾丘衍《学古编》，载《书学集成 元～明》，河北美术出版社，2002年，第78页
隶、真书、楷法、	隶始于秦篆之省笔也，既趋简易，巧丽日生，流而为真书，歧而为楷法。楷法者，八分也	朱履贞《书学捷要》，载《历代书法论文选》，上海书画出版社，1979年，第612页

名称	定义或来源	文献
隶	散篆而为隶	张宗祥《书学源流论》，载《历代书法论文选续编》，上海书画出版社，1993年，第902页
隶书、秦隶、古隶、汉隶、今隶	隶书又称佐书、史书、八分，是以点、横、掠、波磔等点画结构横向铺开为书写特征的一种字体。将秦国在战国晚期及统一后使用的隶书称为秦隶（也叫古隶），将汉代成熟的隶书称为汉隶（也叫今隶）。秦隶形体上还带有浓厚的古文字体意味，点画用笔的特点不突出，波磔不明显。汉隶体式扁方，结体舒展，笔画蚕头燕尾，有波势挑法，是汉代官方的正式字体和隶书的代表	李运富《汉字学新论》，北京师范大学出版社，2012年，第122页
隶书、八分、佐书、秦隶、汉隶、真书	隶书之名，见前后《汉书》，又曰八分，见《晋书·卫恒列传》。八分者，即隶书也。盖隶从篆生，程邈所作，秦时已有，亦谓之佐书，起于官狱事繁，用隶人以佐书之，故曰隶书，取简易也。篆用圆笔，隶用方笔，破圆为方，而为隶书。故两汉金石器物俱用秦隶，至东京、汉安以后渐有戈法波势，各立面目，陈遵、蔡邕，自成一体，又谓之汉隶。其中有减篆者，有添篆者，有篆、隶同文者，有全违篆体者，鲁鱼之惑，泾渭难分。真书祖源，实基于此。迨钟傅一出，又将汉隶变为转折，画平竖直，间用钩耀，渐成楷法，谓之真书，篆、隶之道，发泄尽矣	钱泳《书学》，载《历代书法论文选》，上海书画出版社，1979年，第617页
汉隶	汉隶者，蔡邕《石经》及汉人诸碑上字是也。此体最为后出，皆有挑法，与秦隶同名其实异	吾丘衍《学古编》，载《书学集成 元～明》，河北美术出版社，2002年，第78页
隶书、八分、真书	秦程邈作隶书，汉谓之今文，盖省篆之环曲以为易直。世所传秦、汉金石，凡笔近篆而体近真者，皆隶书也。及中郎变隶而作八分。八，背也。言其势左右分布相背然也。魏晋以来，皆传中郎之法，则又以八分入隶，始成今真书之形。是以六朝至唐，皆称真书为隶	包世臣《艺舟双楫》，载《历代书法论文选》，上海书画出版社，1979年，第650页
草隶、草篆、草分	惟《千文》残本二百余字，伏如虎卧，起如龙跳，顿如山峙，挫如泉流，上接永兴，下开鲁郡，是为草隶。惟《圣母》《律公》，导源篆籀，浑雄鸷健，是为草篆。至《大仙帖》，逆入平出，步步崛强，有猿腾蠖屈之势，周、隋分书之一变，是为草分	包世臣《艺舟双楫》，载《历代书法论文选》，上海书画出版社，1979年，第654、655页
隶书	子思称今天下书同文，盖今隶书，即《仓颉篇》中字，盖齐鲁间文字，孔子用之，后学行焉，遂定于一	康有为《广艺舟双楫》，载《历代书法论文选》，上海书画出版社，1979年，第749页
隶书	隶书是大小篆共同形成的	《银雀山汉简文字编》前言，文物出版社，2001年，第9页

名称	定义或来源	文献
隶书	楚简创造了隶书	李金泰《从隶书的源头发力》，《中国书法》2012 年第 2 期
隶书	隶书是六国文字中蜕变而成的	《中国书法鉴赏大辞典》，大地出版社，1989 年，第 50 页
隶书	隶书是小篆的一种辅助字体	吴伯匋《从出土秦简帛书看秦汉早期隶书》，《文物》1978 年第 2 期
隶书	隶书的源头肇始于西周，少许字、部件甚至须追溯到甲骨文方能见其源头	张士东、张晞《小篆不是隶书源头》，载《秦汉篆隶研究》，荣宝斋出版社，2013 年，第 200 页
隶体	《衡方》《乙瑛》《华山》《石经》《曹全》等碑，体扁已极，波磔分背，隶体成矣	康有为《广艺舟双楫》，载《历代书法论文选》，上海书画出版社，1979 年，第 775 页
隶草	盖秦之末，刑峻网密，官书烦冗，战攻并作，军书交驰，羽檄纷飞，故为隶草，趋急速耳，示简易之指，非圣人之业也	赵壹《非草书》，载《书学集成　汉～宋》，河北美术出版社，2002 年，第 4 页
散隶、散草、飞草	古人以散笔作隶书，谓之散隶。近岁蔡君谟又以散笔作草书，谓之散草，或曰飞草。其法皆生于飞白，亦自成一家	沈括《梦溪笔谈校证》，古典文学出版社，1957 年，第 619 页
六分半书	板桥之书实学率更。曾见其所属小楷，乃初实肆力于折卷，自为外吏，遂变成此体。古云"六分半书"，以其稍近于隶书故也	李祖年《翰墨丛谭》，载《历代书法论文选续编》，上海书画出版社，1993 年，第 858 页
六分半书	因楷书成分多，八分的成分少，另有少许兰竹成分，所以自称六分半书	邓散木《临池偶得》，载《中国现代书法论文选》，上海书画出版社，1980 年，第 216 页
六分半书	多数认为是取汉隶（八分书）之六分半，其余一分半为篆、楷、草体	刘恒《中国书法史·清代卷》，江苏教育出版社，2009 年，第 144 页
六分半书	板桥既无涪翁之劲拔，又鄙松雪之滑熟，徒矜奇异，创立真隶相参之法，而杂以行草，究之师心自用，无足观也	《郑板桥集》补遗《四子书真迹序》，上海古籍出版社，1979 年，第 183 页

名称	定义或来源	文献
六分半书、乱石铺街体	郑板桥把楷书、行书、隶书、草书融为一体，以行书笔法写出，常不分字距行距，率意为之而无不精妙。从而创造了自己独特的书体，自称六分半书，人称乱石铺街体。这种书体，实际是一种风格独具的行书	周俊杰等《书法知识千题》，河南美术出版社，1991年，第314页
柳叶书	这一书体，以中锋放笔为之，有柳叶飘动之感，格高绝俗，使人耳目一新	周积寅《郑燮书法评传》，载刘正成主编《中国书法全集》（金农、郑燮卷），荣宝斋出版社，1997年，第31页
漆书	所谓漆书，是说他（金农）的字象漆工用漆帚刷字	邓散木《临池偶得》，载《中国现代书法论文选》，上海书画出版社，1980年，第218页
漆书	（金农）50岁以后进一步强化个人特点，用扁笔侧锋，横画宽厚，竖画瘦削，形成强烈对比，字形则变方扁为竖长，且上部紧密，拉长撇画，又喜用浓墨渴笔，古穆苍厚，别开生面，并号称漆书	刘恒《中国书法史·清代卷》，江苏教育出版社，2009年，第141页
草率隶书	类似睡虎地四号墓木牍、银雀山汉墓出土的部分古书抄本上写得草率，字形构造却和一般古隶没有多大区别的草率的隶书。所以这些简牍的字体只能看作草率的隶书，不能看作狭义的草书	裘锡圭《文字学概要》（修订本），商务印书馆，2013年，第91页
隶草（草）、草隶（行）、今隶（楷）	李长路《〈兰亭序帖〉辩妄举例》称："我认为在魏晋时代，草书、行书、楷书三体都是带有隶意的，即可名之曰：隶草（草）、草隶（行）、今隶（楷）。三体都离不开隶笔、隶意或隶味。"	《兰亭论辩》上编，文物出版社，1977年，第104页
草书	昔秦之时，诸侯争长，简檄相传，望锋走驿，以篆隶之难，不能救速，遂作赴急之书，盖今草书是也	萧衍《草书状》，载《历代书法论文选》，上海书画出版社，1979年，第79页
草书	汉魏以来尽变真行，张芝、二王造微入妙，号称草书	郝经《陵川集》，载《历代书法论文选续编》，上海书画出版社，1993年，第172页
草书	草势起于汉时，解散隶法，用以赴急。本因草创之义，故曰"草书"	庾肩吾《书品》，载《历代书法论文选》，上海书画出版社，1979年，第86页

续表

名称	定义或来源	文献
章草、草书	章草者,汉元帝时史游作《急就章》,解散隶体粗书之,汉俗简惰,渐以行之,是已损隶规矩,纵任奔逸,因草创之义谓之草书	盛熙明《法书考》,载《书学集成 元~明》,河北美术出版社,2002 年,第 35 页
草书	广义上,不论时代,凡写得潦草的字可以算草书。狭义的,是一种特定的字体,在汉代形成	裘锡圭《文字学概要》(修订本),商务印书馆,2013 年,第 91 页
草书	草书者,后汉征士张伯英之所造也。伯英学崔、杜之法,温故知新,因而变之,以成今草,转精其妙。字之体势,一笔而成,偶有不连,而血脉不断。及其连者,气候通而隔行	张怀瓘《书断》,载《历代书法论文选》,上海书画出版社,1979 年,第 165、166 页
草书	张子曰:草书不必近代有之,必自笔札以来便有之,但写得不谨,便成草书	《性理会通》,载《历代书法论文选》,上海书画出版社,1979 年,第 232 页
草、草稿	古代所谓草,都是草稿	唐兰《中国文字学》,上海古籍出版社,1979 年,第 171 页
草书	余谓凡笔画本不相连,而忽牵连以书者,即可认为草书之起源	章太炎《小学略说》,载《历代书法论文选续编》,上海书画出版社,1993 年,第 765 页
草书、章草	章草者,汉黄门令史游所作也。王愔云:"汉元帝时,史游作《急就章》,解散隶体,粗书之。汉俗简惰,渐以行之。"是也。此乃存字之梗概,损隶之规矩,纵任奔逸,赴俗急就,因草创之义,谓之草。杜度善草,见称于章帝。上贵其迹,诏使草书上事。魏文帝亦令刘广通草书上事。盖因章奏,后世谓之章草	张怀瓘《书断》,载《历代书法论文选》,上海书画出版社,1979 年,第 162、163 页
章草	章草之所以叫做"草",也就因它一部分用联绵笔	黄约斋《汉字字体变迁简史》,文字改革出版社,1956 年,第 29 页
章草、草书	这种保存有隶书笔法、字字独立的古典式草书,魏晋以后为区别于连绵纵逸的今草,而名之曰章草,而汉人只称之为草书	华人德《中国书法史·两汉卷》,江苏教育出版社,1999 年,第 13 页
章草、草	凡草书,分波磔者名章草,非此者但谓之草。然本无章名,因汉建初中,杜操伯度善此书,章帝称之,故后世目焉	黄伯思《东观馀论》,载《书学集成 汉~宋》,河北美术出版社,2002 年,第 378 页

名称	定义或来源	文献
章草	疑所谓章草，上章用之，不因汉章帝好之因谓之章草也	黄伯思《东观馀论》，载《书学集成 汉～宋》，河北美术出版社，2002年，第398—399页
章草、今草	章草，"章"字乃章奏之"章"，非指章帝，前人论之备矣。世误以为章帝，由见《阁帖》有汉章帝书也。然章草虽非出于章帝，而《阁帖》所谓章帝书者，当由集章草而成。章草，有史游之章草，盖其《急就章》解散隶体，简略书之，此犹未离乎隶也。有杜度之章草，盖章帝爱其草书，令上表亦作草书，是用则章，实则草也。至张伯英善草书，尤善章草，故张怀瓘谓伯英"章则劲骨天纵，草则变化无方"，以示别焉。黄长睿言分波磔者为章草，非此者但谓之草。昔人亦有谓各字不连绵曰章草，相连绵曰今草者	刘熙载《书概》，载《历代书法论文选》，上海书画出版社，1979年，第688、689页
章草	以草为楷则又谓之章草	郝经《陵川集》，载《历代书法论文选续编》，上海书画出版社，1993年，第172页
章草	隶加波挑，而行笔又加简疾，则为章草	胡小石《书艺略论》，载《中国现代书法论文选》，上海书画出版社，1980年，第32页
章草、急就	散隶而成章草。病隶之工而不速，故创此体，"急就"之名，盖称其实也	张宗祥《书学源流论》，载《历代书法论文选续编》，上海书画出版社，1993年，第902页
章草	草书之可通于章奏者，谓之章草	顾炎武著，陈垣校注《日知录校注》，安徽大学出版社，2007年，第1188页
章草	隶书的草书，也叫做章草	刘大白《文字学概论》，岳麓书社，2011年，第54页
章草	草书最后一笔出波发者为章草	[日]西川宁著，姚宇亮译《西域出土晋代墨迹的书法史研究》，人民美术出版社，2015年，第199页
章草、今草	章草为旧隶体也即汉隶的快写体，今草是新隶体也即真书的快写体	启功《古代字体论稿》，文物出版社，1964年，第35页

续表

名称	定义或来源	文献
章草、今草	秦苦隶书之难，不能投速，故作草书，是不知杜度倡之以汉，而张芝、皇象皆卓卓表见于时。崔瑗、崔寔、罗晖、赵袭各以草书得名，世号章草。至张伯英出，遂复脱落前习，以成今草	《宣和书谱》，载《书学集成汉～宋》，河北美术出版社，2002年，第562页
古草、隶草、草分	章草亦称古草、隶草和草分	秋子《中国上古书法史：魏晋以前书法文化哲学研究》，商务印书馆，2000年，第377页
章草、楷书、行书、草书	隶书因速写而产生了变异字体章草，其正体由八分书过渡到楷书。楷书也因速写产生了行书和草书。隶书与章草、楷书与行书、草书都是同时进行的，它们之间有明显的相互影响，楷书的笔形很多是行书的影响造成的	王宁《汉字构形学导论》，商务印书馆，2015年，第82页
新草	晋世右军，特出不群，颖悟斯道，乃除繁就省，创立制度，谓之新草	蔡希综《法书论》，载《历代书法论文选》，上海书画出版社，1979年，第273页
今草	张芝得崔、杜之法，自出新意，变章草为今草。今草之体势上下牵连，一笔而成，偶有不连而血脉不断，及其连者，气脉通于隔行	丁文隽《书法精论》，人民美术出版社，2007年，第53页
今草	今草之名，始见于南朝宋明帝刘彧所说："羲献之书，谓之今草。"	葛鸿祯《张芝今草考》，载《书学论集》，上海书画出版社，1985年，第121页
一笔书、今草	张芝把各字连成一笔，称为一笔书，这就是所谓的今草	刘大白《文字学概论》，岳麓书社，2011年，第54页
新草、破草、大草、小草、狂草	今草即当今所称的草书，亦称新草、破草。今草又可分为大草、小草和狂草等书体类型。今草和古草的最大区别在于，古草仍见隶意，而今草则隶意消失	秋子《中国上古书法史：魏晋以前书法文化哲学研究》，商务印书馆，2000年，第380页
小草	小草亦称之为行草，即整篇的结字有行有草，不是全部的草书形态	秋子《中国上古书法史：魏晋以前书法文化哲学研究》，商务印书馆，2000年，第381页
章草、草书、稿草、今草、小草、游丝之草	史游解散隶体，谓之章草。张伯英之法，谓之草书。卫瓘复采芝法，兼乎行书，谓之稿草。羲、献之书谓之今草。构结微眇者谓之小草。复有所谓游丝之草	陆深《书辑》，载《书学集成元～明》，河北美术出版社，2002年，第296页
狂草、大草	唐代张旭、怀素相继而起，其作草也，纵横奔放如走龙蛇，点画狼藉，是为狂草，亦名大草	丁文隽《书法精论》，人民美术出版社，2007年，第53、54页

名称	定义或来源	文献
散草、飞草	咸按：又《潜确类书》曰：蔡端明，以散笔作草书，谓之散草，亦曰飞草	王绂《书画传习录》，载《书学集成 元~明》，河北美术出版社，2002 年，第 226 页
狂草	任意增减字形而钩连纠结的为狂草	刘大白《文字学概论》，岳麓书社，2011 年，第 55 页
丁真永草	《法书要录》：丁觇与智永同时，善隶书，世称丁真永草	杨慎《书品》，载《书学集成 元~明》，河北美术出版社，2002 年，第 334 页
草藁	史游制于《急就》，创立草藁	虞世南《书旨述》，载《历代书法论文选》，上海书画出版社，1979 年，第 114 页
藁、草藁	案藁亦草也，因草呼藁，正如真正书写而又涂改，亦谓之草藁，岂必草行之际，谓之草者	张怀瓘《书断》，载《历代书法论文选》，上海书画出版社，1979 年，第 166 页
藁书	行草之文也	韦续《五十六种书》，载《历代书法论文选》，上海书画出版社，1979 年，第 304 页
草书、藁书	文章著作起草之际，只供自己看，不求别人懂，所以字多潦草，所以把急就简易的书体称为"草书"或者"藁书"	王凤阳《汉字学》，吉林文史出版社，1989 年，第 204 页
草书、稿书	草稿的字，并未写定，不必很规矩，含有初步、非正式、不成熟等义。因而把这种字叫草书，后来还称稿书	蒋善国《汉字形体学》，文字改革出版社，1959 年，第 330 页
草藁	羊欣《采古来能书人名》云："觊子璀字伯玉，为晋太保。采张芝法，以觊法参之，更为草藁，草藁是相闻书也。"	羊欣《采古来能书人名》，载《历代书法论文选》，上海书画出版社，1979 年，第 44 页
连绵书	吕向字子回，章草、隶峻巧，又能一笔环写百字，若萦发然，世号连绵书	朱长文《续书断》，载《历代书法论文选》，上海书画出版社，1979 年，第 342 页
连珠	崔瑗《草书势》云：状若连珠	释适之《金壶记》，载《书学集成 汉~宋》，河北美术出版社，2002 年，第 639 页

续表

名称	定义或来源	文献
独草、连绵、游丝	自唐以前多是独草，不过两字属连。累数十字而不断，号曰连绵、游丝，此虽出于古人，不足为奇，更成大病	姜夔《续书谱》，载《历代书法论文选》，上海书画出版社，1979年，第387页
独草、连绵草	分开所写的，是别于章草，称为独草。又在杜度以后，有张芝的续写草书，是为连绵草	叶鋆生《中国人文小史》，江苏人民出版社，2018年，第41页
独草	指字与字之间无牵丝连带、字字独立的草书。与连绵草相对而称之为独草	周俊杰等《书法知识千题》，河南美术出版社，1991年，第318页
新隶体	大约在东汉中期，从日常使用的隶书里演变出的一种比较简便的俗体	裘锡圭《文字学概要》（修订本），商务印书馆，2013年，第80页
新俗体	汉魏之际有了新兴的隶体，即新俗体。如永寿瓦罐、熹平瓦罐上的小字，钟繇的表启、景元木简的字等	启功《古代字体论稿》，文物出版社，1964年，第7页
行书、真行、行草	夫行书，非草非真，离方遁圆，在乎季孟之间。兼真者谓之真行，带草者谓之行草	张怀瓘《书议》，载《历代书法论文选》，上海书画出版社，1979年，第148页
真行、草行	行书有真行，有草行。真行近真而纵于真，草行近草而敛于草	刘熙载《书概》，载《历代书法论文选》，上海书画出版社，1979年，第687页
行书、真行、草行	刘伯升小变楷法谓之行书，兼真谓之真行，带草谓之草行	姜夔《续书谱》，载《古今书体汇编》一（六艺之一录），浙江人民美术出版社，2017年，第4001页
真草	魏曹公欲令十吏就蔡琰草书。文姬曰：妾闻男女礼不亲授，乞给纸笔一月，真草唯命。于是撰写送之，文无遗误，故曰真草也	释适之《金壶记》，载《书学集成 汉～宋》，河北美术出版社，2002年，第644页
行书	盖行者，真之捷而草之详	刘熙载《书概》，载《历代书法论文选》，上海书画出版社，1979年，第687、688页
行书	（行书）即正书，而变其体，简易参错，有真意流行乎其间，故谓之行书	王绂《书画传习录》卷一，载《中国书画全书》第三册，上海书画出版社，2009年，第96页

名称	定义或来源	文献
行书	后汉颍川刘德升所作也。即正书之小讹，务从简易，相间流行，故谓之行书	张怀瓘《书断》，载《历代书法论文选》，上海书画出版社，1979 年，第 163 页
行书	行书是今草和真书之间的一种字体，是真书的草化，或草书的楷化。真书写得快了，像人行时两脚连续不停，便成了行书。行书跟真书和今草比较起来，真书如立，今草如跑，行书如行（一般走路的姿态），所以叫做行书	蒋善国《汉字学》，上海教育出版社，1987 年，第 226 页
行书	行书大概就是行常通用书体的意思	齐佩瑢《中国文字学概要》，民国三十一年北京国立华北编译馆铅印本，第 252 页
行书	行书是正书的流动。行书的流动程度在于运用连绵笔的或多或少	黄约斋《汉字字体变迁简史》，北京文字改革出版社，1956 年，第 29、30 页
行书	不真不草，是曰行书	张怀瓘《六体书论》，载《历代书法论文选》，上海书画出版社，1979 年，第 213 页
行书	所谓行者，即真书之少纵略。后简易相间而行，如云行水流，秾纤间出，非真非草，离方遁圆，乃楷隶之捷也	宋曹《书法约言》，载《历代书法论文选》，上海书画出版社，1979 年，第 570 页
行、真行、行草	魏晋以来又变楷法，自圆熟而趋简易。楷如立，行如行，故谓之行。得真谓之真行，带草谓之行草	郝经《陵川集》，载《历代书法论文选续编》，上海书画出版社，1993 年，第 172 页
小王书、院体	世称小王书，盖称太宗皇帝时王著也。黄长睿《志》及《书苑》云："僧怀仁集右军书，唐文皇制《圣教序》，近世翰林侍书辈学此，目曰院体。自唐世吴通微兄弟已有斯目。"今中都习书诰敕者，悉规仿著字，谓之小王书，亦曰院体，言翰林所尚也	陈槱《负暄野录》，载《历代书法论文选》，上海书画出版社，1979 年，第 378 页
院体	怀仁此序集和军字，宋人已薄之，呼为院体	朱和羹《临池心解》，载《历代书法论文选》，上海书画出版社，1979 年，第 742 页
行书、行狎书	正之小讹也。钟繇谓之行狎书	韦续《五十六种书》，载《历代书法论文选》，上海书画出版社，1979 年，第 305 页

名称	定义或来源	文献
行狎书	相闻者也	羊欣《采古来能书人名》，载《历代书法论文选》，上海书画出版社，1979年，第46页
相闻书	在汉魏时期，行书是较进步而合用的新书体，因为主要用于私人间的尺牍书疏，又称之为相闻书	刘涛《中国书法史魏晋·南北朝卷》，江苏教育出版社，2007年，第74页
行押书	行书之所以又叫行押书，就是因为名书家钟繇用行书给人写信，自署名字的缘故	蒋善国《汉字形体学》，文字改革出版社，1959年，第362—363页
六朝写经体	僧尼、经生和信众在抄经时，须依照旧本体式抄写，不羼入己意。这样，魏晋时的写经书体就一直延续下来，变化很小。十六国、南北朝时大量新译的佛教律论也都是用写经书体缮写。南北朝后期，写经的书体虽然隶书笔意愈来愈少，但是仍保持其沉雄厚重的体式。南北方由于佛教传播和流通较其他方面的交流宽松，故南北写经的书风差异很小，后人称这种特殊的书体为"六朝写经体"	华人德《论六朝写经体——兼及"兰亭论辩"》，载《兰亭论集》，苏州大学出版社，2000年，第284—297页。
写经体	写经是一种古代的书法形式，敦煌写经是遗书中的一个内容，它本身未形成书体。写经的书体是随着时代的发展，变化中的书体，没有一个固定的类型，也不是一种专用的书体，因此，敦煌的写经，实际上是各个时期，社会上流行的多种风格，从隶到楷，衍变过程中形形色色的楷书形式	郑汝中《敦煌书法管窥》，载《敦煌研究》1991年第4期
写经体	随着佛教在汉代传入中国，人们出于各种原因而抄写佛经。由此形成一种特征明显的楷书字体，使抄写佛经标准化，而技艺娴熟的写经生大多湮没无名。他们的书体通常称作"写经体"	牟复礼、朱鸿林合著，毕斐译《书法与古籍》，中国美术学院出版社，2010年，第54页
北凉体	鉴于此书体在四世纪末和五世纪初的古凉州及以西地区盛行，又在北凉的书迹中表现最为典型，故称之为北凉体	施安昌《"北凉体"析——探讨书法的地方体》，载《书法丛刊》1993年第36辑
破体书	《书断》云：王献之变右军行书，号曰破体书	何良俊《四友斋书论》，载《书学集成 元～明》，河北美术出版社，2002年，第438页
破体	王献之用草书连属的笔法写行书，形成了一种"非草非行"的新样式，这种务求简易的写法造就的体势，唐代书家徐浩称之为破体	刘涛《字里千秋：古代书法》，生活·读书·新知三联书店，2007年，第30页

名称	定义或来源	文献
逸体	指王羲之的一种书体。其名称来源有二：其一是因王羲之字逸少，取"逸"字命其书体；另一种是认为王羲之少年变法，超逸旧体，书体劲秀飘逸，故称之谓逸体，这里的"逸"即超越的意思	周俊杰等《书法知识千题》，河南美术出版社，1991年，第323页
楷书	楷者，法也，式也，模也	张怀瓘《书断》，载《历代书法论文选》，上海书画出版社，1979年，第161页
楷书	楷书者字体端正，用笔合法之谓也	周星莲《临池管见》，载《历代书法论文选》，上海书画出版社，1979年，第725页
楷书	应用出锋的笔画构字时期的文字，称为楷书	王凤阳《汉字学》，吉林文史出版社，1989年，第196页
楷书	隶书写得平整就成楷书	周有光《世界文字发展史》，上海教育出版社，2003年，第94页
楷书	楷书的"楷"当楷模讲，"楷书"的原意就是可以作为楷模的字或有法度的字，本来并非某种字体的专名	裘锡圭《文字学概要》（修订本），商务印书馆，2013年，第100页
楷书、正书、真书	楷书又称正书、真书、正楷，一般认为以形体方正，笔画平直，可作楷法模式，故名楷书。楷字"正书"，用于书写规整"章程"的场合，其得名或在于其用途：南朝宋代羊欣《采古来能书人名》说钟书有三体，其二曰"章程书"，为"传秘书，教小学者也"。有人认为，"章程"两字的合音，就是"正"字（平声），后世把"章程书"读快了，就变成了"正书"，又变成"真书"，也就是今天习惯上所说的楷书了	臧克和《中国文字发展史·隋唐五代文字卷》，华东师范大学出版社，2013年，第3页
楷书	也叫正书、真书，最初都是规范化的标准字体的称名，隶书的标准体也可以称为楷书，后来才逐渐成为与隶书相区别的字体专名。楷书书写特征主要有：改横笔为收锋，不再上挑；改撇为尖斜向下；改慢弯为硬钩；并增加了斜钩（隶书用波磔）、挑（隶书是横画斜写）、折（隶书是横画与竖画的自然结合）等基本笔画	李运富《汉字学新论》，北京师范大学出版社，2012年，第122页
楷书、真书	对于写得风格规矩整齐的字都称之为楷，是泛用的形容词。以风格规矩而得名的楷书，也即是真书	启功《古代字体论稿》，文物出版社，1964年，第33、34页
楷	自唐以前，皆称楷字为隶	焦竑《焦氏笔乘》卷六"欧公误以八分为隶"，上海古籍出版社，1986年，第175页

续表

名称	定义或来源	文献
楷书、隶书	古之所谓隶书，今之所谓楷书也；古之所谓八分，今之所谓隶书也	赵曾望《窍言》，光绪十八年赵氏石印本，卷下 14 页
隶书、佐隶、秦隶、楷书	隶书，为秦时隶人下邽人程邈所作，损益大小篆方圆体势而成之。初为书三千字，奏之始皇。始皇善之，用以御史。时奏事烦多，以此体为隶人佐书，又谓之佐隶。隶之始于秦，故亦谓之秦隶。至后人以模楷在是，更名楷书	王绂《书画传习录》，载《书学集成 元~明》，河北美术出版社，2002 年，第 226 页
楷书、真书、小楷	东汉王次仲复变隶八分为楷书，言皆书之楷则也。以其法度谨严精尽，故又谓之真书，其小者谓之小楷	郝经《陵川集》，载《历代书法论文选续编》，上海书画出版社，1993 年，第 171 页
正书、楷	正书虽统称今隶，而途径有别。波磔小而钩角隐，近篆者也；波磔大而钩角显，近分者也。楷无定名，不独正书当之。汉北海敬王睦善史书，世以为楷，是大篆可谓楷也。卫恒《书势》云"王次仲始作楷法"，是八分为楷也。又云"伯英下笔必为楷"，则是草为楷也	刘熙载《书概》，载《历代书法论文选》，上海书画出版社，1979 年，第 687 页
正书	今所谓正书，则古所谓隶书	《宣和书谱·叙论》，载《历代书法论文选》，上海书画出版社，1979 年，第 874 页
正书、真书	正书的名称到了南北朝才有的。正书的正字是从章程书来的。章程书这个名称在魏晋时通行，后来把章程两字念快了，便切成正字，变了正书这个名称，把章程书的名称废掉了。正和真音义相同，正书字体真正，不潦草，真书又可表示跟草书相对的意义（如真本合草藁），遂有人把这种正书叫作真书	蒋善国《汉字形体学》，文字改革出版社，1959 年，第 304—305 页
正书、行书、草书	所谓正书者，隶书之正者耳，其余行书、草书，皆隶书也	沈括《补笔谈》卷二，《梦溪笔谈校证》，古典文学出版社，1957 年，第 956 页
小正书	又识破怀仁《圣教》之流入院体也。其逸笔处，世谓之小正体	赵孟頫《论书法》，载《历代书法论文选续编》，上海书画出版社，1993 年，第 156 页
馆阁体	清代殿试朝考，特重书法，以书法的好坏为去取标准，当时称为馆阁体。有所谓乌光方三项要求。乌是黑，光是光洁干净，方是端方整齐。这种字体千篇一律，缺少生趣，缺少变化	邓散木《临池偶得》，载《中国现代书法论文选》，上海书画出版社，1980 年，第 215 页
馆阁体	把写得标准而无风韵的楷书称为馆阁体	刘涛《字里千秋：古代书法》，生活·读书·新知三联书店，2007 年，第 28 页

名称	定义或来源	文献
台阁体	台阁一词，原与中书舍人一职有关。中书舍人在历史上多为隶属于中书省的官员，唐宋之后，中书省逐渐取代了尚书省。"尚书"，汉代称为"台阁"，因而后世的中书省官员也就具有了台阁的职能。于是将中书舍人所写的书法称为台阁体，便是很自然的事了。广义上说，台阁体即明前期宫廷书法的代名词，其风格则多为雍容华丽，并适合了帝王的审美意趣，可以说书法的台阁体化，乃是在帝王直接倡导干预下出现的必然结果	黄惇《中国书法史·元明卷》，江苏教育出版社，2009年，第205、208页
台阁体、馆阁体、簪花格、场屋之书	沈括在《梦溪笔谈》中曾提到一种以"精丽"为特点的"三馆楷书"，这种书体在明代称为台阁体，因明初善此种书风者皆为内阁宰辅之臣，而台阁一词历来为宰辅别称，故名。到了清代，这种特殊的楷书风格则被称为馆阁体，又叫做簪花格或场屋之书。馆阁之称，起于宋代。北宋设昭文馆、史馆、集贤院掌管图书书籍的编纂之事，称为三馆，又辟秘阁、龙图阁、天章阁为图书经籍和历代御制典籍的收藏之所，后将三馆与秘阁合并，统称馆阁。到清代，宋代馆阁的职能已并入翰林院，所以将这种翰林院中所独有的书法风格称为馆阁体。簪花格之名大约是根据馆阁体书法精丽秀媚的特征，化用袁昂《古今书评》中"插花美女，舞笑镜台"的形容而来。至于"场屋之书"，则是因为清代文人士子在参加科举考试时都是使用馆阁体书法，而考场由许多独立的小木屋组成，故名	刘恒《中国书法史·清代卷》，江苏教育出版社，2009年，第121、122页
干禄体	在古代科举考试中，亦多要求以这种书体（即馆阁体）应考，故亦有称其为干禄体者	周俊杰等《书法知识千题》，河南美术出版社，1991年，第329页
铁崖体	杨维桢（号铁崖）的章草既流动又厚拙，怪诞的姿态莫可名状，人称铁崖体	刘涛《字里千秋：古代书法》，生活·读书·新知三联书店，2007年，第105页
擘窠	创于鲁公，柳以清劲敌之	丰坊《书诀》，载《历代书法论文选》，上海书画出版社，1979年，第508页
擘窠书	书有擘窠书者，大书也，特未详擘窠之义。意者，擘，巨擘也；窠，穴也，即大指中之窠穴也，把握大笔在大指中之窠，即虎口中也	朱履贞《书学捷要》，载《历代书法论文选》，上海书画出版社，1979年，第600、601页
小楷	二王稍变钟法，右军用笔内擫，正锋居多，故法度森严而入神，子敬用笔外拓，侧锋居半，故精神散朗而入妙	丰坊《书诀》，载《历代书法论文选》，上海书画出版社，1979年，第508页
中楷、寸楷、小楷、蝇头书、细字	中楷指字径一寸见方的楷书，亦称寸楷。小楷指数分见方的楷书，亦可称蝇头书。细字是指特别小的真书字体	周俊杰等《书法知识千题》，河南美术出版社，1991年，第304页

名称	定义或来源	文献
大楷、榜书、擘窠书	一般情况下，人们把一寸以上、数寸以下见方的真书称为大楷。较此更大的真书大字被称为榜书、擘窠书	周俊杰等《书法知识千题》，河南美术出版社，1991 年，第 303 页
行楷	行楷者，字虽绌结，笔仍典则之谓也	周星莲《临池管见》，载《历代书法论文选》，上海书画出版社，1979 年，第 725 页
章楷、隶楷	用隶书的笔意写真书的，就是后世所说的章程书或章楷，也叫隶楷	蒋善国《汉字学》，上海教育出版社，1987 年，第 212 页
晋隶、唐隶、新隶、正书、真书、章楷、章程书、魏楷、八分楷法、楷书、正隶、正楷	楷书产生以后，到晋唐时仍沿用隶称，如所谓晋隶、唐隶、新隶等，此外，还有诸如正书、真书、章楷、章程书、魏楷、八分楷法、楷书、正隶、正楷等不同时代、不同认识的不同称谓。唐以前是楷、隶不分的，但唐以后已逐渐地以楷书约定下来。正书、真书之称，是唐以后为别于其他书体，将楷书定为通行文字的正体以为楷式而称的，主要是以标范文字为需要	秋子《中国上古书法史：魏晋以前书法文化哲学研究》，商务印书馆，2000 年，第 530 页
正隶	佐书，秦云阳狱吏程邈作，谓之正隶，即今楷书也	何震《续学古编》，载《历代印学论文选》，西泠印社出版社，2005 年，第 52 页
隶、楷	楷隶别为二书，以古法为隶今法为楷	陶宗仪《书史会要》，载《古今书体汇编》—（六艺之一录），浙江人民美术出版社，2017 年，第 3991 页
楷隶	用真书笔意写隶书的，勾挑显著，和真书一样，只有长横画的末尾尚存短促的波势，并且字体方整平直，就是《颜氏家训》所说的"姚元标工于楷隶"的楷隶	蒋善国《汉字学》，上海教育出版社，1987 年，第 212 页
瘦金书	徽宗，万几之余，翰墨不倦。行草、正书笔势劲逸，初学薛稷，变其法度，自号瘦金书	陶宗仪《书史会要》，上海书店，1984 年，第 216 页
瘦金书、瘦筋书	瘦金书原名瘦筋书，瘦不剩肉，抛筋露骨是其特征	曹宝麟《中国书法史·宋辽金卷》，江苏教育出版社，2007 年，第 227 页
郇公五云体	陟晚而多纵，常以五采笺为书记，使侍妾主之，其裁答，受意而已，陟唯书名。自谓所书"陟"字若五朵云，时人慕之，号郇公五云体	朱长文《续书断》，载《历代书法论文选》，上海书画出版社，1979 年，第 341 页
元宝体	因《爨宝子碑》的横画左右翘起，首尾皆呈锐角，而戏称之为元宝体	马国权《〈爨宝子碑〉研究》，载《中国现代书法论文选》，上海书画出版社，1980 年，第 238 页

名称	定义或来源	文献
爨体	这块碑（指《爨宝子碑》）出土之后，引起书家的好奇，格外推崇它那稚拙朴茂的意趣，称之为爨体	刘涛《字里千秋：古代书法》，生活·读书·新知三联书店，2007 年，第 81 页
蝇头书	真书中一曰瘦金书原名瘦筋书，瘦不剩肉，抛筋露骨是其特征。蝇头书，如麻姑坛、文氏文赋之类	赵宧光《寒山帚谈》，载《书学集成　元～明》，河北美术出版社，2002 年，第 473 页
真书	字皆真正，曰真书	张怀瓘《六体书论》，载《历代书法论文选》，上海书画出版社，1979 年，第 213 页
真书	汉末波磔，纵肆极矣，久亦厌之，又稍参篆分之圆，变为真书	康有为《广艺舟双楫》，载《历代书法论文选》，上海书画出版社，1979 年，第 775 页
真书	古无真书之名，所谓隶书、楷书、正书是也	张绅《法书通释》，载《书学集成　元～明》，河北美术出版社，2002 年，第 208 页
真书	真书之名起源甚早，在西汉元、成之际即已经存在，其含义有二：一是指当时写得工正整齐的秦汉之际通行起来的隶书的楷体；二是这种工正的隶书楷体。真书作为一种书体，西汉人直到东汉之大书法家蔡邕、蔡琰等皆用以与隶书之"草"体相并称，真草一词实际也是从西汉元、成之际就存在了，并一直沿用下来。至于东汉末魏晋之际产生的今隶新书体，被称为真书，则是对古已有之的真书名称作一借用，一指秦汉以来隶书的楷体，一指钟、王以来创新流今的今隶的楷体，二者名称虽一，实际上却是两个不同的书体概念	傅剑平《"真书"起源简论》，《华南师范大学学报》（社会科学版）2005 年第 1 期
真书、铭石书、章程书	所谓真书，亦可名为今隶。原夫东汉之世，就西汉之隶增加波磔，而成世俗之所谓八分书，此体殆专为铭石之用，故又有铭石书之称。至供章程白事之用者，则笔画仍平直无波磔，因此又谓之章程书	丁文隽《书法精论》，人民美术出版社，2007 年，第 51 页
飞白	飞白者，后汉左中郎将蔡邕所作也。王隐、王愔并云："飞白变楷制也，本是宫殿题署，势既径丈，字宜轻微不满，名为'飞白'。"王僧虔云："飞白，八分之轻者。"虽有此说，不言起由。按汉灵帝熹平年诏蔡邕作《圣皇篇》，篇成，诣鸿都门上，时方修饰鸿都，伯喈待诏门下，见役人以垩帚成字，心有悦焉，归而为飞白之书	张怀瓘《书断》，载《历代书法论文选》，上海书画出版社，1979 年，第 164、165 页
飞白书	蔡邕待诏，见门下吏垩帚成字所作	韦续《五十六种书》，载《历代书法论文选》，上海书画出版社，1979 年，第 305 页

续表

名称	定义或来源	文献
飞白书	把笔画写成丝丝露白的样子，称为飞白书	刘涛《字里千秋：古代书法》，生活·读书·新知三联书店，2007年，第27—28页
飞白	飞白者，隶书之捷也	宋曹《书法约言》，载《历代书法论文选》，上海书画出版社，1979年，第569页
飞白	今人便谓所用木笔为垩帚，谬矣！又云"飞而不白"，又云"白而不飞"，盖取其若丝发处谓之白，其势飞举谓之飞，而俚俗阉语又谓蔡中郎见帚飞空中因作此字，以"白"为"帚"，此尤无稽也	黄伯思《东观余论》，载《历代书法论文选续编》，上海书画出版社，1993年，第82、83页
飞白	飞白字之名，书家例知之。但不晓作何状。予按王隐云，飞白变楷制也。本是宫殿题署，势既遒劲，文字宜轻微不满，名为飞白	杨慎《升庵外集》，载《古今书体汇编》一（六艺之一录），浙江人民美术出版社，第4004页
榜书	榜书并非别一体，亦无他妙，只是能视大如小，不失其常耳	刘咸炘《弄翰余渖》，载《历代书法论文选续编》，上海书画出版社，1993年，第930页
榜书体	是指题写门匾的大字，既可以用篆书体，也可以用隶书体，还可以用楷书体	刘涛《字里千秋：古代书法》，生活·读书·新知三联书店，2007年，第26页
赵吴兴体（刻本中字体）	元本中流行的赵体、赵吴兴体，即赵孟頫的字体	张秀民《中国印刷史》，浙江古籍出版社，2006年，第226页
宋体、宋板字、宋字样、匠体字、明体字、明朝字、宋字、仿宋字、硬体字	清蒲松龄云："隆、万时有书工专写肤郭字样，谓之宋体。刊本有宋体字，盖昉于此。"钱泳云："有明中叶写书匠改为方笔，非颜非欧，已不成字。"这类肤郭方笔，当时称"宋体"，或称"宋板字"或称"匠体字"。其实它与真正宋版字毫无相同之处。笔者曾翻阅了现存宋版书近四百种，从未发现此类呆板不灵的方块字，所以应改称为"明体字"或"明朝体"，比较名副其实。清代印刷体仍是沿用明代的方体字，俗称"宋字"或"宋体"，又名"仿宋字"，又称"硬体字"	张秀民《中国印刷史》，浙江古籍出版社，2006年，第365、506页
宋体	北宋时，随着活字印刷的发明，书肆把颜体柳体限制在规格相同的活字框架内，并逐渐统一点画的基本形态，由此形成横平竖直、横细竖粗、四四方方、规规矩矩的宋体字	詹鄞鑫《汉字说略》，辽宁教育出版社，1991年，第150页
匠体、仿宋字	明代经常刻书由普通工匠完成，工匠们创造出一种横细竖粗、四角斩方的字体，即所谓匠体。该字正方清新，被明人自称为仿宋体，其实与宋字相差甚远	肖力《清代武英殿刻书初探》，载《历代刻书概况》，印刷工业出版社，1991年，第388页

五　汉字字体演变大事记

"具体内容"栏目的几点说明：

1."具体内容"有部分内容是归纳性事件，因此没有出现具体年代。

2."具体内容"以朝代类别归纳，因此存在同一朝代内部各类别之间的排序，没有完全按照时间顺序的情况。

3.部分具体内容存在争议，或难以考证，因此没有标注时间。

朝代	项目	具体内容	备注
先商	相关制度	米廪，有虞氏之庠也；序，夏后氏之序也。（《礼记·明堂位》）	* 文字教育。 *"庠"和"序"指养老和教育的场所，学校的萌芽。
	形体事件	夏太史令终古出其图法，执而泣之。夏桀迷惑，暴乱愈甚，太古令终古乃出奔如商。（《吕氏春秋·先知览》）	夏代应已有史官。
		我欲观夏道，是故之杞，而不足征也。吾得夏时焉。（《礼记·礼运》正义）	
商	相关制度	国之大事，在祀与戎。（《左传》）	官方文字应用。
		有祭祀，则奉龟以往。（《周礼》）	
		龟策敝则埋之。（《礼记》）	文字神秘化。
		乎多□伊自于教王族。（《殷虚书契前编》5 卷第 8 页第 1 片）	贵族文字教育。
		出现习刻类甲骨。（《殷契粹编》第 1468 片）	陈福年《殷虚甲骨文摹释全编》中标注为习刻的甲骨文，计有 335 片，推测应该存在甲骨文刻写教授行为。
	形体事件	湖南宁乡黄村出土的商代大禾人面纹方鼎上的铭文、山东益都苏埠屯出土的亚导铜钺徽记等都与殷虚甲金文相同，没有地方特色	* 文字的统一超过政治的统一。 * 文字被他族借用。
		浮雕阳文印章、雕有百字的大型木章、铜器字范	* 印制代替手写的尝试。 * 汉字应用的科学化尝试。
		妇好墓出土了刻有"妊冉入石"几个字的石刻。（武丁时期）	* 目前所见的最早石刻文字。 * 殷虚侯家庄 1003 号商代大墓出土的石簋耳上也发现刻有 12 个字。时间约为前 12 世纪。此外，相当于商的江西清江吴城遗址，也出土了许多石刻文字。

续表

朝代	项目	具体内容	备注
商	形体事件	出土民间筮数陶文	民间已经存在用字现象。
	体的发展	妇好方鼎铭文修饰不著，保留有较多的书写美	字形装饰意识。
西周	相关制度	史掌书外令，掌四方之志，掌三皇五帝之书，掌达书名于四方。（《周礼·春官宗伯》）	官方文字应用。
		保氏养国子以道，乃教之六艺。五曰六书。（《周礼》）	*形的探讨。 *文字教育。
		《风俗通义·序》谈到周秦时代的每年八月，中央王朝都派出"輶轩之使"到各地调查方言	应为了解社会情况，也从侧面反映对语言的重视。
	形体事件	《史籀篇》（宣王时期）	*官方文字规范。 *形的规范，体的辅助。
		有篆文锦，文似大篆之文也。（《拾遗记》）	应已有文字纹的织锦了。但最早实物见于西汉。
		昔正考父校商之名《颂》十二篇于周太师，以《那》为首。（《国语·鲁语下》）	可考的最早图书编撰者。
	体的发展	宣王即位初期，作《毛公鼎》，铭文497字，为先秦青铜器之冠。其字工美，公推其为西周名作之一	—
		大克鼎、颂壶出现打格子书写铭文的现象	追求书写的工整。
春秋	相关制度	秦设史官记事。（前753年）	—
		自此观之，夫欲定一世，安黔首之命，功名著乎盘盂，铭篆著乎壶鉴，其势不厌尊，其实不厌多。（《吕氏春秋》）	—
	形体事件	《左传》提到"楚人谓乳穀，谓虎於菟"。（前605年）	据考证"於菟"是古代藏缅语言的汉字记音。
		孔子收徒讲学。（约前522年）	*文字教育的下行。 *私学兴盛。
	形的发展	秦以皋似皇字，改为罪。（《说文解字》）	开始了文字避讳制度。
		晋作栾书缶，器以草体入铭，而施以错金。（前573年）	—
	体的发展	齐作国差罉。（前589）	文字成为装饰主角。
		楚王子午鼎出现鸟虫书。（前545年）	文字开始添加外物装饰。
		楚灵王时作楚王孙渔戈，为鸟、虫之体。（前529年）	—

续表

朝代	项目	具体内容	备注
战国	相关制度	官失而师儒传之。(《周官征文》)	—
	形体事件	四川青川县郝家坪战国秦墓出土青川木牍，字为早期隶书，标志着秦文隶变的开始。(前 309 年)	形和体的改造。
		名无固宜，约之以命，约定俗成谓之宜，异于约则谓之不宜。名无固实，约之以命实，约定俗成，谓之实名。(《荀子·正名》)	第一次阐明了语言的社会本质，正确指出名实之间的约定俗成关系。
		长沙左家塘楚墓中出土的褐色矩纹锦，上盖有朱印一枚。一侧有 0.8 厘米宽的黄绢作边，上有墨写"女五氏"。(战国中期)	* 文字标识作用延伸。 * 后者可能是早期民间作坊姓氏的标记。 * 后者代表文字应用的扩展及在民间的新发展。 * 文字应用群体的扩展。
		1954 年巴县（今重庆市巴南区）冬笋坝战国后期到西汉初的巴人 37 号墓出土一个"福"字篆文印	* 战国后期或西汉初，民众对"福"字已有特殊感情。 * 此后吉祥文字开始兴起，宋代时蔚然成风。
		秦公簋。(秦景公时期)	* 有 12 个铭文分别使用了两次。 * 用了字形模具，可以认为是广义上使用活字的起源。
	体的发展	越于此前作越王勾践剑及者刃钟。越器题铭盛行鸟虫书，其精美为各国之冠，于此时已见其端倪。(约前 465 年)	添加外物装饰。
		中山王三器的优美铭文。(前 313 年)	自身表面装饰。
秦	相关制度	一法度衡石丈尺，车同轨，书同文字。(《史记·秦始皇本纪》)(前 221 年)	政府层面的字形规范。
		秦始皇用李斯建议，诏令焚书，禁止私学。(前 213 年)	文字教育。
	形体事件	命李斯、赵高、胡毋敬分别编纂《仓颉篇》《爰历篇》《博学篇》，以小篆写定，颁行全国。(前 221 年)	官方字形规范及实践传播。
		秦始皇东巡，刻石。(前 219、218、215、210 年)	
		东武睢瓦	* 墓志的祖形。 * 文字日常应用民间化的新发展。 * 汉字开始展现融入百姓日常生活的能力。
	体的发展	自尔秦书有八体：一曰大篆，二曰小篆，三曰刻符，四曰虫书，五曰摹印，六曰署书，七曰殳书，八曰隶书。(《说文叙》)	* 体概念的正式出现。 * 字体制度的形成。

续表

朝代	项目	具体内容	备注
汉	相关制度	汉以文书御天下。(《论衡》)	—
		萧何著法，太史试学童，讽书九千字，乃得为吏。以六体试之。吏人上书，字或不正，辄有举劾。(《汉书·艺文志》)(前202年)	*形成练习书写的习惯。 *文字应用规范（正字）制度化。 *能书成为文吏必修的一项业务能力。
		于是建藏书之策，置写书之官，下及诸子传说，皆充秘府。(《汉书·艺文志》)	
		丞相辟召，刺史、二千石察举，有非其人，书疏不端正，不如诏书，有司奏罪名，并正举者。(《汉官仪》)	
		能通《仓颉》《史籀史篇》，补兰台令史，满岁补尚书令史，满岁为尚书郎。(《汉官仪》)	
		书同文，车同轨，人同伦。(《后汉书·祭祀志上》)	
		除挟书律。(前191年)	*私人藏书合法化。 *促进文字的传播。
	相关制度	蜀郡太守文翁兴学成都，招收属县子弟入学。(前143年)	最早的地方政府创办官学。至公元3年，正式建立地方学制。
		置《五经》博士。(前136年)	经学与做官相联系。
		洛阳城中建造了中国古代传授儒家经典的最高学府——太学。(29年)	在文人阶层的文字传播进入新阶段。
		四姓小侯学。(66年)	*早期的贵族学校。 *此后匈奴贵族也派子弟来学习。
		班固因"私修国史"被举报下狱。(62年)	政府对文字传播力量的忌讳。
		秘书监。(159年)	*政府机构中第一个主持图书典藏和校注活动的专门机构。 *图书藏和校（校雠）的制度化。
		鸿都门学。(178年)	字形表面装饰美化追求复兴。
	形体事件	孔子旧宅发现古文书籍。(前128年)	—
		诏谒者刘珍及《五经》博士，校定东观《五经》、诸子、传记、百家艺术，整齐脱误，是正文字。(《后汉书·孝安帝纪》)	《后汉书》记载了不少"是正文字"行为。
		陶明《尚书》《春秋》，为之训诂。推三家《尚书》及古文，是正文字七百余事，名曰《中文尚书》。(《后汉书·刘陶列传》)	

朝代	项目	具体内容	备注
汉	形体事件	《凡将篇》《急就篇》	识字课本。
		《后汉书·贾逵列传》记载，诏逵入宫讲《左传》，教以《左氏》，与简纸经传各一通。（76 年）	文献所见纸作为书籍材料的最早记载。
		《熹平石经》。（175 年）	* 最早的石经。 * 最早的官定儒学经本石刻。
		科斗书废已久，时人无能知者，以所闻伏生之书，考论文义，定其可知者，为隶古定，更以竹简写之。（孔安国《尚书序》）	—
		知以今雠古之隶篆，推科斗，已定五十余篇，并为之传云。其余错乱文字，摩灭不可分了，欲垂待后贤，诚合先君阙疑之义。（《全汉文》之《与侍中从弟安国书》）	—
		瓦当文兴起。（景帝时期，也有认为是武帝时期）	文字应用的扩展。
		砖文的兴盛。玺印文字鼎盛。织编文字开始出现。铜镜文字开始出现	
		江陵凤凰山 10 号汉墓出土带有文字的博骰	
		花钱（压胜钱）、配饰钱诞生，其中都有添加吉语的分支	
		离合诗，起汉孔融，离合其字以成文。（《炙毂子杂录·序乐府》）	离合诗（即拆字诗）开始出现是适合度很高的游戏性文字应用。此后又有图形化的离合诗（常称藏头诗）流行，进一步增加文字应用的游戏性。
		符者，汉时有印文书名，道教袭之。（《癸巳存稿》）	文字通神功能虽然式微，但得以延续。
		鲁，字公旗。初，祖父陵，顺帝时客蜀，学道鹤鸣山中，造作符书，以惑百姓。（《后汉书·刘焉列传》）	
		陕西户县（今西安市鄠邑区）曹氏汉墓中出土一只解除瓶，上面有两道符，是所发现最早道符实物。（133 年）	
		王莽代汉，国号新，以十二月朔为始建国元年正月朔。复古改制。大司空甄丰改定古义，时有六书，曰：古文、奇字、篆书、左书、缪篆、鸟虫书。（8 年）	王莽六体。
		王莽好符命，光武以图谶兴，遂行于世。（《隋书·经籍志一》）	文字借助图谶拥有"神"的力量。此后出现类似的石谶、木谶、人体字谶、动物字谶，乃至天书、雷书、鬼书。
		汉隶形成。（东汉晚期）	源自民间的形体正体化。

续表

朝代	项目	具体内容	备注
汉	形体事件	行书出现。（东汉晚期）	最适合日常书写的形体形成。
		蔡邕创飞白书。（192年）	文人阶层的装饰文字。
		曹操下《整齐风俗令》，禁立碑。（205年）	书写载体的一次暂时性缩减，它导致了此后更大幅度的反弹。
	形的发展	《尔雅》。（约前87年，也有认为是战国时期）	* 字形研究的发展。 * 前者为第一部训释词义的辞典。首创按词的义类编排词汇的体例。 * 后者为第一部完整的字典。文字构造的理论化。文字文化、政治功能理论化。读若法、直音法两种汉字自我注音法。
		《说文解字》。（100年）	
	体的发展	《后汉书》卷一上《光武帝纪》李贤注所引《汉制度》曰："帝之下书有四：一曰策书，二曰制书，三曰诏书，四曰诫敕。策书者，编简也，其制长二尺，短者半之，篆书，起年月日，称皇帝，以命诸侯王。三公以罪免亦赐策，而以隶书，用尺一木，两行，唯此为异也。"	字体选用制度与简册制度的配合。
		杜陵秋胡者，能通尚书，善为古隶字。（《西京杂记》）	关于隶书最早的记录。
		后学之徒竞慕二贤，守令作篇，人撰一卷，以为秘玩。（《非草书》）	出现社会学习草书的风潮。
		陈遵、刘睦的书作被推崇、收藏	文字书写艺术价值被承认。
		孝成许皇后善史书。（成帝时期）	宫廷女性贵族对书写的喜好对推动书写艺术化功不可没。
		扬雄提出"书为心画"的著名美学观点	—
		《非草书》	强调了书法的文化价值，把书法纳入儒学的价值体系中，开启了书法与儒学融合的道路。
		《九势》	* 最早书写艺术发生学的论述。 * 哲学介入文字书写，书写开始有了哲学支撑。 * 文字观向艺术观转化，开始步入书写反映心理的层面。
		东汉末，以张芝为代表的草书名家，有很多追随者和继承者，延续一个多世纪，形成明显的地域性和一致的追求	书法史上的第一个流派。

朝代	项目	具体内容	备注
魏晋南北朝	相关制度	魏明帝在宫中"选女子知书可付信者六人，以为女尚书，使典省外奏事，处当画可"。（235年）	—
		置弟子教习行书，以钟、胡为法。（270年）	制度上确立行书的地位。
		高昌"文字亦同华夏，兼用胡书"。（《北史·西域列传》）	—
		（北魏）今制定文字，世所用者，颁下远近，永为楷式（425年）	—
		以常调除御史，加前将军、太中大夫，领内正字。台中弹奏，皆弼所为。诸御史出使所上文簿，委弼覆察，然后施行。（《北齐书》）	刊正文字、典籍的官位设置。
		摛子陵及信并为抄撰学士。（《北史·庾信列传》）	* 抄撰之官出现。 * 抄撰是节抄，并非一般抄书的全抄。形成古籍的类书和史钞两大门类。 * 图书抄撰的繁荣，文字传播的进一步发展。
		创设国子学。（278年）	是以后国子监的开始。
		南朝宋文帝在京师北郊开设儒学馆，第二年立玄学馆、史学馆、文学馆。（438年）	—
		设立郡国学校。（466年）	—
	形体事件	钟繇书《贺捷表》。（219年）	* 楷书形成（汉魏之际）。 * 最适合的规范字形形成。
		《三体石经》（248年）	—
		今草形成。（魏晋时期）	—
		汲冢古文出土。有《周易》《竹书纪年》《穆天子传》等十六部古书。（279年）	—
		墓志、造像志等碑刻在北朝兴盛，下层文人、民间工匠成为其中文字书写和成形的主角	魏碑体的诞生，奠定碑帖中碑的风格特征。
		《千字文》。（梁）	字书兼蒙学。
		今诸用简者，皆以黄纸代之。（《太平御览》）	制度上明确了纸取代竹简。
		范宁在江南做官时，发出通告："土纸不可作文书，皆令用藤角纸。"（401年）	地方政府的用纸讲究。

续表

朝代	项目	具体内容	备注
魏晋南北朝	形的发展	李登《声类》。（魏）	第一本韵书（书已不存）。
		《字林》	字书的新发展。
		北魏江式向宣武帝呈《论书表》。针对当时北魏文字篆形谬错，隶体失真，俗学鄙习，复加虚造的现状，计划依据许慎《说文》、孔氏《尚书》，以及《五经音注》《籀篇》《尔雅》《三仓》《凡将》《方言》《通俗文字》《埤》《仓》《广雅》《古今字诂》《三字石经》《字林》《韵集》等历代字书，撰集一部以次类编联，文无重复，统为一部的大型字书《古今文字》四十卷。（514年）	—
	体的发展	《古来能书人录》	文字书写名家录。也是文字书写方面门槛确立的开始。
		*成公绥《隶书体》、杨泉《草书赋》、索靖《草书状》（西晋）；刘劲《飞白书势》、王珉《行书状》（东晋）；鲍照《飞白书势铭》、萧子云《论飞白》（南朝）	*把书体当作审美的对象，明确意识到不同字体的不同特征和美感，这在此前是未有的。
		钟有三体：一曰铭石之书，最妙者也；二曰章程书，传秘书、教小学者也；三曰行狎书，相闻者也。（《采古来能书人名》）	三体的不同用法，说明当时的书写有明确的字体选用惯例和讲究。一种隐形的字体选用规则。
		工巧难传，善之者少，应心隐手，必由意晓。（《隶书体》）	率先将"意"提到了决定一件作品艺术价值的高度，使书法美学内涵由"势"上升到"意"。
		一者学书得法，二者作字得体，三者轻重得宜。（《论书》）	体的特征成为书写艺术追求的要点之一。
		古书三十六种，其中多是杂体之类。（《文字志目》）	*出现一些新的字体名称或字体形态。 *杂体名称出现。 *被后世称为写经体、洛阳体的字体出现。
		惟叔夜、威辇二篇，是经书体式，追以单郭为恨。（《法书要录》卷二《陶隐居与梁武论书启》）	
		洛阳地区的上流社会流行以"斜画紧结"为共同特征的新体楷书。（北魏）	
		《平复帖》	现存最早的法书。
		《兰亭序》。（353年）	*书写艺术高峰出现。 *形成书写流派和书写世家。
		子敬劝父破体，后自身实践	*改革旧体。 *其实是内擫与外拓用笔方法的差异。
		《玉篇》以楷书为正体。（梁）	首本楷书为正体字书。

朝代	项目	具体内容	备注
魏晋南北朝	体的发展	《书品》。（梁）	* 书写品第的开始之作，文字书写层面的品级化。 * 在无差别式文字共享的基础上，书写层面金字塔式等级的建构。进一步实现了精英主义与平民主义的共存。
隋	相关制度	加置楷书郎员二十人（从九品），掌抄写御书。（《隋书》）	—
		诏文武有职事者，以"学业优敏"等十科举人。（607 年）	科举的开始（或为 605 年）。
		秘书省，典司经籍。监、丞各一人，郎中四人，校书郎十二人，正字四人。（《隋书》）	—
		设立翻经馆	汉字与拼音文字碰撞官方化。
	形体事件	《历代三宝记》记载，隋文帝敕"废像遗经悉令雕撰"。（593 年）	可能是雕版印书的最早记载。
	形的发展	《经典释文》。（约 583—589 年）	* 一部资料性质的工具书。 *《切韵》前反切资料最丰富的著作。
		《切韵》。（601 年）	目前所见最早的韵书。
唐	相关制度	国子监设书学，是培养书法人才的专门学校。（628 年）	—
		国子、太学、四门的学生，规定"学书，日纸一幅"和兼习《说文》《字林》《三苍》一类的字书。（《新唐书·选举志》）	—
		凡择流外职有三：一曰书，二曰计，三曰时务。其工书工计者，虽时务非长，亦叙。（《唐六典》）	—
		唐太宗下令"经籍讹舛，今后并以六朝旧本为证"。（630 年）	—
		今圣上崇儒重道，亲自讲论，刊正图书，详延学者。今丽正书院，天子礼乐之司，永代规模，不易之道也。（《旧唐书》）	匡正文字的机构设置。
	形体事件	《字样》。（633 年）	* 正字运动。 * 前者为最早的辩正文字字书。 * 第二本书提出了俗、通、正三体理论。 * 后两者是字样新发展，应读经和科举的需求。
		《干禄字书》	
		《五经文字》。（776 年）	
		《新加九经字样》。（833 年）	
		唐太宗梓行《女则》。（约 636 年）	张秀民先生认为是雕版印刷开端。

续表

朝代	项目	具体内容	备注
唐	形体事件	雕版印叶子格。（664 年）	* 前者为世界最早的纸牌，后者为世界最早的报纸。 * 文字传播方式的新途径。也是文字步入百姓日常生活的新手段。
		雕版印《开元杂报》。（713—741 年）	
		市场上出现雕版印"税纸"。（783 年）	上面常印有文字，是文字传播方式的新途径，也是文字步入百姓日常生活的新手段。
		京中东市李家等私坊刻书	私坊刻书的开始。
		《温泉铭》。（648 年）	行书入碑的先例。
		《升仙太子碑》。（699 年）	草书入碑的先例。
		狂草形成	—
		文冢者，长沙刘蜕复愚为文不忍弃其草，聚而封之也。（《全唐文》）	敬惜字纸的传统习俗。
		《太平广记》提到了民间盛行的嘲戏采用了拆字手法	* 民俗活动中的文字应用。 * 汉字的文化解读以各种不同的形式扎根于民间习俗活动中。
		《圣寿乐》，高宗、武后所作也。舞者百四十人，金铜冠，五色画衣，舞之行列必成字，十六变而毕。（《通典》）	字舞的开始。
	形的发展	李阳冰《说文》，多凭臆测	字形文化解读盛行的危害。
		《唐韵》。（751 年）	音韵学新发展。
		守温三十字母。（中唐）	汉字吸收拼音文字成果。
	体的发展	学书，日纸一幅。（《新唐书·艺文志》）	—
		脱帽露顶王公前，挥毫落纸如云烟。（杜甫《饮中八仙歌》）	文字书写表演。
		《祭侄文稿》。（758 年）	* 文字书写情感宣泄的代表作。 * 文字的情感性代表。
		柳公权"心正则笔正"之谏。（823 年）	文字书写品格功能的泛化。
五代	形体事件	冯道奏请刻印儒家"九经"。（932 年）	* 政府刻书（监本）的开始。 * 文字传播力大幅度提升。
		监本九经以册为单位	图书进入印本书时代。
		会正月望夜，时俗取饭箕，衣之衣服，插箸为嘴，使画盘粉以卜。（《太平广记》卷一五八引宋徐铉《稽神录》）	* 民间自娱自乐的游戏箕卜，一种在箕上插箸在沙盘上写字或图画，然后根据这些字迹或图迹占卜。 * 后文人参与，成为一种迷信活动（宋）。

续表

朝代	项目	具体内容	备注
宋	相关制度	翰林图书院始成。（北宋初）	官方文字事务的新发展。
		（金）太祖下诏："若克中京，所得礼乐仪仗图书文籍，并先次津发赴阙。"（1121 年）	—
		太宗八年，始用耶律楚材言，立经籍所于平阳，编集经史。（1236 年）	—
		徽宗朝立书画学，有肄业、考绩等制度	官方书写艺术教育的兴盛。
		书学生，习篆、隶、草三体，明《说文》《字说》《尔雅》《博雅》《方言》，兼通《论语》《孟子》义，愿占大经者听。篆以古文大小二篆为法，隶以二王、欧、虞、颜、柳真行为法，草以章草、张芝九体为法。（《宋史·选举志》）	—
	形体事件	《淳化阁帖》。（992 年）	* 最早的一部汇集各家书法墨迹的法帖。 * 第一部官刻拓本。 * 对汉字艺术化的普及功不可没。
		四川民间行使"交子"，即纸币。（1005 年）	* 民间和政府发行纸币的开端。 * 汉字借用新媒介进一步步入百姓生活。
		交子由政府接办和发行。（1023 年）	—
		毕昇发明泥活字。（1048 年）	* 汉字传播力进一步延展。 * 汉字如字面设置、字距考虑等印刷字体的内容进一步明确。
		西夏文佛经《吉祥遍至口和本续》	现存最早的木活字版印本。
		宋人喜欢用书画装饰房间	文字应用的民间扩展。
		宋代民间常用百寿字作为祝寿贺礼	
		宋人有给手工业产品使用防伪商标的权利意识。北宋济南刘氏钢针店铺的"白兔儿"是目前发现的最早专用商标	
		北宋宣和年间术士谢石出现后，测字，即拆字、破字或相字楷书盛行	
		蜀国后主孟昶与文人赋诗时所写"新年纳余庆,嘉节号长春"之句是最早的一副春联。（964 年）	
		传王安石创了"囍"字	

续表

朝代	项目	具体内容	备注
宋	形体事件	用青纸剪字，作米元章字体逼真。（杨万里《赠剪字吴道人》序）	* 最早见于记载的剪字。 * 宋代剪字形成一个行当，有人依靠剪字谋生。
		1974年山西应县佛宫寺地宫发现带有文字的夹缬实物"辽代南无释迦牟尼佛夹缬绢"，织物左端印有"南无释迦牟尼佛"七个汉字，右边印有相同的汉字，但字形相反	出土的最早印染文字实物。
		徐铉摹写《峄山刻石》《会稽刻石》	开始集存古代石刻文字。
		郭忠恕《汗简》《佩觿》	前者为最早收集当时所见经传古籍古体汉字的专著。后者应为学童所用。
		《复古编》。（约1118年）	字样学的新发展。
		吕大临《考古图》。（1092年）	目前所见最早著录铜器铭文的书。
		《考古图释文》	最早的金文字典。
		《博古图录》	宋代金石著作中收器最多、保存资料最丰富的一部。
		薛尚功《历代钟鼎彝器款识法帖》。（1144年）	专门考释铭文的书。
		平话小说	* 汉字民间文学应用的新发展。 * 文字文学应用与一般老百姓进一步接近，已基本是白话文状态。
		书院兴盛	—
	形的发展	《说文》大徐本。（986年）	《说文》的承前启后。
		辽《龙龛手鉴》（即《龙龛手镜》）编成。（997年）	阅读佛经时检查别字的工具书。
		王圣美治字学，演其义以为"右文"。（《梦溪笔谈》）	突破《说文》分析文字的模式。
		王安石《字说》的随意穿凿	字形文化解读介入理论的危害。
		《字通》。（1220年）	明确指出通过"九经互考"而考出古音没有四声的区别，只分九个韵部。
元	形体事件	元代书画家喜欢在画上题跋、钤印	* 增进书画的联系。 * 扩展书法的应用范围。
		王祯发明木质转轮盘以便检字，并用木活字试印《旌德县志》。（1301年）	* 汉字传播技术的优化。 * 第一个采用木活字印书的人。

续表

朝代	项目	具体内容	备注
元	形体事件	铜活字印制《御制策》。（1333 年）	* 传为最早的铜活字印本。 * 文字传播的新技术尝试。
		言假以传，而书非定法。（《法书考》）	汉字与拼音文字碰撞的造字理论探讨。
		《字鉴》	* 字样学的新发展。 * 递互研考，辨别一个字通常能辗转涉及一系列相关的字，举一反三。
		简化字流行，应用普遍，并呈一定的规范状态	文字的进一步平民化。
	形的发展	《蒙古字韵》	汉字音韵研究的"竞争"。
		《古今韵会举要》。（1297 年）	对旧韵的吴音标准提出批评，提出以雅音为标准。
		《六书故》。（1320 年）	* 提出因声以求义。 * 大胆采用钟鼎文材料，不拘守于小篆。 * 不相信圣人造字的传统说法。
		《语助》。（1324 年）	第一部研究文言虚字的专著。
		《中原音韵》。（1324 年）	* 管窥中古音到近代音的变化。 * 传统三十六母去掉十个全浊声母，一个轻唇音，三个舌上音，一个喉结音，共减少十五母，剩下二十一母。 * 韵母合并简化，到《中原音韵》剩下十九韵。 * 开创一个新的韵书派别。 * 对戏曲界影响深远。 * 有明显的独创性：平分阴阳，入派三声，韵分十九部。 * 一反传统的韵书模式，既不注反切，也不标字母，更没有释义。 * 失去去声。（此说争议很大）
		《经史正音切韵指南》。（1336 年）	等韵学的新发展。
明	相关制度	翰林院取代秘书监的职能。（1380 年）	政府图书编撰、管理等方面的新发展。
		八股取士。（成化）	* 文字文学应用方面的门槛化、程序化。 * 促使台阁、馆阁类字体形成。

续表

朝代	项目	具体内容	备注
明	形体事件	华燧铜活字《宋诸臣奏议》印刷成功。（1490 年）	现存最早的铜活字印本。
		木活字排印《邸报》。（1638 年）	用木活字印刷报纸的开端。
		楹联盛行	*文字应用的全民式扩展。 *书法从"捧在手上"展玩向"挂在墙上"欣赏转化。
	形的发展	《六书正讹》。（1351 年）	普及了汉字形体结构知识和字体规范。
		《洪武正韵》。（1375 年）	*古今南北杂糅的一部韵书。 *南曲协律的规范。
		《琼林雅韵》。（1398 年）	韵书的新发展。
		《韵略易通》。（1442 年）	*第一次用一首《早梅诗》标明了云南官话的声母系统。 *二十声母中有微母，没有疑母。表明近代音声母系统向现代汉语迈进。 *将《中原音韵》鱼模部区分为呼模、居鱼两韵。学者们认为这表明当时的居鱼部的主元音已经是 y，y 云音形成。表明近代音韵母系统向现代汉语迈进。
		《词林韵释》。（1483 年）	韵书的新发展。
		《中州音韵》。（1503 年）	曲韵书南化的著作。
		《韵略易通》。（1586 年）	韵书的新发展。
		《骈雅》。（1587 年）	所收的词条是双音节的，担任解说的词也是双音节的。
		《青郊杂著》	明确提出"四科"（即后来的四呼）。
		《交泰韵》《字学元元》。（1603 年）	前者反映了当时中州地方的实际口音。后者有等韵图表，也大量分析音理，评论诸家得失，资料非常丰富。
		《毛诗古音考》。（1604 年）	*与"叶音"决裂，提出音有古今之别。 *划定研究范围，选定材料，发明了列本证、旁证的归纳汇证新研究方法。

朝代	项目	具体内容	备注
明	形的发展	《屈宋古音义》。（1614 年）	—
		《韵表》。（1605 年）	等韵学的新发展。
		《合并字学篇韵便览》。（1606 年）	书中列出微母，但是虚设不领字。里面古微母字均读同音母，说明微母已经变成零声母了。
		《韵法直图》。（1612 年）	出现现代汉语中四呼的名称。
		《字汇》。（1615 年）	简化部首，部首次序即各部所辖字以笔画多少排序，开创新例。
		《方言据》。（1615 年）	方言研究的新发展。
		《音韵集成》。（1615—1642 年间）	分韵十六，合并《韵略易通》侵寻入真文，合监咸入山寒，合廉纤入先全。表明闭口韵已经并入前鼻尾。
		《说文长笺》	提出以声统字、谐其声即同某韵等观点。
		《皇极韵图》。（1632 年）	等韵学的新发展。
		《音韵日月灯》。（1633 年）	韵书的新发展。
		《切韵声原》。（1641 年）	等韵学的新发展。
		《韵略汇通》。（1642 年）	* 分十六个韵部。 * 证明到 17 世纪，北方官话的 –m 尾已经不存在了。
	体的发展	宋体字形成。（1567—1619 年）	汉字实现了新技术下的字形完美改造。
		台阁体出现	* 书写层面文字的高度规范化。 *也常被认为是书写艺术的一种僵化。
清	相关制度	政府废除科举制度，设立学部。（1905 年）	真正确立近代化的教育体制。
	形体事件	《康熙字典》。（1716 年）	* 传统字书编撰一次规模最大的集体合作。 * 传统字书的集大成。

续表

朝代	项目	具体内容	备注
清	形体事件	《三希堂法帖》。（1747年）	帖学的一次汇集。
		《南北书派论》。（1814年）	* 强调北派书风存在的事实。 * 推动碑学的发展。
		耻向书家作奴婢，《华山》片石是吾师。（《金冬心集》）	*1868年把文章合集刊刻，离金冬心去世已百年多。 * 尊碑抑帖的实践先锋。
		《广艺舟双楫》。（1889年）	提出帖学和碑学。倡碑学。
		发现甲骨文。（1899年）	* 提升汉字的地位。 * 为明确汉字源头、发展脉络提供证据。
		发现敦煌遗文。（1907）	敦煌学的原点。
		石印技术传入中国。（1835年）	汉字现代机械输入的挑战。
		英国人麦都思（W. H. Wedhurst，1796—1857年）上海墨海书馆用牛转铅印车床。（1843年）	
		英国教会牧师戴尔在香港刻大小字模。美国印工柯理在香港完成该字模4700个铅活字，称"香港字"。（1843—1851年）	
		美国印工姜别利来华，用电镀法造华文大小铅字七种，由美华出售，称"美华字"。（1858年）	
		打字机传入中国	—
	形的发展	《通雅》。（1663年）	* 提出欲通古义，先通古音。 * 解释了不少从唐至明的词汇。
		《音学五书》，含《音论》《诗本音》《易音》《唐韵正》《古音表》。（1666年）	* 奠定上古音韵系统的研究基础。 * 根据古诗文用韵考定古韵。 * 离析《唐韵》以归纳上古韵系。 * 根据押韵和谐声关系，确立入声配阴声。
		《五方元音》。（约1673年）	韵书的新发展。
		《古今通韵》。（1685年）	古音学旧体系的延续。
		《诗词通韵》。（1685年）	将诗韵与词（曲）韵进行对比研究。
		《古今韵考》。（1689年）	《音学五书》古音新派的新发展。
		《古今韵略》。（1696年）	古音学新旧两派兼顾的过渡产物。

朝代	项目	具体内容	备注
清	形的发展	《虚字说》。（1710 年）	清代的语法研究专著。
		《佩文韵府》。（1711 年）	辞书的新发展。
		《助字辨略》。（1711 年）	清代的语法研究专著。
		《康熙字典》。（1716 年）	* 传统字书编撰一次规模最大的集体合作。 * 传统字书的集大成。
		《音韵阐微》。（1726 年）	韵书的新发展。
		《圆音正考》。（1743 年）	第一次从历史来源上辨别尖团音。
		《音学辨微》。（1759 年）	研究宋元等韵学原理的普及读物。
		《六书音均表》。（1776 年）	* 古音研究的新发展。 * 第一次按照音理将古韵十七部分为六大类。 * 从江永的真部析出一个文部，幽部析出一个侯部。
		《答段若膺论韵书》。（1776 年）	* 将古韵定为九类二十五部。 * 进一步确立阴阳入三分法的上古韵部系统。
		《中州音韵辑要》。（1781 年）	韵书的新发展。
		凡轻唇之音，古读皆为重音。（《十驾斋养新录》）	提出古无轻唇音，古无舌上音。
		古无舌头、舌上之分。（《十驾斋养新录》）	—
		《李氏音鉴》。（1805 年）	* 一部反映北音面貌的等韵学著作。 * 提出语音有粗细之别。 * 提出北音不分香镶、姜将、羌枪，表明尖团音已合流。代表近代音声母方面向现代汉语的发展。
		《说文解字注》。（1807 年）	突破单纯校订、考证的旧框子，研究文字形音义的相互关系。
		《拾雅》。（1819 年）	雅书。
		《词林正韵》。（1821 年）	词的韵书。
		《说文通训定声》。（1833 年）	全面而系统地解释字义。
		《说文释例》。（1837 年）	独具体例。
		《等韵辑略》。（1840 年）	研究中古音韵的重要参考书。
		《切韵考》《切韵考外篇》。（1842 年）	* 清代今音学的代表作。 * 第一次揭示《广韵》的声母系统与通行的三十六字母并不完全一样。

续表

朝代	项目	具体内容	备注
清	形的发展	《古音谱》。（1845 年）	分古韵为八类二十六部。
		《叠雅》。（1865 年）	一部纂辑叠字的材料书。
		《切韵求蒙》。（1877 年）	音节表。
		《纸说》。（约 1881 年）	自苏易简《纸谱》以来研究纸最全面的著作。
		《说文古籀补》。（1883 年）	综合性古文字工具书的开端。
		《等韵一得》。（1883 年）	在三十六个字母基础上分出五十八个声母。
		《马氏文通》。（1898 年）	现代语法学开山之作。
		钱玄同用笔名"浑然"在《教育今语杂识》上发表《中国文字学说略》。（1910 年）	正式启用"文字学"这一名称。
中华民国	相关制度	民国政府教育部召开读音统一会，议定注音字母，通过《国音推行方法七条》。（1913 年）	—
		北洋政府教育部公布注音字母。（1918 年）	—
		"国语罗马字拼音法式"。（1928 年）	—
		《中国拉丁式字母草案》。（1929 年）	—
		《中国拉丁化字母》。（1930 年）	—
	形体事件	第一部中文打字机。（1915 年）	—
		"汉字革命"口号。（1918 年）	—
		国民政府发布关于改注音字母名称为注音符号的第 240 号训令。（1930 年）	—
		海参崴召开中国新文字第一次代表大会，通过《中国汉字拉丁化的原则和规则》。（1931 年）	—
		拉丁化新文字运动宣言书《我们对于推行新文字的意见》。（1935 年）	—
	形的发展	《古文字学导论》。（1935 年）	* 明确提出只关注形。 * 第一部系统阐述古文字学理论的专书。提出"三书说"。

朝代	项目	具体内容	备注
中华人民共和国	相关制度	《标点符号用法》公布。（1951 年）	近代文字规范成果。
		中国文字改革研究委员会成立。（1952 年）	—
		《汉字简化方案》公布。（1955 年）	—
		《汉字拼音方案》公布。（1958 年）	—
		《简化字总表》制定。（1965 年）	—
		提倡推广报纸、期刊横排。（1956 年元旦起）	汉字基本行款的一次自我改造。
		《关于部分计量单位名称统一用字的通知》颁布。（1977 年）	计量单位的统一。
		联合国地名标准化会议决议采用汉语拼音作为拼写中国地名的国际标准。（1977 年）	汉字与世界标准的同步。
		国家标准化组织（ISO）决议采用汉字拼音作为拼写汉语的国际标准。（1977 年）	—
		发布《中文书刊名称汉语拼音拼写法》GB3259—82，《中国各少数民族名称的罗马字母拼写法和代码》GB3304—82 两种国家标准	—
		拟定了《统一汉字部首排检法草案》。（1983 年）	—
		中国中文信息研究会成立。（1980 年）	—
		语言文字应用研究所成立。（1984 年）	—
		中国文字改革委员会更名为国家文字工作委员会。（1984 年）	—
		《国家语言文字法》。（2000 年）	* 规定《汉字拼音方案》只是"作为拼写和注音工具"。 * 制度上否定汉语拼音作为一种文字的可能性。
	形体事件	小双桥商代遗址出土三块陶缸残片和一件陶缸，上有毛笔蘸朱砂写成的八个文字。（1995 年）	* 目前发现的最早书写文字。 * 毛笔用于书写的证据。
		改革开放。（1978 年）	*外来词涌进的一次高潮。 * 中西文字交流的一次飞跃。
		音形码方案上机成功。（1978 年）	第一个用 26 个英文字母键形音结合，为汉字编取代码的技术方案。
		汉字激光照排系统第一台样机调试完毕。（1979 年）	* 解决汉字电脑字库问题。 * 汉字印刷进入新时代。
		五笔输入法。（1983 年）	汉字键盘输入问题的解决。